马良骏经学思想研究

王伟 著

李[illegible]博题

宗教文化出版社

图书在版编目（CIP）数据

马良骏经学思想研究/王伟著.--北京:宗教文化出版社,2024.9.
（2025.12 重印）

ISBN 978-7-5188-1556-2

Ⅰ.B969.92

中国国家版本馆 CIP 数据核字第 2024LT5705 号

马良骏经学思想研究

王 伟 著

出版发行：宗教文化出版社
地 址：北京市西城区后海北沿 44 号（100009）
电 话：64095215（发行部）13699284123（编辑部）
责任编辑：赛 勤
版式设计：贺 兵
印 刷：北京联兴盛业印刷股份有限公司

版本记录：787 毫米 × 1092 毫米 16 开 22.5 印张 250 千字
2024 年 9 月第 1 版 2025 年 12 月第 2 次印刷
书 号：ISBN 978-7-5188-1556-2
定 价：88.00 元

序言

党的十八大以来，我们党强调中华民族大家庭、中华民族共同体、铸牢中华民族共同体意识、推进中华民族共同体建设等理念，鲜明提出把铸牢中华民族共同体意识作为新时代党的民族工作的主线、作为民族地区各项工作的主线，进一步拓展中国特色解决民族问题的正确道路，形成了习近平总书记关于加强和改进民族工作的重要思想，开辟了马克思主义民族理论中国化时代化新境界，党的民族工作取得新的历史性成就。党和政府引导各族人民推进中华民族共同体建设、坚持我国宗教中国化方向、建设中华民族现代文明，推动各民族坚定对伟大祖国、中华民族、中华文化、中国共产党、中国特色社会主义的高度认同。

南开大学青年才俊王伟副教授的学术专著《马良骏经学思想研究》即将由宗教文化出版社出版发行，可谓恰逢其时。马良骏(1867-1957)先生是中国伊斯兰教的著名学者和大阿訇，倡导和平统一，促进民族团结，受到党和政府信任，深受广大穆斯林爱戴。深入了解马良骏先生的爱国情怀和经学思想，对我国伊斯兰教界开展经学思想建设和“双通”人才培养、对新疆推进伊斯兰教中国化工作颇具现实意义。

马良骏先生心系祖国统一和中华民族独立之大业，维护国家利益和中华民族利益，是爱国爱教的楷模。一生经历了晚清、民国及新中国三个时代，从甘肃张家川到新疆哈密、伊犁、乌鲁木齐、昌吉等地讲经弘道长达半个多世纪。在第二次世界大战的历史背景下，马良骏先生以中文和阿拉伯文著书立说，宣扬爱国、和平、团结等思想，倡导革旧俗、立新风。新疆解放前夕，他以新疆省监察使的身份，耐心做国民党驻疆部队骑五军将士的工作，推动和加快新疆和平解放的进程。他曾代表新疆宗教界向毛主席和朱德总司令致电拥护新疆和平起义并亲率监察署响应起义。1950 年抗美援朝开始，马良骏先生组织新疆宗教界声讨美帝国主义的侵略行径，积极带头并号召教民捐款捐物支援前线保卫新中国。晚年他每周主麻讲经，鼓励新疆穆斯林安居乐业、共建家园，积极投身社会主义建设。

中华各民族共同开拓祖国辽阔疆域、共同书写悠久中国历史、共同创造灿烂中华文化、共同培育伟大民族精神。中华民族共同体意识是国家认同、民族交融的情感纽带，是祖国统一、民族团结的思想基础，是中华民族绵延不绝、永续发展的力量源泉。历史上，由于诸多复杂因素，有些地区民族间存在隔阂，民族问题在我国新疆乃至整个西北地区较为突出。马良骏先生直面社会现实，回应时代关切，以现代思想阐释《古兰经》和“圣训”，引导广大穆斯林以国家利益和中华民族利益为重，推动民族团结、宗教和睦、教派和谐。他从学理上阐明“各族人民皆为同胞兄弟，兄弟为手足，各族如一体”，呼吁“增进全国人民之亲爱力，助长全国人民之团结力”。他向信众阐明民族史和宗教史，正确认识“回族”“回鹘”“回纥”以及“伊斯兰教”等概念的内涵与区别，进而引导新疆各族民众消除隔阂、互相亲爱。他呼吁“回汉及其他各教人民，同心合志，互相亲爱，统一建国，永奠和平”。

推动我国宗教坚持中国化方向是中国特色社会主义宗教理论与

实践的最新成果。马良骏继王岱舆、马注、刘智和马德新等学者之后，继续推进伊斯兰文化与中华优秀传统文化相会通。他带头以中国语言文字讲述教义教理，鼓励弟子学习“四书五经”等儒家经典。他把信仰（伊玛尼）译作“天命明德”，称真性为儒家仁义礼智之性，把复归释为回归本来之良性，释“清真教”为率性修道，称六信五功为“净心、炼身、修道”。马良骏先生指出，尽管各宗教有各自的习俗，彼此有很大差异，但其精神息息相通。都倡导道德良善，都劝善戒恶，培养人的同情心、爱心，引导人们缔造和谐的人际关系。应当消除偏见俗习、加强互信互爱，共同推动世界和平发展。马良骏先生精通阿拉伯语和波斯语，深入研究天文、历法、教义、教法、文法、词法及伊斯兰教认主学，完成《考证回教历史》《教义学述要》《天文地理志》《清真诗经译讲》等三十余部译作和著作。他在动荡的岁月中传道解经，以高尚的品德、渊博的学识培养了众多优秀经学人才。鼓励学生成长为既通汉语和中华优秀传统文化，又通阿拉伯语和伊斯兰教的“双通”人才。

王伟本硕博就读于我校哲学与宗教学学院，接受过系统的哲学和宗教学学术训练，具备了较高的学术修养和较强的科研能力，不仅具有良好的英文水平，还具备阅读和翻译阿拉伯文古典哲学文献的能力。毕业后入职南开大学哲学院，开设了多门哲学和宗教学的课程。他勤于著述，笔耕不辍，在中国伊斯兰思想研究、伊儒会通研究、阿拉伯哲学研究等领域，发表了多篇高质量的研究成果，并主持国家社会科学基金青年项目“《天方性理》三种外译本的翻译和比较研究”。《马良骏经学思想研究》是在王伟的博士论文基础上修改而成的，论文写作和答辩过程中，曾得到班班多杰教授、宝贵贞教授、张志刚教授、王宇洁教授、赵广明教授、李林教授、王希教授等校内外专家的悉心指导和帮助。王伟的这部新著将中国伊斯兰教经学思想研究由明清时期拓展到民国和新中国时期，从“以儒诠经”活动拓展到中国伊斯兰教思想的现代阐释，高度契合铸牢中华民族共同体意识、深入推进我国宗教中国化的现实需求。

王伟新著以马克思主义宗教观为指导，从宗教自身发展演进的规律审视中华文明共同体中的宗教思想，以哲学理论研究范式深入挖掘马良骏经学思想及其蕴含的时代精神。他从历史和经典文本入手，细致研读马良骏多部中文、阿拉伯文著作和译作，兼顾传统与现代、思想与意义，将人物思想研究置于其所处的社会文化背景下，坚持文献与逻辑的统一，历史性与时代性的统一，整体把握与具体分析有机结合。从现代民族国家构建背景下深入研究马良骏经学思想，同时保持教义学、哲学和苏非理论相融合的中国伊斯兰教思想传统。涵盖哲学、宗教学、历史学的跨学科方法的应用，可让读者充分领略到中华文明涵养下的中国伊斯兰教思想具有内在性与超越性相统一、形上学和知识论相贯通的独特魅力。欣闻王伟《马良骏经学思想研究》付梓，作为导师，我倍感欣慰，祝王伟学术事业更上层楼。

是为序。

杨桂萍
2024 年 9 月 28 日

（作者系中央民族大学哲学与宗教学学院教授、博士生导师）

目 录

第一章 引论

第一节 选题意义

马良骏（1867-1957年），字善堂，甘肃清水县（今张家川）人，经名穆罕默德·优素福·希吉拉宁[①]（محمد يوسف الهجراني），是中国伊斯兰教史上著名的经师和学者，传统经学的最后一位著作等身的大师。马良骏自幼学习伊斯兰教经典，18岁就成为一名阿訇，后赴经堂教育陕西学派重镇——甘肃平凉跟随“普洱马”等名师学习，从此声名远播。马良骏的后半生都是在新疆度过的，晚年被新疆回族穆斯林群众拥戴为总教长，在西北乃至全中国穆斯林群众中都具有很高的威望。马良骏在经学思想建设、宗教和睦、教派团结、文化教育和社会进步等方面均有重要贡献，晚年在新疆和平解放过程中发挥了积极作用。马良骏以其崇高的品德、渊博的学识赢得了各族穆斯林的爱戴。

① 希吉拉宁，意为迁居者、背井离乡者，阿拉伯伊斯兰文化中一般习惯在人名后缀上出生地或居住地，如以法拉比而闻名于世的哲学家阿布·纳速尔·法拉比，即出生于中亚法拉卜；圣训学家阿布·阿卜杜拉·穆罕默德·布哈里，出生于中亚名城布哈拉。实际上汉文化中也有此习惯称呼，如刘豫州、韩昌黎、苏东坡、柳河东等。马良骏经名之后并未使用某个固定的地名作后缀，而使用了“希吉拉宁”，可能意在表明自己是一位远赴祖国边疆的背井离乡者，且一生不置家产、以寺为家、安贫乐道的境况。

据不完全统计，马良骏的汉文、阿拉伯文、波斯文和“消经”[1]著作多达30余种，内容涉及：阿拉伯语词法、语法和修辞学，伊斯兰教义学、教法学、哲学、苏非学，天文历法、历史、地理、诗歌和书信等等。遗憾的是，以往的学术研究对于这位经学大师的关注不够，他的大部分阿拉伯文和波斯文著作在国内外学界还鲜为人知，目前的研究大多是马良骏的生平和爱国事迹介绍，以及少数著作的搜集整理。对于王岱舆、马注、刘智、马复初、马联元、王静斋、虎嵩山等中国伊斯兰教史上著名学者的生平著作和思想学说，学界或已有专著，或已有大量研究论文，唯独对于马良骏的研究还甚为不足。可以毫不夸张地说，对马良骏思想的系统深入研究至今还是个空白。深入研究马良骏思想，具有以下意义：

第一，伊斯兰教在中国的本土化发展自明代经堂教育创立以来取得了重要突破，在长达数百年的时间里，相继出现了胡登洲、海文轩、马明龙、常志美、王岱舆、马注、刘智、周良浚、马复初等著名学者，不断推动着中国伊斯兰经学思想体系的发展完善。其中的“回儒”学者立足伊斯兰传统，以中国传统文化特别是儒家文化的概念、术语和思维模式阐发伊斯兰思想，构建了独树一帜的中国伊斯兰教思想体系。这一思想体系综合了经注学、教义

① “消经”又称“小儿锦”，是中国穆斯林发明的用阿拉伯文和波斯文字母拼读汉语（多为方言）发音而形成的一种文字，在长期的发展运用过程中形成了约定俗成的拼写规则。

学、教法学、苏非学、天文、历史、地理等学科，在坚持伊斯兰核心教义、基本礼仪的同时结合中国传统文化，结合时代发展，极大地推动了伊斯兰教在中国的本土化进程。继“明清四大汉文译著家”之后，马联元、马良骏等学者继承并发扬了明清时期具有中国特色的伊斯兰教思想体系。需要指出的是，马良骏在前人的基础上为这一思想体系的发展和完善作出了自己特有的贡献，他立足中国实际，在著述中系统而深入地论述了中国穆斯林所遵奉的马图里迪教义学思想，并在一些重要的教义学问题上与各主要思想流派进行深入比较，这在中国伊斯兰史上实属第一次。教义学是中国伊斯兰教经学体系的重要组成部分，因此，研究马良骏思想对于探索中国伊斯兰教经学思想体系具有重要意义。

第二，自胡登洲（1522-1597 年）创立经堂教育以来，经由历代经师的努力，以清真寺为中心的中国伊斯兰教经学传统和教育体制得以普及和发展，这对中国伊斯兰教本土阿訇的培养功不可没。经堂教育因地域与教学特色的不同相继发展出山东学派、金陵学派、陕西学派和云南学派，在教学模式和课程上呈现出统一而又多样的特点。陕西学派的发展过程中相继出现两位重要人物，一位是周良浚，是陕西学派的实际奠基人，被誉为经堂教育的中兴者。另一位就是马良骏，他为经堂教育陕西学派在同治之后的发展注入了新的活力，在继承和发扬陕西学派专而精、注重教义思辨和经注“说理”等特长的同时，又能博采众长，其弟子遍布关内关外。马良骏使陕西学派在甘肃、新疆各地重整旗鼓，获得了长足的发展，甚至辐射到内蒙古、四川和中原等地。马良骏又是陕西学派唯一一位高产的著述家，他的著作与思想可谓集陕西学派之大成。因此，研究马良骏思想，对于经堂教育陕西学派的研究具有举足轻重的意义。

第三，中国历代经师所坚守的学问，恰恰与世界伊斯兰延续千年的经学传统一脉相承，中国伊斯兰经学的宝贵遗产更是对世界伊斯兰遗产的保存以及在中国本土生根并获得良性发展的中国经验和中国智慧的体现。马良骏不是一位宗教改革家，他终其一生都在继承和发扬先辈的经学传统。他是中国传统阿訇中少有的高产著述家，他是接地气的本土阿訇，最贴近底层穆斯林大众，最了解穆斯林民众的想法和需求。因此，对马良骏思想的系统梳理和研究，对于深刻认识和了解中国伊斯兰教经学思想的发展和抵制宗教极端思潮都具有重要意义。正如中国伊斯兰教协会原会长陈广元阿訇所说："总结和研究他的道德文章及学术思想，不仅是学界、教界的需要，也是历史发展的需要。"[①]中国伊斯兰教的积极探索和成功经验，不仅具有本土意义，也具有全球意义。

故笔者欲以《马良骏经学思想研究》为题，力求进入这位大师的思想世界，介绍他的学术思想，考察他的重要学术贡献，以

① 百年回族丛书编委会：《马良骏纪念文集》，中国民族摄影艺术出版社，2015年，第2页。

期能抛砖引玉，引起学界对马良骏研究乃至中国伊斯兰传统经学思想研究的兴趣，加深我们对中国伊斯兰教思想史的认识和把握。最后在可能的情况下，笔者尝试就马良骏思想研究过程中的体会和思考发表一点浅见。

第二节 研究现状

一、对马良骏研究的现状

二十世纪八十年代以来，涉及马良骏的研究成果和资料主要有：《新疆文史资料》《昌吉文史资料》《新疆宗教研究资料》收集了一些有关马良骏的资料；此外，有关马良骏的资料也可散见于《中国新疆地区伊斯兰教史》和《民国新疆史》等历史专著中；2007 年《中国穆斯林》杂志为纪念马良骏阿訇归真五十周年，出版了《纪念马良骏大阿訇归真五十周年专辑》；2015 年樊前锋所著的《马良骏传》连同百年回族丛书编委会所编的《马良骏纪念文集》由中国民族摄影艺术出版社出版。其他零散的研究性论文和译文大约有二十余篇。学界有关马良骏的资料大致可以归为以下几类：

第一类，马良骏的生平事迹。大多数有关马良骏的研究都仅限于生平事迹的考察和社会活动的记述，如王平的《爱国爱教虔信传世——马良骏阿洪传略》记述了马良骏阿訇不平凡的一生，文章指出马良骏和平统一的爱国思想、平和务实的民族思想、理性思辨的宗教思想、开放宽容的文化思想代表着中国伊斯兰文化健康的发展方向。[1]马正忠的《马良骏大阿訇生平简介》和李树芳的《马良骏阿訇传略》等文章则更加简略地回顾了马良骏阿訇的生平事迹。有关生平事迹的文献中最全面和详尽的莫过于樊前锋的《马良骏传》一书和新疆大学硕士论文《马良骏新疆活动述论》。前者以优雅的文笔分十三章详细描写马良骏阿訇的生平，不失为一部精彩的文学传记；后者则更加侧重马良骏阿訇在新疆的活动，作者在参照各种文字记载、口头流传和社会调查的基础上，分阶段记述马良骏阿訇在新疆度过的后半生。

第二类，马良骏著作的出版、搜集、分类、整理及基本内容的简介。1956 年，上海穆民经书社刊印了马良骏的阿拉伯文教义学专著《教义学述要》（المضبط العظيم）[2]。1992 年，林松先生校勘并作序的马良骏《清真诗经译讲》由天津古籍出版社出版，全书为阿拉伯文、汉文和“消经”对照版。1994 年，马良骏的汉文著作《考证回教历史》连同侯新生的白话翻译由新疆人民出版社出版。马良骏的其余著作大多数都是清真寺印行的石印本、油印本或铅印本，甚至是手抄本。此外，有关马良骏著作的论文有马志福的《马良骏及其著述与研究》和马建平、哈宝玉的《马良骏先生的学术贡献》，以上两篇文章对马良骏的部分著述进行了归类，

① 王平：《爱国爱教虔信传世——马良骏阿洪传略》，《回族研究》2007 年第 3 期。

② 马良骏阿拉伯文著作的汉译书名有些由他本人所定，笔者在使用中将专门指出；其余大多数阿文著述无中文译名，本书所用中文译名及所引书中内容皆为笔者翻译。

对其学术意义进行了简要说明。杨峰的《马良骏及其〈考证回教历史〉》集中对《考证回教历史》一书进行了评述，作者在简要介绍马良骏生平及其《考证回教历史》之内容的基础上讨论了这本著作的价值，同时也指出了其中不完善和讹误之处。[1]然而，作者的评述中也存在对原书内容的一些误解。虎隆、马献喜的《毕生讲学传教著述等身 以经诠经弘扬民族文化——纪念马良骏大阿訇归真 50 周年》一文可谓是对马良骏学术生平和著述的最全面的介绍，文中详细介绍了马良骏阿訇的每部著作的版本及主要内容，并在此基础上分析了马良骏阿訇著述的特点，对于著作搜集和研究马良骏著作有很大帮助。

第三类，马良骏著作的译介。1997 年，虎隆、马献喜翻译了马良骏的著作《大辑要》(كتاب التلخيص الكبير)，译名为《教典要义大全》。1999 年，两人又翻译了其精简版《小辑要》(كتاب التلخيص الاسرار)，译名为《教典要义精华》。新疆王生荣阿訇也于九十年代末完成了《大辑要》的译稿，又于 2001 年翻译完成了《礼法尽善录》(المضبط الكامل)，译名为《教法综合辑录集锦》。王阿訇的这两个译本几乎都是经堂语的口气，一般读者很难读懂。2001 年，西安贾勇励阿訇也完成了《大辑要》的另一个译本（非全译），译名为《奥义摘录》。此外，河南刘学强和马金成两位阿訇的《三典汇要：伊斯兰教义问答荟萃》一书中，以问答的形式简要编译了艾布•哈尼法

① 杨峰：《马良骏及其〈考证回教历史〉》，《西北民族研究》1995 年第 1 期。

的《大学》和马良骏的两部著作《大辑要》和《教义学述要》中的一些重要教义问题。近年来，笔者也研读并摘译了马良骏阿訇的部分代表作，为后续研究积累了一定资料。

第四类，马良骏的家国思想。对马良骏爱国爱教思想的论述在有关马良骏生平和社会活动的记述中很多见。如敬军的《爱国爱教阿訇典范——纪念马良骏大阿訇归真50周年》，主要内容在于记述马良骏阿訇生平事迹的基础上歌颂其爱国爱教思想。[①]此外哈宝玉和马世文的《马良骏大阿訇的家国思想》根据马良骏的著述和历史贡献，分析了马良骏高尚的家国思想和情怀。[②]姚学丽的博士学位论文《单一与多重身份社会认同的研究——以马良骏阿訇为个案》，以马良骏阿訇为个案研究社会认同理论，探讨了单一身份社会认同的发展变化和多种身份社会认同之间的和谐关系。综上可以看出，学界对马良骏的研究成果大多数局限在对其生平事迹和社会活动的论述，还没有深入系统研究马良骏思想的成果。

二、与本书内容相关的教义学和苏非学思想研究简况

国内的教义学研究尚处于起步阶段，成果相对较少。二十世纪八九十年代，吴云贵的《伊斯兰教义学的阶段性特征》(《世界宗教研究》,1993年第4期)、《伊斯兰教义学的三部早期文献》(《回族研究》，1993年第4期)都是教义学方面的专题论文。随后，作

① 敬军：《爱国爱教阿訇典范——纪念马良骏大阿訇归真50周年》，《中国宗教》2007年第6期。
② 哈宝玉、马世文：《马良骏大阿訇的家国思想》，《中国穆斯林》2014年第4期。

者在之前研究的基础上出版了专著《伊斯兰教义学》，是国内第一部研究教义学的专著。二十一世纪初，开始有学者陆续撰写文章讨论教义学问题。如马秀梅《伊斯兰教义学及其在中国的传承系统》（《回族研究》，2004 年第 3 期）、贾建平《哈瓦利吉派与伊斯兰教义学》（《世界宗教研究》，2005 年第 4 期）、《“凯拉姆”和伊斯兰教义学》（《中国社会科学院研究生院学报》，2005 年第 6 期）。近些年，国内学界研究教义学的主要成果有：王希的专著《安萨里思想研究》其中有对安萨里教义学思想的专门讨论；云存平的博士论文《马图里迪学派教义学思想研究》较为系统地论述了马图里迪学派及其教义学思想；马占明的《艾布·曼苏尔·马图里迪与马图里迪教义学派初探》《马图里迪论先知与使者身份》和《塔哈维及其教义思想》以及哈宝玉《马图里迪及其教义学思想》《纳吉姆丁·纳萨菲与中国伊斯兰教义学》和《塔夫塔扎尼及其〈教典诠释〉对经堂教育的深刻影响》都是近年来较为前沿的研究成果；此外，马正峰的硕士论文《伊斯兰教义学中的独一性研究》是对本体与属性问题特别是独一性问题的专题研究。

与国内研究相比，英语世界的研究成果则丰富得多。首先是对伊斯兰教义学原典的译注，如 Walter Klein 对艾什尔里《阐明宗教原理》（الإبانة عن الأصول الديانة）的全译本、Alfred Guilaume 对沙赫拉斯坦尼《教义学之终极目的》（كتاب نهاية الأقدام في علم الكلام）的全译本以及 A.K.Kazi 对沙赫拉斯坦尼《宗派和学派》（الملل والنحل）穆斯林学派部分的译本等等。其次，各种伊斯兰哲学史著作中都涉及到对教义学或简或详的研究，其中著名的学者有法国的 Henrry Corbin、日本的 Toshihiko Izutsu、美国的 Majid Fakhry 和 Hossein Nasr 等。再次，有关教义学研究的专著也较为丰富。如 W.Montgomery.Watt 和 Michael.E.Marmura 对安萨里及其教义学思想的研究，Richard Frank 对穆尔太齐赖派的研究，Ulrich Rudolph 对马图里迪学派的研究，以及 Harry Austryn Wolfson 比较哲学意味较强的以教义学问题为分类标准的专著 *The Philosophy of Kalam* 等。最后，还有两部重要的教义学研究文集，一是 Tim Winter 主编的《古典伊斯兰教义学指南》（*The Cambridge Companion to Classical Islamic Theology*）,语言较为晦涩，内容则相对简略；二是 Ian Richard Netton 主编的《伊斯兰哲学与教义学》（*Islamic philosophy and Theology*）收录了近几十年来西方伊斯兰哲学、教义学研究的许多优秀论文。

国内外有关苏非思想研究的成果则比教义学丰富得多。国内专著有王俊荣《天人合一 物我还真——伊本·阿拉比存在单一论初探》、周燮藩等的《苏非之道——伊斯兰教神秘主义研究》、金宜久《伊斯兰教的苏非神秘主义》和《苏非主义在中国》等，除专著之外，还有王希、王俊荣的《〈智慧珍宝〉翻译、注释与研究》，潘世昌的《伊斯兰苏非概论》和秦惠彬的《伊斯兰思想历程——凯俩姆、神秘主义和哲学》等译著。有关苏非思想研究的论文则更加丰富，除王希《理论苏非学的体系构架和思想内涵》和《简析苏非学者贾米的论存在》等文章外，许多涉及明清时期回儒著译的文章，都会涉及到相关苏非原典和思想。本书集中参阅的阿拉伯文理论苏非学经典之作有凯萨里的《〈智慧珍宝〉注释》（شرح فصوص الحكم）、希尔信迪的《书信集》（المكتوبات）和萨以努丁《认一论原理注释》(التمهيد في شرح قواعد التوحيد)等。此外，较为权威的英文研究专著还有美国学者威廉・柴提克（William C. Chittick）的《知识的苏非之道》（*The Sufi Path of Knowledge*），日本学者井筒俊彦（Toshihiko Izutsu）的《存在之概念与存在之实在》（*The Concept and Reality of Existence*）和《苏非主义与道家》（*Sufism and Taoism: A Comparative Study of Key Philosophical Concepts*）两部英文著作已被王希译为汉文。

第三节 研究方法和思路

本书的选题属伊斯兰思想史研究范畴，研究任何一位思想家的思想都必然要涉及研究的方法、立场以及相关的理论背景。学者们的研究理路和研究方法也不尽相同，有的侧重于宗教史和思想史的纵向考察，有的偏重于历史和社会背景之分析，还有的则重视哲学观念之横向比较，可谓各有千秋。笔者对马良骏思想的研究主要从著作入手，研究马良骏在伊斯兰教义学、苏非学、哲学等思想领域的建树和贡献。本书的研究特色在于以下几点：首先，将马良骏思想放在伊斯兰思想史的大背景中去看，探讨马良骏所关注的问题在伊斯兰思想史上的重要意义。其次，将马良骏思想放在中国特殊的历史背景中去看，探讨其本土化意义。再次，马良骏是中国穆斯林学者中系统深入研究教义学的最重要的学者，因此本书将马良骏的教义学思想作为研究的一个重点，力求细致准确地介绍其教义学思想，细致梳理了他有关启示和理性关系的思想，以及对本体和属性等教义学问题的论述。最后，注重探讨教义学和苏非学在某些重要问题上的区别与融合，探讨理性学科和灵性学科的互动关系。

鉴于以上想法和思路，本书的难点在于研读马良骏多部阿拉伯文著作尤其是较为晦涩的教义学专著，并且要用现代学术语言表达其思想要旨。马良骏教义学著作中涉及的许多教义学概念和术语，在中国伊斯兰教史上是首次出现。由于国内学术界在伊斯兰教义学领域的研究成果尚且不多，许多教义学术语的翻译和解读还未曾涉及，例如教义学有关本体和属性的一些专业术语以及伊斯兰逻辑学的相关术语，在国内已有的教义学研究中没有可以借鉴的先例，因此笔者只能在自己的能力范围内给予这些术语尽可能恰当的翻译和解读。此外，由于对马良骏思想研究的二手文献较少，笔者的研究主要依靠一手文献资料，在语言表述和思想体系构架上没有可以借鉴的先例。

最后，简要说明一下本书在内容上的安排。第一章是引论部分，阐述本书的选题意义、研究现状，以及研究方法和思路。第二章包括三节，第一节主要从社会历史背景、经堂教育的发展、教派和思想分歧三个方面讲述马良骏思想产生的时代背景；第二节讲述马良骏的生平；第三节主要对马良骏的三十余部著作进行详细分类和介绍。第三章主要介绍马良骏的宗教和教派论，涉及教义学中有关信仰的本质和要素的讨论，信仰和行为的关系，以及与此相关的宗教关系和教派关系。在此基础上进一步探究马良骏在对“卡费尔”概念的独到解释下所阐发的宗教他者与人类一体思想，以及基于对“七十三伙”圣训的诠释而阐述的正统观念。第四章介绍马良骏在认识论方面的思想，主要涉及马良骏对启示和理性关系的论述，并述及教义学的方法论背景。阐述理性学科的发展及其在伊斯兰教思想史上的重要意义，以及由早期教义学到后期经院哲学（哲学教义学）之间的发展脉络和重要突破。第五、六、七章是关于马良骏的教义学思想，第五章涉及马良骏对伊斯兰教义学的核心问题即真主的本体和属性问题的系统论述，涉及诸多教义学派和学者的观点比较。第六章介绍马良骏有关前定和自由的思想。第七章介绍马良骏的先知论，包括伊斯兰教义学思想背景下对先知和使者等概念的论述，以及马良骏对哈里发和伊玛目教义问题的创见。第八章讨论马良骏与苏非学的关系，介绍马良骏的苏非学思想以及他对教义学和苏非学两种思想体系在一些交叉性问题上的融合。第九章是结语部分，总结和概括前面章节的内容，从整体上把握马良骏思想，分析马良骏思想的主要贡献。

第二章 时代背景与生平著述

第一节 时代背景

任何一个人的思想学说在某种程度上都不可避免地受社会结构或历史进程的影响，因此必须把它放在特定的社会背景中加以理解。马良骏一生辗转于甘肃与新疆各地，历经清朝、民国和新中国三个时期。成就马良骏思想的不仅仅是经堂教育的伊斯兰经学训练和个人在不同学科中的刻苦钻研，也包括他一生的所见、所闻、所感以及不同程度的回应。因此，研究马良骏思想首先应从历史、社会、文化等背景入手。

一、社会历史背景

要充分理解马良骏的思想，认识他在中国伊斯兰教思想史上的地位，我们不仅需要简单回顾伊斯兰教传入中国之后特别是经堂教育产生以来的历史，更需要详细了解马良骏所处的时代。伊斯兰教于公元 7 世纪通过陆上和海上“丝绸之路”传入中国，当时作为一种外来宗教，主要为在华外国穆斯林及其家眷后裔所信奉。唐宋时期的在华穆斯林人数较少，以“蕃客”的身份留居一些重要城市。13 世纪初，中亚和西亚的各族穆斯林在蒙古的征服战争中被大批裹挟来到东土。此外，在元朝与西域诸国的贸易中，西域穆斯林来华经商和归附者也不在少数。以上诸种因素产生了“元时回回遍天下”[①]的局面。元代“回回人”属色目人，地位仅次于蒙古人，从政、从商者不少，地位较高。“回回人”与中土各民族不断交往与融合，他们融入主流社会，受到主流文化的影响而逐渐“华化”。元代的穆斯林在五功、饮食、丧葬、婚俗等方面基本保持着伊斯兰教规，而在刑名、户婚、钱粮、司讼等公共领域则都要遵从国家律法。特别是元仁宗即位后推行汉法，复行科举，以《四书集注》为考试标准读本，朱子理学成为元朝官学，主导国政科举和意识形态。“回回人”在语言、姓氏、婚姻、服饰等方面得以进一步华化。元明换代之际，“回回”将领在明王朝的建立中发挥了重要作用。统治者一方面对穆斯林予以优待，在一些地区敕建清真寺，明太祖朱元璋还曾御书《百字赞》褒扬伊斯兰教。另一方面，也采取了一些限制措施。随着禁“胡衣、胡语、胡姓”“不许本类自相嫁娶”[②]、海禁等一系列政策的实施，加速了“回回人”的华化和民族融合进程。

明初是朱学统治达到高峰的时代，明成祖朱棣钦定三部大书《五经大全》《四书大全》《性理大全》，成为政治意识形态的至上权威。作为官方意识形态，程朱理学不仅深深影响着读儒书

① 张廷玉等：《明史》第332卷，中华书局，1974年，第8598页。
② 《大明律》，法律出版社，1998年，第65页。

的穆斯林知识分子，其伦理价值观念也逐渐通过宗族和乡约等制度深入中国穆斯林民众之中，影响着中国穆斯林的思维方式和价值观念。至明朝中后期，“回回作为日趋稳定的群体，在经历了一段内部发展时期后，产生了较为突出的民族文化积淀，逐渐形成为一个新的民族共同体。”[①] 明中后期的政治、经济结构发生了一系列变化，社会思想和社会风气也随之变迁。中晚明的土地兼并、赋役沉重，官吏贪酷、高利贷盘剥等社会危机，加上白银货币化，促使农民脱离土地。农民的非农化使商品经济得到发展，社会上逐渐形成了弃儒从商、重视工商业的风气，使明初的重农抑商的政策在一定程度上有所改变。明太祖朱元璋曾规定：“农民之家许用细纱绢布，商贾之家只许绢布。如农民之家，但有一人为商贾者，亦不许穿绸、纱。”（《明会典》卷 58）商人的地位之低可见一斑。而嘉靖以来，弃农从商、弃儒从商现象颇为普遍，社会上开始产生一种“工商亦为本”的思想。

创立经堂教育的胡登洲，其前半生就是以经商为业。受经济发展的影响，中晚明的意识形态及传统秩序有所松动，程朱理学的统治地位受到挑战，各种思想争鸣。王阳明的心学在士人中的盛行，给中国的思想界带来了一种自由之风，打破了程朱理学统一的意识形态，知识阶层有了相当宽松的言论空间。陆王心学提

① 余振贵：《中国历代政权与伊斯兰教》，宁夏人民出版社，1996 年，第 136 页。

出“东南西北海有圣人出焉，同此心同此理也”[①]的理念，这种普遍主义真理观为多元思想的发展提供了理论支撑。

清朝前期，统治者虽未放松过对伊斯兰教的管理与限制，但基本采取了“齐其政而不易其俗”的政策。“从乾隆后期起，各族人民的反清斗争由秘密活动走向公开的武装起义。”[②]在中国穆斯林中，当时“老教”（花寺门宦）和“新教”（哲赫林耶门宦）产生教争，遭到了清朝统治者不公正的干预和迫害，激起了哲赫林耶派穆斯林的反抗。反抗被镇压后，统治者对伊斯兰教采取严防和高压政策，利用教派之争，“以回制回”；又利用国内各民族矛盾，“联蒙制汉”“护汉抑回”。19 世纪中叶，饱受压迫的中国农民揭竿而起，发动了太平天国运动。由于统治压迫和民族矛盾等多种复杂的原因，并且在太平天国运动的影响下，云南、陕西、甘肃、青海、新疆相继爆发了一系列回族、撒拉族等各族人民的武装斗争。从 1856 年云南杜文秀起义到 1873 年马文禄兵败肃州，西南和西北的回族群众经历了十八年战祸，并为之付出了惨痛的代价。十多年的战争导致人口锐减。以陕西为例，战前陕西回族人口约 170 万左右，占全省总人口数的 12.3%，战后陕西境内幸存回族人口尚不足 5 万人，人口损失比例超过 91%。[③]其中大部分人口死于战乱和饥荒，少数人口流落陇东、河湟等地。此外，清

① （宋）陆九渊：《陆九渊集》卷二十二，中华书局，1980 年，第 273 页。
② 金宜久主编：《伊斯兰教史》，江苏人民出版社，2006 年，第 399 页。
③ 路伟东：《清代陕西回族的人口变动》，《回族研究》2003 年第 4 期，第 71-77 页。

政府的“善后”政策之一就是“徙戎”，即强迫大批陕甘回民离开故土，强迁于新的荒僻地区[1]。这使得他们的处境更加困窘，经济上遭受沉重的打击，文化上陷入了空前的闭塞状态。

1911年的辛亥革命推翻了清王朝的统治，统治中国两千多年的封建专制制度退出历史舞台，中国社会发生了新的变化。国民政府提出“五族共和”和“民族平等”的主张，相继在政治、宗教、教育等领域颁布实施了一系列政策，推动社会发展的过程中也鼓舞了中国穆斯林。民国政府大力提倡发展民族资本主义，穆斯林有识之士积极响应，发展实业。同时，信教和出版自由有了法律保障，不少穆斯林知识分子和宗教人士发起了中国穆斯林的新文化运动，建立新式学校，出版伊斯兰教刊物，组织各种民族和宗教团体，加强与伊斯兰世界的交流，派遣留学生，促进了中国伊斯兰教文化教育事业的发展。与此同时，处在不稳定当中的民国中央政府内外交困，无力西顾；乱世中的中国西北边陲新疆，其督军（省长）独揽政治、军事和经济大权，成为一方诸侯。在长达四十年的时间里，新疆相继出现了三位掌权者，无为而治、守卫新疆十七年之久的杨增新（1864—1928年），继承杨增新政策的金树仁（1880—1941年），狼子野心大行白色恐怖的盛世才（1892—1970年），他们每一位的统治政策都与新疆穆斯林以及马良骏的人生际遇紧紧联系在一起。马良骏正是生活在这样一个

①余振贵：《中国历代政权与伊斯兰教》，宁夏人民出版社，1996年，第239页。

大变革的时代，在当时的社会背景下，他思考着民族的命运和宗教的前途。

二、经堂教育和传统经学的发展

明代中后期，是中国伊斯兰教的发展面临困境和获得突破的时代。经过元代以来的民族大融合，以汉语作为母语的中国本土穆斯林主体已经形成，如何使用汉语讲好阿拉伯文和波斯文的伊斯兰教经典，成为一个普遍存在的问题。然而，当时的宗教学者讲译经典的水平普遍未能跟上时代需求。元代以来的世袭掌教制度在当时逐渐成为一种阻碍，往往使宗教人士坐享利禄，无心传播宗教知识，宗教传承难以维系，中国穆斯林有识之士对此深感担忧。“吾教自唐迄明，虽有经籍传入兹土，而其理义难传，旨义难悉，故世代无一二精通教理之掌牧……”[①]当时中国的穆斯林宗教人才不仅在数量上严重不足，而且越来越缺乏宗教知识的训练，很多掌教的宗教知识有限，浅尝辄止，造成了“经文匮乏，学人寥落，既传译之不明，复阐扬之无自”[②]的局面。

胡登洲（1522—1597 年）就是在这样的环境下，于明万历年间创立了一种新的宗教教育和经学传承模式。胡登洲生于陕西咸阳渭城，字明普，经名伊里亚斯（إلياس），他“幼肆儒业，长随同

① （清）赵灿：《经学系传谱·舍蕴善序》，青海人民出版社，1989 年，第 1 页。
② 《修建胡太师祖佳城记》，载余振贵、雷晓静主编：《中国回族金石录》，宁夏人民出版社，2001 年，第 513 页。

乡高师祖，习受本教之学”[①]，并学有所成。虽一直抱有弘扬经学的愿望，但因为种种原因，年过半百还以经商为业。在一次赴京做生意途中，与来自西域的“进贡缠头叟”的偶遇改变了他的人生轨迹。胡登洲先是延请在京的国学名士为自己讲授儒家诗书、性理之学，以提升国学和汉文修养。因为从小有儒学的功底，仅“受学百日”便被称赞为“宿儒之所不及”。之后他陪伴在“缠头叟”左右，受到经学上的指点，并一路陪送“缠头叟”至嘉峪关。返回家乡后的胡登洲已经学问大进，他“遍索藏经之家，高价乞售”，然后“昼夜钻研，刻苦考察，冬不炉，夏不扇，夜不安于衽席者数年，乃深明正心诚意之学，贯通尽性穷理之源，宣天房之秘，漏泄其微，按东土之音配合其节，究于理之赅而不偏，辞之平而有味。”[②]经过一段时间的艰辛探索，胡登洲最终实现了自己“贯通一家”“练字成句，贯句成章”“可启后世之蒙，能泄先天之秘”的宏愿，开创了用精准平实而又符合经典语法的汉语口语讲解伊斯兰教经典的方法。他同时借鉴吸收了伊斯兰传统的经院教育和明中期以来再度复兴的书院文化，奠定了经堂教育的经堂语基础和口传心授的教学模式，使教学方式标准化、规范化，易于传授和模仿。经堂教育改变了宗教学者浅尝辄止、不明经义或虽明经义而不能用汉语精确表达的现状。它所规范的讲经方式和

① 《修建胡太师祖佳城记》，《中国回族金石录》，第 513 页。
② 《经学系传谱》，第 1-2 页。

语气规则，是一套口头讲译阿拉伯语和波斯语经典的标准，打破了地域局限，使得经堂教育模式很快盛行于各地，并得以长期延续。

胡登洲最著名的弟子是海、冯二先生，后人称“海太师”和“冯太师”。海太师经名艾哈默德（أحمد），陕西渭城人，后迁居韦州讲学。海氏一脉的传承较少文字记载。冯太师，是咸宁（今属西安）人，门下著名弟子有六位，人称“冯门六俊”，即冯太师的三个儿子（冯少川、冯少泉、瞽目二师）和三个侄子（冯云乔、老四师、冯伯庵）。其中有三位最为突出，分别是他的儿子冯少川和冯少泉、他的侄子冯伯庵，这三位培养出了众多学生，其中对经堂教育的发展影响深远的也有三位：张少山（师从冯伯庵和冯少川）、马明龙（师从冯伯庵和冯少泉）和冯养吾（师从冯少川和冯少泉）。至清初，经堂教育基本得到普及，西安、咸阳、渭南、同心、西宁、济宁、北京、郑州、开封、沧州、南京、武昌、亳州、蒙化等多地的经堂教育已经相当兴盛，并逐渐发展出几个有地域特色的学派[①]。经堂教育的学派，并非教法学派和教义学派，也不是后来产生的中国特有的教派。诚如庞士谦阿訇所说：“实非学理上之派别，乃习惯之不同而已”[②]。笔者认为，早期的经堂教

① 经堂教育的学派只是近人的一种说法或学术构建，当代学者对于学派的划分有不同见解。

② 庞士谦：《中国回教寺院教育之沿革及课本》，原载《禹贡》半月刊第七卷第四期；又载丁士仁主编《中国伊斯兰教经堂教育（上）》，甘肃人民出版社，2013年，第117页。

育中并不存在学派（就像一棵树在分杈前的主干部分），随着经堂教育在全国的传播，学派形成于胡登洲第四代弟子时期。最早的学派是以济宁为中心而形成的山东学派和以南京为中心形成的金陵学派。笔者以两大要素界定学派，一为师承，二为地域。同一个学派的学者群体要有相同或相近的师承和核心人物，并围绕某一地域形成特有的教学风格和经典体系。陕西、华中和云南地区的早期经堂教育虽也很兴盛，但并未围绕某个或某几个核心人物而形成一个有共同学术旨趣的学者群体，也未形成独特的经典教学体系，因此还不能称作真正意义上的陕西学派和云南学派。陕西学派的真正形成是在清中期周良浚兴学之后（李兴华先生也持此观点），云南学派的真正形成是在马复初和马联元兴学之后。此外，需要指出的是，学派只是一个大致划分，并无严格的界限，经堂教育的学子素有“游学”传统，历史上各地区之间都有互动和融合。

明末清初，通过马真吾、张少山和马君实等经师的讲学活动，以南京为中心逐渐形成了一个稳定的学者群，其中著名的有马真吾、马君实、张中、王岱舆、马之骐、袁盛之、马纯益、伍遵契、袁汝琦、刘智等。这些学者大多具有较高的儒学修养，有的甚至“学通四教”（儒释道伊），其集大成者刘智甚至还“阅西洋书一百三十七种”。他们在研习经学的同时，还用汉文翻译、撰写、诠释伊斯兰教经典。在儒家思想为主导、儒释道合流的文化背景下，运用中国哲学的范畴和理念来翻译和诠释伊斯兰教经典，发起了著名的“以儒诠经”运动。这些在相对集中的地域表现出相同学术旨趣的学者群体，我们称之为金陵学派。

山东学派的创立者是胡登洲的第四代弟子常志美和李延龄。在明清易鼎、社会动荡的年代里，他们在济宁坚持讲学四十余年，建立了清初“东土第一学堂”，因材施教，培养了大批经学人才。“然时人以蕴华、定寰、君实、明龙四先生为东土学者之四镇云。但吴、楚、燕、秦诸馆所出人才，未及济水之半，故大成者约百十余，而有济济多士之谚”[①]。以济宁为中心的山东学派，辐射到北京、济南、南京、沧州、郑州、襄城、亳州、临清、辽阳等地，甚至有弟子到西北讲学。常、李二师的弟子各有所长，例如安宁宇善于文法，米万济、王允卿长于劝诫，伍遵契、舍蕴善精于性理（苏非）之学。济学弟子传承不辍，乾隆年间，山东学派著名经师常杰（1717—1801 年，山东临邑人）兴学，在前人基础上发展完善了其经典体系，山东学派以“十三本经”为核心的经学体系最终定型（见表 1）。此后，以“二常学脉”而著称的山东学派，其中心逐渐北移直隶地区[②]。后期的山东学派虽不再像二常时期那样兴盛，但也代不乏人，著名的如刘懋修、李清泰、海思福、李

① 《经学系传谱》，第 58 页。

② 参见冯峰：《中国伊斯兰教山东学派研究》，中央民族大学博士学位论文，2018 年。

正光等，北京王家、孟村海家、沧州李家世代传承。近代，更是出现了像王静斋和杨敬修这样的大学者。

表 1：经堂教育山东学派的“十三本经”

经目/别称	类别	语言
《基础知识》 (أساس العلوم)/连五本	阿拉伯语词法和语法	阿拉伯语+波斯语
《明灯之光》 (ضوء المصباح)/遭伍	阿拉伯语语法	阿拉伯语
《毛拉贾米的注释》 (شرح ملا الجامي)/满俩	阿拉伯语语法	阿拉伯语
《修辞概要》(مختصر المعاني)/白亚尼	阿拉伯语修辞学	阿拉伯语
《奈赛菲信纲注释》 (شرح العقائد النسفية)/尔噶一德	教义学	阿拉伯语
《卫道经解》 (شرح الوقاية)/伟嘎耶	教法学	阿拉伯语
《求学门径》 (منهاج الطلب)/米诺哈志	波斯语语法	波斯语
《圣谕》 (رسول خطب)/胡托布	圣训注释	波斯语
《贫者的四十则圣训》(أربعون فقراء)/艾尔白欧	圣训注释	波斯语
《真境花园》 (گلستان)/古丽斯坦	波斯文学、伦理学	波斯语
《为仆之道》(مرصاد العباد)/密尔索德	苏非学	波斯语
《闪光的射线》 (أشعة اللمعات)/莱穆尔特	苏非学	波斯语
《古兰经》 (مصحف)/穆索哈夫	古兰经	阿拉伯语

早期经堂教育所使用的典籍除了以上必修教材之外，还有大量的参考经书，经师根据个人兴趣自行参阅和讲授。金陵学派著名学者刘智的《天方典礼》和《天方性理》的“采辑经书目”中共列出六十余部参考经书，几乎囊括了清初学者们能够见到同时又被认可的大多数典籍。内容涉及古兰经注释、教法学、教义学、苏非学、逻辑学、历史、天文历法、地理、修辞、解梦等领域，与经堂教育的教材一起影响着中国伊斯兰教经学思想。值得指出

的是，苏非典籍在早期中国伊斯兰教经学中占据重要地位。无论是经堂教育的必修课程，还是学者的参考经目，苏非典籍的数量比例都是很大的。我们这里所说的是作为一门学科的苏非学，它不等于苏非派或后来兴起的苏非门宦。早期穆斯林经师虽多与苏非有密切关系，但是他们几乎都没有加入任何苏非派别或教团（仅有个别在苏非导师指导下进行个人修行的例子）。然而，苏非的理论学科和修身养性的道德要求却是经堂教育中的必修课。重视苏非学是早期经堂教育的两个重要学派——山东学派和金陵学派的特色所在，究其原因，一方面，苏非学是当时伊斯兰世界的显学，早期经堂教育的经师大多与苏非关系密切。另一方面，穆斯林经师们发现苏非之学与主流的宋明儒所讲的性理之学存在很多共同话语，在讲译经典和经学话语体系的构建中，苏非学自然被经师们所重视，以致于它被称作伊斯兰教的“性理之学”。在山东学派的十三本经中，有五本就有苏非背景或是理论苏非学著作，分别是《圣谕》（胡托布）、《贫者的四十则圣训》（艾尔白欧）、《真境花园》（古丽斯坦）、《为仆之道》（密尔索德）、《闪光的射线》（莱姆尔特）。其中《为仆之道》（密尔索德）作为必修教材，是早期最主要的苏非学典籍之一。它被常志美的弟子伍遵契翻译为汉语《归真要道译义》，又被舍蕴善翻译为汉语《推原正达》。《闪光的射线》（莱姆尔特）同样作为必修教材，被舍蕴善翻译为汉语《昭元秘诀》。除以上典籍之外，另有两本苏非学典籍影响很大：其一是之前提到的《默格索德》(مقصد الأقصى)，刘智称《研真经》，被舍蕴善译为汉语《归真必要》。其二是《拉瓦一合》（لوائح），被刘智翻译为汉语《真境昭微》。以上四部波斯文苏非学典籍，有学者称“波斯四书”[①]，在中国伊斯兰教思想史上产生了重要而深远的影响，在明清之际的“以儒诠经”运动中起到了关键作用。

清嘉庆、道光年间，经堂教育有了新的发展。此时陕西的经堂教育异军突起，人才辈出，以“专而精”著称的陕西学派正式形成。清代后期至清末，以马复初和马联元两位经师为中心，在西南地区形成了云南学派。这两个学派之间也多有互动和融合，它们在教材和课程设置上也不同于之前的山东学派和金陵学派。陕西泾阳人周良浚是整个经堂教育传统的中兴者，也是陕西学派的真正开创者，被后学尊称为“周老爷”。其生卒年不详，据著名历史学家白寿彝推测，周良浚大约为乾隆、嘉庆年间的人[②]。最新的研究表明[③]，周良浚是胡登洲的第九代弟子，其师承谱系可追溯如下：

① 参见孙智伟：《回族经堂教育中的“波斯四书”及其译本》，《中国穆斯林》2015 年第 1 期。

② 白寿彝：《中国伊斯兰经师传》，载《白寿彝民族宗教论集》，北京师范大学出版社，1992 年，第 403 页。

③ 乌志鸿：《〈渭城里大寺碑〉记载的经学传系》，《中国穆斯林》2017 年第 6 期。另据最新发现的碑文资料显示，马明龙或是第二代弟子，这样一来周良浚就是第八代弟子。

胡登洲→冯先生→冯少泉、冯伯庵→马明龙→皇甫经→杨聪（杨噶最）→马明塔（小西宁）→邸阿訇→摆阿訇→周良浚

周良浚曾在西安小皮院清真寺任教六届，主讲数十年，人称“六来堂”，西安一时成为全国经堂教育最大的中心。周良浚的弟子遍布陕西、甘肃、河南、山西等地，甚至影响到了华北和新疆地区。著名的有早年“八大弟子”和晚年诸小弟子。相传，在诸小弟子中就有云南学派的奠基人马复初。清末，在著名经师马联元的努力下，云南学派得以正式形成。马复初和马联元致力于振兴经堂教育，编著简明易学的新教材，还复兴了刘智以后逐渐趋于沉寂的汉文译著活动。云南经堂教育的高级阶段以学习“五大本”为典型代表，分别是《满俩》《白亚尼》《哲俩莱尼》《伟嘎耶》《奈赛菲教典诠释》。此外，程度较好的学生也会学习《百达维经注》和波斯文古兰经注释《侯赛尼》（تفسير الحسيني）。

同治年间，陕甘地区十多年的战乱导致人口锐减，部分人口向西流落到宁夏南部山区、甘肃平凉、张家川、河湟等地。战后，陕西学派保留下来的重要学者有马寿清（普洱马）、兰炳文、禹月明、马德清、郭连益、者万选和马永成（窑里马）等，皆为周良浚第三代或第四代弟子，其中马德清和窑里马流落到甘肃张家川，其余皆流落至甘肃平凉，平凉遂成为陕西学派的第二故乡。这些学者中影响最大的当属马寿清（1814—1902 年），字仁山，因生于云南普洱，人称“普洱马”，他的老师有周良浚八大弟子

中的剑川马、米中一和细摆阿訇。普洱马的学生遍布陕西、甘肃、河南、四川、云南和内蒙古等地。普洱马不仅是陕西学派在陕甘战乱后再度复兴的关键人物之一，也是陕西学派历史上第一位著书立说的学者，被誉为“西北经学泰斗”。通过普洱马等经师的努力，陕西学派逐渐得以恢复元气。在他们的下一代经师中，产生了一位杰出的经学家，他不仅在祖国的西部边疆重振了陕学的昔日辉煌，而且极大地发展了陕西学派的经学思想，这位经师就是马良骏。

陕西学派在课程设置上不同于之前的山东学派在教材数量和讲授顺序上相对固定的“十三本经”，而是分八个学科进行教学，俗称“八样尔林”[①]，分别是词法学、语法学、修辞学、逻辑学、教法学、教义学、经注学、苏非学。在前四个基础学科中，逻辑学是陕西学派的特色，它被当做研究教义学的基础，说明陕西学派对理性学科的重视。在后四个学科中，教义学和经注学是陕西学派的特色，人们常说陕西学派的特色是“专而精”，指的就是其经师们大多精研这两门学问。庞士谦说：“自周老爷兴学，以至清末，陕西派多务‘认主学’。”[②]教义学最重要的教材是《奈赛菲教典诠释》（شرح عقائد النسفية）及其多个注释本，其中最著名的有伊利亚斯（إلياس）的注释和黑亚里（الخيالي）的注释。古兰经注释学以

① “尔林”，阿拉伯语，意为知识、学科。

② 庞士谦：《中国回教寺院教育之沿革及课本》，原载《禹贡》半月刊第七卷第四期；又载丁士仁主编《中国伊斯兰教经堂教育（上）》，甘肃人民出版社，2013 年，第 117 页。

《百达维经注》(تفسير البضاوي)为核心教材，同时参考其注释本（شيخ زاده），还有法赫鲁丁•拉齐的《幽玄之匙》（مفتاح الغيب），苏优推的《哲俩莱尼》(تفسير الجلالين)，以及波斯文古兰经注释《侯赛尼》（تفسير الحسيني）等。陕西学派在讲授《百达维经注》时有自己的特点，注重每个重要单词的词型和词性、每个句子的语法结构和修辞、句与句之间的逻辑关联，前后文的衔接关系，经文的背景及其所蕴含的深刻义理等等，将经典的诠释讲授到十分精细的地步。总之，清中后期以来的经堂教育，尤其是陕西学派，其最主要的关注点已经由大谈性理的苏非学转向以思辨教义学为代表的理性学科，在学问上更加注重理性、实证和精思，这和一定的社会文化环境是分不开的。马良骏就是在该领域最杰出的中国穆斯林学者，他阐明思辨教义学家和哲学家的理性证明和苏非的理智直观各自的认识论原理，并在此基础上进行各个思想流派的比较（或许可以称为一种比较经学），为中国伊斯兰教经学体系的发展所做出了独特贡献。

清末民初之际，正是在马良骏的那个时代，传统经堂教育出现了前所未有的变革和挑战。随着世界大局势的变化，经济领域和科技领域的变革也带来了生活方式和思维方式的改变。新文化运动以来，民主和科学思潮兴起，在主流社会的思想和话语体系发生翻天覆地变化的同时，伊斯兰现代主义、原教旨主义等思想和学说也不断进入中国穆斯林的视野，冲击着经堂教育和传统经学。面临现代性的冲击、现代与传统的二元对立，不仅主流社会被迫做出回应，中国穆斯林群体也同样在做着某种回应。这些回应反映到经学教育方面就是变革。在西北河湟地区，随着新教派的兴起，新教和老教在经学学科上都开始集中关注教法、教礼，在讲经风格上逐渐形成了以大量、大部头过“莱夫兹”（字面，لفظ）为特点的“莱夫兹学派”，有人将之称为“河湟学派”。同时在东部地区，则表现为新式学堂的兴起，在学制、教材、体制等方面都采用新的形式。自此，回族穆斯林经学教育出现了传统经堂与新式学堂并存的局面。马良骏并未追随革新的潮流，他在经学教育方面坚持传统。但同时也不拘泥死板，在文化教育方面积极筹办新式学堂，行走在传统与现代之间。

三、教派和思想分歧

教派分歧是研究马良骏思想的一个重要背景。马良骏的一生亲历并耳闻了中国穆斯林当中存在的诸多教派分歧。处理分歧问题、促进教派和睦也是马良骏著作的重要关怀之一。在此，有必要就中国伊斯兰史上存在的教派观点和思想分歧作一简要梳理，以便更好地理解马良骏的思想。

第一，需要弄清楚教派的划分标准，以免将以不同标准所划分出的教派混为一谈。伊斯兰教中，按原理（教义）问题的分歧而划分出不同的教义学派，如哈瓦利吉派、穆尔太齐赖派、逊尼派（其中包括艾什尔里学派、马图里迪学派等）、什叶派（分为宰德派、伊斯玛仪派和十二伊玛目派）等；按教法（遵行）问题的不同而划分出不同的教法学派，如逊尼派内部的四大教法学派（哈乃斐派、马立克派、沙斐仪派和罕百里派）、什叶派内部的不同教法学派。教义史家划分学派，大致就是这两种划分方式。严格来说，苏非本是部分信仰者的一种额外修持和宗教的灵性维度，因此沙赫拉斯坦尼等教义史家并未将其算作与上述任何派别并列的一个派别。以上各个教义和教法学派中都既有人学习苏非学理并进行苏非修持，也有人仅遵守基本的教义教法而没有苏非修持。早期的苏非行知都是以这些教法和教义学派中的个人为载体的，后期形成了有组织的苏非教团，遵奉不同道统体系，这样一来穆斯林在苏非行知层面又可划分为如奈格什班迪耶、嘎迪林耶、库布林耶、沙兹林耶、契斯提耶等不同的道统，在一定意义上具有了教派性质。我们所说的中国穆斯林的不同教派，在教法上基本都遵循哈乃斐学派（而在具体细节的实践上有所差异），在教义上基本都遵循马图里迪和艾什尔里派①（而在一些问题的理解上有所不同）。在苏非方面，有的派别只学习苏非学理（对一些问题的理解也存在不同），而将苏非实践仅仅视为少数人的私事，如格底目和部分伊赫瓦尼派；有的派别既不学习苏非学理，也不进行苏非实践，如部分伊赫瓦尼派和晚近传入的赛莱菲耶派；有的派别既

① 早期的教法学和教义学并不是完全独立的，它们经常融合在一起。例如，哈乃斐派既是一个教法学派，也具有一种教义主张，只不过这种教义主张后来逐渐发展形成了马图里迪教义学派。而艾什尔里教义学又与沙斐仪教法学派关系密切。同样，罕百里派既是一种教法学派，也具有自己的教义主张，学界常称之为“罕百里主义”，以区别于同为逊尼派的艾什尔里学派和马图里迪学派。

学习苏非学理，同时也实践某个苏非道统的修行而形成了自己的组织形式，如四大门宦及其各个分支[①]。

第二，元明以来，受地缘因素影响，哈乃斐—马图里迪传统在中国穆斯林中已是主流，但同时也存在着各种不同的思想和宗教实践。华北、中原一带存在什叶派思想的影响，产生了一种既信仰逊尼派的四大正统哈里发，又承认什叶派的十二位伊玛目的混合教义。例如，元代济南赛氏家谱的波斯文序中就同时认可和尊重四大哈里发和阿里之后的十一代伊玛目，体现出在伊玛目教义上的一种独特的混合观念[②]。此外，《冈志》载："明万历之季，秦中胡、马、海三氏，首倡改独班之议，秦人从违各半。"[③]所谓"连班"即穆斯林集体礼拜时伊玛目（领拜者）站在第一排正中间稍微靠前一肩的位置，而"独班"则是伊玛目单独站在最前排。胡登洲兴学之后，"连班"制被认为是受到什叶派隐遁伊玛目思想的影响而革除[④]。改革不是一蹴而就的，而是经过了多代人的努力，最终确立了哈乃斐传统在中国伊斯兰教中的主导地位，"于阿补·哈尼法数百年不及之道，至我太师祖承统发明而不堕矣。"[⑤]

① 实际上，门宦也只是一种组织制度，并非门宦中的所有信徒都具有苏非的灵性修持和体验，多数普通信徒只是委身于这一组织形式而已。
② 参见《济南赛氏谱序（二）——回回文序》，《山东回族谱书序言集注》，第 507-511 页。
③ 《北京牛街志书——〈冈志〉》，第 83 页。文中的"马"当为误记，应该为"冯"。
④ 《北京牛街志书——〈冈志〉》，北京出版社，1991 年，第 82 页。
⑤ 《修建胡太师祖佳城记》，《中国回族金石录》，第 513 页。

早期传入中国的苏非思想也是鱼龙混杂。大致在17世纪中叶以前，来华者中，有“遵法派”的，也有“非遵法派”的传教士[①]。经堂教育兴起以后，中国穆斯林学者与“非遵法派”的异端苏非思想的斗争一直持续。《经学系传谱》中提到了遵守教义、教法的正统苏非之士，如及料理、逸蛮阿轰、厄蒲杜勒直利礼、噶信等，“足可风砺吾道之士”。同时也揭露了违背教义教法的异端苏非，“余则皆碌碌张罗之辈，哄术愚人，投其机械，盖不知其为何国何教人，言之令人发上指也”[②]。此外，被马注等学者激烈批判的异端——苏非“格兰代”，他们“既不注重社会习俗、宗教生活，也无任何道统或追随某个精神导师”[③]，而且多有奇谈怪论和荒诞行为，据说他们甚至在手上和耳上穿入铁环以示坚忍。中国经师们对这些被伊斯兰教正统派视为异端的言行深恶痛绝。他们秉持安萨里以来的正统苏非观，认为苏非修行和学理并非普遍化大众化的事情，任何时代真正的苏非总是凤毛麟角的，“他们是最先走上真主道路的人，他们的行为是最好的，他们的道路是最安全的，他们的品德是最高尚的”[④]。然而，每个时代流行的多半是有名无实的苏非，“他们以修行为由，轻视教法，忽视宗教义务，发表异端

① 金宜久：《苏非主义在中国》，社会科学文献出版社，2013年，第51页。
② 《经学系传谱》，第89页。
③ 金宜久：《苏非主义在中国》，第46页。
④ 安萨里：《迷途指津》，李振中译，载《信仰与理性》，沈阳出版社，1997年，第27页。

言论，误导了一般人的信仰”。[1]学者们极力批驳这些“异端”和“外道”的观点，认为这些思想学说是危害穆斯林大众的正统信仰之祸根。早期穆斯林经师虽多与苏非有密切关系，但是他们几乎都没有加入任何苏非派别或教团（仅有个别在苏非导师指导下进行个人修行的例子）。然而，苏非的理论学科和修身养性的道德要求却是经堂教育中的必修课。重视苏非学是早期经堂教育的两个重要学派——山东学派和金陵学派的特色所在。

第三，对于经堂教育创立以来的一些分歧，笔者大致将其划分为两个阶段：

第一阶段，在门宦产生之前，也就是教派门宦分化之前，内地穆斯林主要存在的分歧有两个方面：一是宗教礼俗之争。经堂教育兴起之后，中国穆斯林在宗教功修礼仪上虽基本都遵循哈乃斐教法学派，但在某些具体细节的实践上，不同的经师却有不同主张。在当时山东学派影响下的华北和中原地区，因为这些主张的不同而分成“古行”和“新行”，对某些问题的争论也波及到其它地区。许多清真寺和经师以立碑撰文的方式申明自己的立场，如河南开封东大寺的《具甘结碑》，开封北大寺的《计开十三件》，朱仙镇清真寺的《朱仙镇清真寺遵行旧规》和《清真古行碑》，舍蕴善阐明“新行”主张的“十八条”及其再传弟子马永和的“指摘错讹十事”等。“古行”和“新行”大致的分歧有：礼拜实行“连

① 王希：《安萨里思想研究》，宗教文化出版社，2016 年，第 60 页。

班”还是“独班”；诵经后是否以“开端章”结束；念“核提”（特定的《古兰经》选）时是否念三遍“忠诚章”（第112章），从“上午章”起每章结束是否念大赞词；传念《古兰经》时是否每人都要以“艾欧祖”（求护词）开始；殡礼时是否穿鞋；洗“埋体”（亡人）时是否诵念《古兰经》“塔哈章”，“克凡”（裹尸布）上是否写经文；丧主家是否宰牲款待客人；主麻日聚礼前先念“邦克”（唤礼）还是先念“山洞章”（《古兰经》第18章）；每夜三拜“卫特尔”（奇数拜）后是否叩头；拜外念作证言时是否起（右手食）指；接“杜阿”（祈祷）后抹一次脸还是两次；进入和结束斋月的时间是靠看月还是靠推算；“沙目”（昏礼）礼拜前开斋还是礼拜后开斋；虾是否可食等等。[①]我们发现上述这些分歧全都是涉及宗教功修礼仪上的细节问题，并不牵涉信仰原理问题。

二是苏非学上的分歧。在山东学派，学者就《默格索德》（مقصد الأقصى）[②]是否是正统苏非经典产生了分歧。在常志美的弟子中，

① 参见马超：《经学大师舍蕴善“十八条”主张考述》，《世界宗教研究》2016年第1期。

② 《默格索德》（مقصد الأقصى）成书于13世纪末，是一部有关苏非认主学及修行的波斯文著作，作者为阿齐兹丁·本·穆罕默德·纳萨菲（عزيز الدين بن محمد النسفي，约卒于1300年），教法上追随沙斐仪学派，在苏非道统上属于库布拉维教团（Kubrawi，كبراوي），同时也追随苏非导师赛义德·丁·哈姆亚（Sa’d al-Din Humu’ya，卒于1252）的教团。清代经师舍蕴善将此书译为《归真必要》，也称《研真经》，在经堂教育中系统讲授。清末马复初将《默格索德》由波斯文译为阿拉伯文，后又译为汉文版《汉译道行究竟》。国内有关《研真经》的研究成果可参见杨桂萍、Mahmoud Zahiri、孙智伟：《〈研真经〉认主思想探析》，载《世界宗教研究》2014年第2期；《宗教研究》2013年所载三篇文章：穆卫宾：《汉译〈研真经〉的重新发现及其版本源流考》，张雪松：《汉译〈研真经〉与伊斯兰教苏非思潮在我国明清之际的影响》，穆卫宾、孙智伟：《默格索德汉译〈研真经〉自序》。另有帕丽扎提的硕士学位论文《〈研真经〉思想研究》。

以王允清等为代表的经师认为其师常志美曾禁止传授此经，并且认为此经中讲述的一些苏非理论存在“库夫尔”（悖信）的问题。而以舍蕴善为代表的经师认为《默格索德》中讲述的苏非理论没有任何问题，只是对方的理解能力有限，误解了其观点。双方甚至在北京进行过著名的辩论，以舍蕴善在理论上的胜出而草草收场[①]。其中问题的焦点在于真主与万物如何“同在”以及“天人合一”理论的问题，就这一问题的争论在金陵学派、陕西学派和云南学派中也同样存在。王岱舆在其《正教真诠》中对《证主默解》[②]一书的批评，基本是围绕着存在单一论的核心问题，笔者认为这种分歧只是语言表述上的分歧。对这一问题的讨论一直持续到清末。在云南学派，马复初的《正异考述》和《理学折衷》就是解释存在单一论的重要著作，其中对《默格索德》《莱瓦一哈》《莱穆尔特》等苏非典籍中有关存在单一论的“天人合一”理论进行了正本清源的解释。在马复初看来，无论是错误解释这一理论的人，还是盲目反对的人，都是对正确苏非理论的无知。在陕西学派，马良骏的老师“普洱马”（马寿清）著《明理居正》（بيان المعيّة），专门阐述“同在问题”问题，后文将详细介绍。

① 参见《冈志》，第 45-50 页。

② 杨晓春教授认为《证主默解》即张中的《克里默解》，笔者深表认同。参见杨晓春：《早期汉文伊斯兰教典籍研究》，上海古籍出版社，2011 年，第 11-22 页。

第二阶段，教派门宦产生以后。这一时期由于教派门宦关系复杂，我们只梳理思想分歧，不讨论教权之争、利益冲突和地域族群矛盾。

首先，第一阶段中关于正统苏非和异端苏非的区分问题依然持续。在这一阶段，由于诸门宦的产生，各种苏非思想大量涌入，对这一问题的讨论更为紧要。陕学中兴之后对“凯俩姆”（思辨教义学）的重视，与这一背景不无关系，学者们希望通过正统教义学捍卫信仰，将教义学作为捍卫正统信仰的法宝。由于门宦的刺激和影响，陕西学派内部对待苏非学理也产生了分歧。马寿清在他的《明理居正》中曾告诫学生不要仅仅为了记住一些苏非言论而学习苏非学。他的这一倡议要么被后学理解为提倡躬身实践，要么被理解为放弃苏非学。民国以后，陕西学派的部分经师甚至主动放弃了这门学科，不再讲授《莱穆尔特》（أشعّة اللمعات）[1]等苏非典籍。实际上，马寿清本人在著作中并未明确反对苏非学，只是倾向于用教义学理论解释苏非学，有融合二者的趋向。相比之下，马良骏融合教义学与苏非学的倾向则表现得更为明显，他不仅精研教义学，而且是苏非精神和修为的躬身实践者（尽管他并

① 《莱穆尔特》又称《额史尔》，全名为《艾什阿特·莱穆尔特》（أشعّة اللمعات），波斯文苏非名著，该书是贾米对苏非大师伊拉格（عراق）所著的《神圣的闪光》（لمعات）一书的注释本，而《神圣的闪光》则是伊拉格在听他的老师古纳维（伊本·阿拉比的学生）对伊本·阿拉比的《智慧的珍宝》一书的讲解后有所启发而写就的。长期以来作为我国伊斯兰教经堂教育苏非学的教材使用，刘智在《天方性理》中称之为《费隐经》，清代著名经师舍蕴善将其译为汉文《昭元秘诀》。

未加入任何苏非门宦）。他在著作中明确指出，理性的思辨与苏非的修行是认识真主的两条并行不悖的道路。

其次，因为陕西学派的“凯俩姆”（思辨教义学）传统兴盛，即便是不反对苏非学理的阿訇，在两个学科的某些交叉性问题例如“同在”问题和灵魂问题上也存在调和的困难。马寿清和马联元在各自的著述中就关注到了这一点，并寻求解决之道。此外，教义学内部的某些问题在不同学者之间也有不同观点，例如“伊玛尼”（信仰）的要素问题、真主有无方位问题（这是最后兴起的赛莱菲耶教派与其他派别争论最为激烈的问题）、经文诠释问题等等。

最后，伊赫瓦尼派兴起之后被称为“新教”，其“遵经革俗”的主张与其他“老教”之间也产生过诸多争端。从最初的“果园十条”到之后修正的一些主张，绝大多数分歧都是教法遵行和宗教礼俗方面的，例如以“吃了不念，念了不吃”为典型的伊赫瓦尼主张。此外，也涉及在本体和属性等教义方面与苏非门宦的分歧。早期的伊赫瓦尼派基本依据希尔信迪的《书信集》（المكتوبات）作为衡量苏非学说的标准，在一些理论和实践方面与门宦产生了较为激烈的分歧。伊赫瓦尼派初传时对待“老教”尤其是门宦的态度比较激进，在后来的互动发展过程中，新老教派之间虽仍有分歧，但都改变了一些激进做法，可以说双方都互有借鉴和影响。

第二节 马良骏的生平

马良骏（1867—1957 年），祖籍陕西三原县（一说是咸阳板桥），祖辈迁到张家川的时间已不得而知。1867 年，马良骏出生于甘肃清水县上磨庄（今张家川回族自治县）的一个穆斯林家庭。父亲马登霄，是个生意人，宗教虔诚，家道小康。母亲苏氏，张家川苏姓大户出身，是当地缙绅苏尚达的妹妹。马登霄夫妇及苏氏家族皆是虔诚的哲赫林耶门宦信徒。马良骏出生的时候，正是同治陕甘战乱的第五年。1871 年，宁夏金积堡兵败，哲赫林耶第五代教主马化龙等千余人被杀，白彦虎等率所部退往河州一带。张家川义军领袖、哲赫林耶派信徒李德仓率众投降，成为清政府在张家川地区的代理人。1875 年，哲赫林耶道祖马明心的四世孙马元章潜逃到张家川，被李德仓秘密保护。马元章总结历史教训，注重缓和与清政府的关系，消除民族矛盾，使哲赫林耶门宦逐渐在张家川得到复兴。

受家庭环境影响，马良骏幼时便到当地清真寺学习宗教知识。1883 年，陕学著名阿訇马德清（1831—1907 年）到张家川东大寺任教，马良骏投奔于其门下，由于他天资聪颖、勤奋刻苦，18 岁便成了一位阿訇。当地穆斯林亲切地称他为“小马阿訇”，这一称呼后来成为他在甘肃穆斯林当中的一个敬称。马德清是第一位对马良骏产生重要影响的老师，字仁斋，陕西凤翔人，1862 年落户张家川张良乡鄢湾村，因擅长讲授《嘎最经注》[1]，人称“凤翔嘎最”[2]。马德清曾师从周良浚著名弟子“米三爷”（米真一），学成后任教于四川成都、陕西凤翔、西安洒金桥和大皮院等清真寺。[3]他学问渊博，经学和汉学两通，据说曾担任过清军凤翔守备梁廷枢的师爷。另据马良骏晚年写给自己的关内弟子兰秀斋阿訇的信中透露，马德清还是一位极有修为的苏非，后文将详述。马良骏在其门下不仅学习了经学知识，也打下了扎实的汉文和国学基础。

1887 年，20 岁的马良骏辞别家乡到平凉求学，先后师从禹月明、兰秉文和“普洱马”（马寿清）等陕西学派著名经师。禹月明（1827—1923 年），人称“月明老爷”，曾师从周良浚八大弟子中的剑川马（黑云南）、米三爷、贾有才、刘长青等四位。兰秉文（1827—1897 年），人称“兰老爷”，师从周良浚八大弟子中的剑川马和马什尔（人称什尔阿訇），兰秉文的三子兰秀斋作为马良骏的小师弟，后又转投马良骏门下，终成西北一代著名经师。马良骏在平凉从师时

① 《嘎最经注》为中国穆斯林的习惯称呼，也称《百达维古兰经注释》，原名为《天启之光明和诠释之机密》（أنوار التنزيل وأسرار التأوي），是对中国伊斯兰教影响最为深远的《古兰经》注释。注释者为中亚呼罗珊地区著名经注学家、法学家和教义学家纳速尔丁 • 阿卜杜拉 • 本 • 欧麦尔 • 本 • 穆罕默德 • 百达维（ناصر الدين عبد الله بن عمر بن محمد البيضاوي，约卒于 1286 年），教法上追随沙斐仪学派，是该派著名法官，教义上追随艾什尔里学派，是安萨里—拉齐一系贡献卓著的哲学教义学家，其教义学名著《诸光的显照》（مطالع الانوار）为后期艾什尔里教义学扛鼎之作之一，百达维同时也是苏非导师穆罕默德 •本 •穆罕默德 • 库特哈塔仪（الشيخ محمد بن محمد الكتحتاني）的追随者。

② 也有不少经师被冠以“嘎最”之名，如陕学谱系上著名的“杨嘎最”（杨聪）。

③ 参见《张家川文史资料 • 第三辑》，1991 年。另见黄登武编著：《中国经堂教育与陕学阿訇（第七版）》，民间刊印。

间最长，对他影响最大的老师是马寿清（1814—1902年），字仁山，因生于云南普洱，人称“普洱马”。马寿清的老师是周良浚八大弟子中的剑川马、米三爷和细摆阿訇，出师后在陕西、甘肃、河南、四川等地开学掌教，陕甘战乱之后被安置在甘肃平凉翟家沟。马寿清所传弟子遍布西北、西南和中原地区，成为陕西学派在同治战乱后再度复兴的关键人物之一，也是陕学史上第一位著书立说的学者，被誉为“西北经学泰斗”，著有《正大光明》（消经文字）和《明理居正》（阿拉伯文）。马良骏称赞他的这位老师为“我的最有知识的恩师”“中国[穆斯林]之标识、卓越之学者、罕有之贵人、天下之奇才，渴望者无能望其项背”[1]。至此，我们可以将马良骏的师承总结如下：

胡登洲→冯先生→冯伯庵、冯少泉→马明龙→皇甫经→杨聪（杨噶最）→马明塔（小西宁）→邸阿訇→摆阿訇→周良浚→剑川马（黑云南）、米中一、细摆阿訇→马德清（凤翔嘎最）、禹月明、兰秉文、马寿清（普洱马）→马良骏

马良骏在23岁时由其师马寿清做媒，娶平凉南塬五老沟老庄杨氏之女为妻。1893年，马寿清为26岁的马良骏举行“穿衣”仪式，正式出师并担任老庄清真寺阿訇，后又受聘到静宁县城关大寺开学掌教。当马寿清受邀到成都皇城清真寺任教时，力荐马良骏接替自己的华亭十二堡清真寺阿訇之职。随着宗教学识的不

① 马良骏：《明理居正集》（رسالة بيان المعية），伊犁陕西大寺油印，1928年，第1页。

断深厚、人生阅历的逐渐积累以及眼界的不断开阔，马良骏不再拘泥于教派门户之见，再加上马良骏追随的老师和后来掌教的寺坊都是格底目派，在教派遵行和仪式上皆按照格底目派的传统。然而，这对于他的家族中以舅舅苏尚达为代表的“瞎汉”[①]来说，是难以接受的。由于多种误解，他们对脱离哲赫林耶门宦的马良骏素有成见。1901年，时任华亭十二堡清真寺阿訇的马良骏到张家川省亲。正逢家中准备干“尔麦里”[②]，饥肠辘辘的马良骏跑到厨房，掰开一个炸好的油香准备充饥时，恰被母亲苏氏看见。按照哲赫林耶门宦的习俗，专为“尔麦里”所准备的餐食事先是不能吃的。苏氏作为一个虔诚的信徒，尤其注重这一习俗。母亲一时情急，想要上前夺下儿子手中的油香，却不慎摔伤。马良骏由此惹来一场杀身之祸，舅舅苏尚达作为地方上有势力的巨绅，对自己的这个外甥早已心存不满，借机要严惩马良骏。苏尚达召集人手准备抓捕马良骏，马良骏闻讯出逃，却被半路截获。据马良骏在后来的书信中回忆，当时正值严冬，他被扒光衣服进行羞辱，而且几乎惨遭杀害[③]。幸得几位乡亲帮助，将他从危难中救出。又得他的恩师马德清相助，介绍他到平凉南塬官军魏都统的军营里

① “瞎汉”在旧时穆斯林民间用以指未接受过系统宗教经学教育的普通信徒。苏氏因不懂宗教深层义理，故门派观念较强。

② 中国穆斯林传统宗教仪式，一般为丧事、喜事、纪念已故亲人、祈求平安等多种原因，请阿訇和街坊亲友们到家，在诵经、赞圣、祈祷等仪式（各派有所差别）后设宴款待众人。

③ 参见虎隆、马献喜：《毕生讲学传教著述等身 以经诠经弘扬民族文化——纪念马良骏大阿訇归真50周年》文中“致师弟兰秀斋阿訇的信”，载《中国穆斯林》2007年“纪念马良骏大阿訇归真五十周年专辑”。

担任军中阿訇，暂避祸端。此事平息后，马良骏先后在平凉、泾源、华亭等地开学任教，成为当时的名师。陕甘两省的经生、学子纷纷慕名投入他的门下。其中最为出众的有四位，被称作马良骏阿訇的“关内四大名徒”： 于元福（人称“二于阿訇”）、禹玉堂、马金良（人称“坡里马”）、兰秀斋（人称“兰三爷”）。这四位名徒门下弟子众多，成为陕西学派在陕甘宁地区传承的重要力量，其中以兰秀斋（1880—1970年，字秀斋，名月俊）影响最大。兰秀斋幼时与马良骏同在其父兰秉文门下学习，后又投于其师兄马良骏门下，成为西北著名经师，弟子遍布诸省，在《百达维经注》的讲授上形成了著名的兰派风格。

1903年春，新疆哈密王[①]沙木胡索特进京朝贡，途经甘肃平凉，想要物色一位有学识的阿訇到哈密掌教，最终选定了已经颇有名气的马良骏。是年秋，马良骏同朝贡返回的哈密王一行入疆，在哈密陕西大寺开学掌教三年，吸引了各族学子前来求学。1906年秋，马良骏思乡心切，遂辞学[②]返回甘肃与家人团聚。1907—1910年，又受邀到华亭十二堡清真寺任教，在此期间多次受哈密邀请。1911年，44岁的马良骏带父母妻儿再次入疆，此行之后再未返回故里。

① 清朝统治哈密的维吾尔族王爷，得到中央政府任命，历代世袭，一直持续到民国十九年（1930年）末代哈密王沙木胡索特去世。
② 辞学，即阿訇辞去在某一寺坊的职位。按照以往的习惯，阿訇在每个清真寺的任期一般为三年，到期后会主动辞学，如遇群众极力挽留，则有可能续任。

马良骏二次到哈密时，正是辛亥革命爆发之际，新疆局势也随之动荡不安。1912年，杨增新（1864—1928年）被民国中央临时政府任命为新疆省长兼督军，开始主政新疆，杨增新采取了一系列措施稳定时局。对待宗教，杨增新一方面宣扬宗教信仰自由，不得歧视宗教，禁止政府干预正常的宗教活动。另一方面，禁止外国人到新疆传教、交流，严防泛伊斯兰主义思想传播[①]；警惕内地入疆的宗教人士，以免因教派门宦问题而引起教争。他曾将赴新疆传教的伊赫瓦尼派创始人马万福拘押并遣送回甘肃，取缔私立道堂、家学，严禁另立教派。1914年，省城迪化（今乌鲁木齐）东坊寺邀请马良骏前去任教，杨增新得知后表示不允，生怕这个内地来的阿訇在迪化"引起教争"。东坊寺乡老经商议周旋，只能委屈当时已闻名新疆的马良骏半路改道赴昌吉陕西大寺任职。在昌吉期间，马良骏又遭遇挫折，感到灰心，计划返回故里。据马良骏讲，自己在一次梦中得到精神导师"荀太爷"指导，遂渡过难关，继续留在了新疆。在昌吉一年后，马良骏又被请到南疆焉耆县任教。

1918年，在省城穆斯林上层人士的担保下，马良骏最终进入迪化任教，为众人所拥戴。同时也引起了一些守旧阿訇的嫉妒，他们联名向省长杨增新禀告，污蔑马良骏轻视他人，并且"原是

① 参见陈慧生主编：《中国新疆地区伊斯兰教史》，新疆人民出版社，2000年。

新教派人”[1]。马良骏最终被迫离开迪化，于 1919 年受邀远赴西北边陲伊犁，担任伊宁陕西大寺教长近二十年。这二十年的时间里，马良骏潜心兴办经堂教育，疆内疆外各方学子纷纷来投，据说人数极盛时达一百多人同堂授课。“这是我国近代经堂教育史上一坊同堂就学人数之最”[2]。伊宁陕西大寺成为新疆回族穆斯林经堂教育的中心，经堂教育陕西学派在西北边疆达到了继周良浚兴学之后的又一高潮。二十年间，穿衣挂幛、掌教一方的马良骏弟子就达五六十人之多，这些弟子相继培养出更多的再传弟子，逐渐成为新疆回族穆斯林经堂教育的主要力量。正如马良骏晚年在给早年同学马鸣春阿訇（马寿清的次子）的信中所说：“毕生以讲学传教为归宿，是以在此数十年中，受业生徒为数甚多。现在新疆各地寺坊担任掌教者，多系余之门徒。”[3]

在伊犁的近二十年，不仅是马良骏兴办经堂教育的二十年，也是他潜心著述的二十年，他的大多数著作完成于此时。此外，马良骏还号召摒弃门户之见，促进民族团结，促进回族文化教育发展。1934 年 8 月，新疆回族文化促进会在迪化固原寺成立，发

① 王平、李全玲：《一代宗师 功绩用存——纪念马良骏大阿訇归真 50 周年》，《中国穆斯林》2007 年“纪念马良骏大阿訇归真五十周年专辑”。这里的“新教派人”应当指马良骏出生于哲赫林耶派家庭。在河州地区，伊赫瓦尼产生之前，华寺门宦被称为“老教”，哲赫林耶则被称为“新教”。

② 祁占才：《马良骏大阿訇事迹补白》，《昌吉回族》，第 43 页。

③ 虎隆、马献喜：《毕生讲学传教著述等身 以经诠经弘扬民族文化——纪念马良骏大阿訇归真 50 周年》，《中国穆斯林》2007 年“纪念马良骏大阿訇归真五十周年专辑”。

起人之一就是马良骏的长子马德新[1]阿訇。是年秋，马良骏阿訇与留学苏联归来的有志青年商议开办回民学校，发展民族教育。在他们的努力下，伊宁回民学校利用清真寺的场地创办起来。教员工资由马良骏和支持教育的有识之士筹款，课本、作业本由马良骏的印经师傅印刷。首批就招收了一百六十多名学生，“课程有：国文、算术、常识、地理、历史、歌咏、习字（毛笔字）、维文、体育等，每日有一小时经文课。”[2]马良骏为发展伊犁的回族文化教育事业做出了重要贡献，1937 年被公推为新疆回族文化促进会副会长。1938 年，马良骏在万人簇拥下再次进入省城迪化任教。

1939 年，统治新疆的督办盛世才发动了针对共产党人的“清党运动”，大行白色恐怖，马良骏等众多宗教人士也被无端缉捕。四年牢狱生活中，马良骏亲睹了残忍至极的人间地狱，他的长子马德新被折磨致死。直到 1944 年新疆省主席吴忠信清理冤狱时，77 岁的马良骏方才获释出狱。出狱后不久，马良骏被迪化陕西大寺、固原寺、宽巷子寺、东坊寺和青海寺共同聘任，同时掌教五坊。1947 年，80 岁的马良骏在迪化陕西大寺被穆斯林群众拥戴为新疆回族穆斯林总教长，后经张治中和于右任的举荐，又被南京国民政府委任为新疆监察史，被推上了新疆的政治舞台。在新疆

① 马良骏长子马德新阿訇与清代著名穆斯林学者马德新（字复初）同名，本书为做区分，将后者一律称马复初。

② 王平、李全玲：《一代宗师 功绩用存——纪念马良骏大阿訇归真 50 周年》，《中国穆斯林》2007 年“纪念马良骏大阿訇归真五十周年专辑”。

和平解放过程中，马良骏三次登门劝国民党骑五军军长马呈祥罢兵，为新疆和平解放事业贡献了自己的力量。1949 年 10 月，马良骏代表新疆二十万回胞致电毛主席、朱德总司令，祝贺新中国成立。毛主席和朱德总司令通过《人民日报》予以复电[①]。1950 年，毛主席亲笔签名任命马良骏为西北军政委员会民族事务委员会委员。1955 年，埃及宗教代表团访问新疆，马良骏在乌鲁木齐与埃及宗教事务部长和教育部长举行会谈。1957 年 7 月 13 日凌晨，马良骏阿訇归真于乌鲁木齐陕西大寺。按照生前遗嘱，马良骏阿訇的遗体葬于昌吉二六工墓地——他的精神导师苟太爷墓旁，坟上不立碑、不建筑。

第三节 马良骏的著述

马良骏是一位学问渊博的学者，不仅精通阿拉伯文和波斯文，而且具有不凡的汉文功底。他的著述有少数已经遗失，流传至今的约有 30 种，内容涉及阿拉伯语词法、语法和修辞学、教义学、教法学、哲学、苏非学、天文历法、历史、地理、文学书信等等。虎隆、马献喜在《毕生讲学传教著述等身 以经诠经弘扬民族文化——纪念马良骏大阿訇归真 50 周年》一文中已有分类介绍，为笔者的研究提供了很大方便。为了本书结构的完整，需要对马良骏

① 《艾斯提伊斯哈科夫、巴尔汉、马良骏电毛主席朱德总司令致贺，毛主席朱德总司令分别电复》，载《人民日报》，1949 年 10 月 22 日，第 1 版。

思想体系作出总体把握，这里有必要再对马良骏的主要著述按照笔者的思路进行归类、述评，并对前人研究的疏漏之处予以弥补。在此，笔者将马良骏的三十多部著作大致分为以下九类：

一、阿拉伯文词法、语法和修辞类

《阿拉伯语字母》(الحروف الهجائية)，用阿拉伯文写成的一部阿拉伯语字母入门教材，主要讲述28个阿拉伯字母的发音及阿拉伯语的音素。

《动词派生法》（رسالة الاشتقاق），用阿拉伯文写成的一部阿拉伯语词法教材。主要讲述阿拉伯文动词的22个门类及每个门类中不同词型的派生方法。

《词型变化规则》（رسالة القواعد الهجائية الصرفية），用“消经”写成，采取问答形式详细解释阿拉伯文过去式动词、现在式动词、词根、主动名词、被动名词、否定过去式、否定现在式、命令式、禁戒式、工具名词、时空名词、比较名词、形容词、张大名词是如何通过字母的变化（重叠、换字、省略等）而派生出来的。

《支配词》（كتاب العوامل），用阿拉伯文写成，主要讲述传统经堂教育的教材《连五本》的第四本所讲的100个支配词（包括介词、语气词、数词、连词、一些特殊的动词等等）的用法以及被支配词的语法格位变化。

《语法明灯纲要》（كتاب الحواصل المصباحية），用阿拉伯文写成，本书是对经堂教育的教材《连五本》的第五本（《语法明灯》）内容的概括总结，方便学生背记。

《语法明灯注解》（كتاب الحاشية المصباحية），用阿拉伯文写成，是对《语法明灯》的注释。[1]

《希吉拉宁语法纲要》（رسالة التقسيمات الهجرانية），用阿拉伯文写成，全书对经堂教育高级语法教材《满俩》[2]进行了概括总结，使语法理论著作《满俩》更具实用性。

此外，据杨怀中、余振贵主编的《伊斯兰与中国文化》一书介绍，马良骏阿訇还著有一部阿拉伯文修辞学著作，是综合了经堂教育所传习的各个版本的《百亚尼》（修辞学）教材所著成的[3]，可惜笔者并未见到过这部著作。

二、伊斯兰教基础知识类

《清真最要志》（اهمّ مهمّات المسائل الإسلاميّة）[4]，阿拉伯文、汉文版。全书分多篇，每篇先以阿拉伯文为纲总结大要，再以汉文进行详细讲解和阐释。共收录并讲述了清真言、作证言等八样“凯里麦”（念词），信仰的要素、条件、断法、内容和义务，伊斯兰的义务、条件和律例，并讲述大小净和礼拜等宗教功修的念词、

① 经堂教育传统教材中的《糟》（ضوء المصباح，《灯光》）也是对《语法明灯》的注释本，但内容较为晦涩。

② 《满俩》是波斯著名穆斯林学者、诗人、苏非大师贾米（1414-1492 年）所作的一部研究、注释型的阿拉伯语语法理论名著。全书虽是对埃及人、语法学家伊本·哈吉布（1175-1249 年）的语法著作《卡非》的一种注释本，但它已经明显超越了一般意义上的语法教材释解，成为一部探讨和研究型的语法理论著作，反映了作者的语言哲学观。

③ 杨怀中、余振贵主编：《伊斯兰与中国文化》，宁夏人民出版社，1995 年，第 352 页。

④ 《清真最要志》书名为马良骏自定。

仪式。全书以汉文为主体，配合阿拉伯文，是为一般的穆斯林信众所著。

《清真简明摘要》(رسالة تلخيص الحواصل الملخصة)，阿拉伯文版，内容与《清真最要志》大致相仿。

《小杂学》(سراج الدين)，阿拉伯文、波斯文和汉文。主要讲述礼拜的相关事宜及念词。

《大杂学》(سراج الدين الكبير)，由阿拉伯文和波斯文写成，是写给阿訇的实用手册，全面讲述中国穆斯林传统宗教功修、仪式及相关念词。内容涉及：大小净、各类拜功、拜后“卫勒迪”（赞词）、呼图白（主麻布道词）、赞圣词、“白拉特”夜晚的功课、斋月间歇拜、“盖德尔”夜晚功课、不同节日的演讲稿、日食拜、婚礼、起经名、割礼、殡礼等穆斯林日常宗教生活的各个方面。

《全核提目》(ختمة كاملة)，阿拉伯文版，学读《古兰经》的入门教材，中国穆斯林传统《古兰经》选诵本。

三、教义学、苏非学和哲学类

《明理居正集》(رسالة بيان المعية)，阿拉伯文版。严格来讲，本书作者并非马良骏，而是其师马寿清，原书成书于1886年，成书后在开封善义堂清真寺刻版印刷。马良骏于1928年在伊犁陕西大寺油印再版了其师的《明理居正》(بيان المعيّة)一书[①]，并在书

① 《明理居正》(بيان المعية)原有1886年云庆堂版，阿文和汉文名称皆为作者自定。

前做了简短的序言，在书末做了简要评述。马寿清的《明理居正》一书开陕西学派阿訇著述之先河，全书引经据典，综合了《古兰经》注释学、伊斯兰教义学、苏非学、哲学等学科，梳理了伊斯兰思想史上“真主与你们同在”的“同在”问题，融合教义学和苏非学而阐明了“正统派”的立场。

《简明哲学》（بيان علم الفلسفيات），阿拉伯文版。全书主要论述了古典时期的哲学学科分类及其主要内容。又进一步论述了世界不同地区和民族的理性学科发展状况，希腊哲学的起源和发展，哲学所代表的思辨理性在伊斯兰教中的地位和发展，穆斯林如何处理启示与理性的关系等问题。

《凯俩姆注疏》（الكلام الحاشية，又名تلخيص الكلام），阿拉伯文版。该书主要是对经堂教育传统教材、伊斯兰教义学名著《教典诠释》（شرح عقائد النسفية）之重要疑难问题的详注集评。《教典诠释》的正文由马图里迪教义学派著名教义学家欧麦尔•奈赛菲（عمر النسفي，1068—1142年）所著，注释者则是艾什尔里教义学派著名教义学家赛尔顿丁•塔夫塔扎尼（سعد الدين التفتازاني，约1322—1390年）[1]。《教典诠释》是对中国伊斯兰教影响深远的一部教义学名著，对于这部书传入中国的时间有史料明确记载的是在经堂教育

① 国内学界有关塔夫塔扎尼生平著述与师承最详细的研究当属哈宝玉：《塔夫塔扎尼及其〈教典诠释〉对经堂教育的深刻影响》，载《世界宗教研究》2017年第1期。文中全面借鉴了阿拉伯世界和英语世界的研究成果，详细考证了塔夫塔扎尼的生平、师承和著述，以及《教典诠释》对中国伊斯兰教的影响。

产生不久的明崇祯年间[1]。后代学者对《教典诠释》的再注释多达数十种，俗称“边文”或“旁注”，这些旁注不同程度地在各伊斯兰国家和地区以及中国穆斯林的经堂教育中进行讲授。马良骏在其《凯俩姆注疏》的序言中指出，从马图里迪学派的立场而言，黑亚理（خيالي）的边注是《教典诠释》最好的边注，其次是占迪（جندي）的边注，然后是百哈里（بحري）的边注。马良骏的《凯俩姆注疏》一书共八十多篇，前几篇内容是对教义学问题概论性的探讨，之后的主体部分对《教典诠释》奈赛菲的原文、塔夫塔扎尼的注释以及黑亚理、占迪、百哈里、伊利亚斯等多家边注所涉及的重要疑难问题进行了阐释和评注，作者融入了陕西学派的“功握”[2]传统，发挥了陕西学派精研教义学的特长，为伊斯兰教义学史上的名著《教典诠释》贡献了一种中国风格的注疏，马良骏在前言中以自己的经名将该书命名为《希吉拉宁注疏》（حاشية الهجراني）。该书是马良骏在 56 岁（1923 年）时开始写作的[3]，于 1929 年在伊犁铅印出版。这部著作集中体现了一位经学大师非凡的教义学功底，是教义学领域一本不可多得的著述。

《大辑要》(كتاب التلخيص الكبير)，阿拉伯文版，穆斯林民间流传

① 参见哈宝玉：《塔夫塔扎尼及其〈教典诠释〉对经堂教育的深刻影响》，载《世界宗教研究》2017 年第 1 期。

② “功握”（قوة）一词系阿拉伯文转音，本义为力量，这里指经堂教育讲经能力的高级阶段，即在能够熟练讲解经典的字面意思之后，在掌握阿拉伯文词法、语法和逻辑、修辞的基础上，对经典的上下文逻辑关系、修辞手法和义理进行详细解说和辨析，俗称“说经”或“说文章”，目的在于更加深刻精准地理解经典。

③ 马良骏：《凯俩姆注疏》(تلخيص الكلام)，伊犁陕西大寺 1929 年铅印版，第 3 页。

最广的马良骏著作之一，俗称《大泰理黑苏》。该书是涉及教义学、教法学、哲学和苏非学的一部综合性的著作，共四十四篇，全面阐述了“伊玛尼”（信仰）及其要素、条件、断法、内容、义务，“伊斯兰”及其义务、条件，教法的立法依据，教法判例的分类，主命、当然、圣行、可嘉、可憎、禁戒的各自分类，圣训学的相关知识以及圣训在教法中的运用，先知穆罕默德的身世、家眷以及赞圣的益处和穆圣在后世的说情，四大哈里发的情况，正统派的形成和学派（两大教义学派和四大教法学派），教法创制家及教法创制的相关知识，有关天房的一些记载，后世的复活，灵魂问题，对“三乘”和两个作证言的论述等内容。

《小辑要》（كتاب التلخيص الأسرار），阿拉伯文版，穆斯林民间俗称《小泰理黑苏》。全书二十四篇，是对《大辑要》（كتاب التلخيص الكبير）的一个缩减本，适合初学者。主要内容包括：穆斯林的重要念词（八样凯里麦），信仰的要素、条件、断法、内容和义务，宗教行为（主命、当然、圣行、可嘉、非法、可憎）的分类，三乘，先知穆罕默德的身世、妻子、后裔，四大伊玛目及教法创制的相关知识，天房简史，清真言的高贵等。

《教义学述要》（المضبط العظيم），阿拉伯文版。该书是马良骏阿訇生平最后一部著作，也是中国穆斯林学者在教义学领域的一部集大成之作。全书系统讲述了中国穆斯林信奉的马图里迪教义学思想（融合艾什尔里学派），并与穆尔太齐赖派、哈瓦利吉派等思想流派的主张进行对比研究。主要内容包括：信仰问题，真主的本体和属性，尊名和属性的分类，教义学研究中最重要的十四个属性，先知和使者，死亡的本质和后世的复活，前定和自由，启示和理智的种类与关系，不同学派的分歧与原理，以及与教义学相关的一些教法原理问题。

《阐明内志新派之源流》（رسالة بيان سلسلة الحديثة النجدية），阿拉伯文版，全名为《阐明阿拉伯内志新派之源流并提及预防其害的对策及其制造者的事迹》。该书是一部思想与历史的综合性著作，虽然作者写作的目的是为了批判和防止瓦哈比派在中国的传播，具有很强的思想倾向性，但作为中国学者最早研究瓦哈比派历史与思想的专著仍具有较高的学术价值。该书于1936年在伊犁陕西大寺出版，全书主要论述了沙特瓦哈比派的思想渊源、历史发展和主要思想主张，作者以《古兰经》经文的诠释为切入点，从学理上展开对瓦哈比派思想的批判，号召赴麦加朝觐的中国穆斯林坚持自身传统，不要青睐瓦哈比学说，更不要将其学说传回国内。

四、伊斯兰教法类

《礼法尽善录》（المضبط الكامل），阿拉伯文版，该书综合哈乃斐教法各大典籍，详细讲述了有关洁净（大小净和饮食）、礼拜、天课等宗教功修的相关教法。内容包括：洗大小净的主命和圣行，大小净的水和饮食的洁净，抹靴子，礼拜的条件、朝向、举意、念词、次序、拜数，礼拜中的主命、圣行、当然、可嘉、可憎和禁止行为，集体礼拜的相关事宜，主麻拜和两个节日会礼拜，宰生和开斋捐等。全书以礼拜为核心，围绕礼拜而展开并涉及到穆斯林宗教礼法的方方面面，可谓一部宗教礼法大全。按照马良骏在该书前言中所说，自己因精力和时间有限而没有收录有关斋戒和朝觐的教法。作者著此书的目的是希望读者通过学习此书，能够在遵循这些重要宗教礼法时分清轻重缓急，在此基础上尽可能趋向尽善尽美，因此取名《礼法尽善录》。

《礼法保障录》（المضبط الكفيل），阿拉伯文版，该书是《礼法尽善录》的姊妹篇，补充了天课、施舍和宰牲等相关教法问题。

五、伊斯兰历史类

《伊斯兰历史纪要》（كتاب تلخيص التواريخ الإسلامية），阿拉伯文版。该书可谓一部历代哈里发史，作者参考二十多部伊斯兰历史名著，记述了从伊斯兰教先知穆罕默德和四大正统哈里发一直到倭马亚王朝、阿巴斯王朝、奥斯曼帝国的历代哈里发的历史，以哈里发年表为线索，展开叙述了历代哈里发时期的重要历史事件。然而，全书的主旨却并非仅仅是历史叙事，书中贯穿了马良骏对伊斯兰教重要历史事件以及有关哈里发和伊玛目等教义问题的思考。

《考证回教历史》（原名《考证清真历史志》），中文版，张治中将军为之作序。该书分序言和正文两部分，序言部分共六篇，包括伊斯兰教的发源与系统，中国“回回”民族之原来，“卡费尔”名词与“回回”二字解，“清真教”之意义，“以嘛呢”之意义和结论。正文部分共九篇，包括穆圣宗祖传流，历代哈里发，鲁木土耳其尔斯麻乃国皇帝之传统，土耳其种族之发源，铁木真西并回教国，西域回王帖木儿统一中亚、西亚、印度诸地，穆圣诞生及差圣、降经、登霄、迁都、出征讨逆诸事之记述，历代清真寺碑记原文录，各地革沿与顺教时期及附录。张治中在其序言中总结全书主旨曰：“窥其要义，凡有三端：追叙吾国回教一脉相承之渊源，阐明世界各教精神相同之原理，与其个人依据伊斯兰教义，期求全世界永久和平之宏愿是也。”[1]

以上两部著作使马良骏成为国内最早研究和编著伊斯兰历史的学者之一。

六、天文、历法、地理类

《天文地理志》（مسائل علم الأفلاك），阿拉伯文、中文版。全书配有47张天文地理图，详细讲解了赤黄两道、地球绕太阳、天宫、星象、十二个月的合朔、阴阳历合历表、十二宫、二十八宿、卫星、地球南北寒温热带、月球四轮、日半食、日全食、子午线、月半食、月全食、地球和月亮的实际运行、日轮形式、两轴列位、四星（金、木、火、土）各轮形式、水星天轮形式、地球四半球（东、西、南、北）、纬经线、赤道一周度数、世界七大洲地图

① 马良骏：《考证回教历史》民国油印本，载《回族典藏全书》第128册，甘肃文化出版社、宁夏人民出版社，2008年，第300页。

及其分解、七大行星的运行情况等。

《圣裔月论志》（تحقيق الشهور والجداول），又名《清真万年历》，阿拉伯文版。[1]全书附有二十八栈月形图、九天总论图、太阴阴亏及本然形状一览图和月天四轮图，主要讲述伊斯兰历法的计算和斋月的入月问题。

七、诗歌和书信类

《清真诗经译讲》（مخمس شريف مع درس المعاني），阿拉伯文、中文（包括经堂语直译和七言总义歌意译两种形式）和“消经”三种文字对照版。该书是赞颂伊斯兰教先知穆罕默德的长篇五联诗《穆罕麦斯》（مخمس）一书最早的汉文和“消经”全译本。《穆罕麦斯》是经过两位作者之手而最终形成的诗篇，在伊斯兰世界广为流传，被以各种曲调所唱诵。这部诗歌的最初稿本，是七百多年前由埃及人蒲绥里（1213—1295 年）所写的赞颂先知穆罕默德的长篇抒情诗，每联两句，双行双韵，名为《斗篷之歌》（又译《衮衣颂》，قصيدة البرد）。到 15 世纪，波斯苏非诗人台巴迪喀尼 •图西（？—1486 年）在《斗篷之歌》每联的两句之前增补了三句，变成了每联五句，与原诗融为一体，浑然天成。又在全诗最末以阿拉伯语二十八个字母为串联，写了一篇优美深情、洞彻心扉的祷文，遂形成了今天的《穆罕麦斯》全书，意为“五联诗”。整部五联诗《穆罕麦斯》最早由哲赫林耶门宦创始人马明心（1718—

[1] 书名作者自定。

1781 年）从也门带到中国，成为哲赫林耶派每晚宵礼后必诵的经典。清末马复初游历阿拉伯世界时，带回了最初由蒲绥里所作的两联诗《斗篷之歌》，同治五年由马复初的弟子马安礼仿照《诗经》的文风翻译为汉语，并对每句加了注释，取名《天方诗经》。此汉译本要早于西方的法文、意大利文和英文译本。至于《穆罕麦斯》五联诗全本，虽一直在中国穆斯林中传诵，但在马良骏之前并未有译本。1938 年，马良骏的《清真诗经译讲》在伊犁陕西大寺石印出版，版面设计独具匠心，原文以阿拉伯文书法书写，每五句一页，每句之下都用经堂语直译，再将意译的七言歌附在一侧，而且这两种译文在另一页都有其对照的“消经”翻译。《清真诗经译讲》共分十章：好想圣人咏，警戒嗜欲咏，圣德咏，圣人诞生咏，圣人祈祷咏，天经咏，圣人登霄咏，圣人讨逆咏，圣人祈恕咏，赞圣咏。该译著为研究经堂语、“消经”和阿拉伯诗歌的翻译提供了宝贵的资料。

此外，马良骏阿訇还有书信若干，主要内容包括作者对自身一些经历的回忆，对好友、弟子的一些关怀、鼓励和托付，以及对一些宗教礼仪问题的阐述。

八、已遗失的著作

《爱慕者的珍品》(تحفة المحبّين)和《寻觅者的礼物》(هديّة المريدين)，用阿拉伯文写成，这是马良骏在《大辑要》的前言中所提到的自己较早的两部大部头著作。因其部头过大，怕学生们难以消化，再加上出版资金困难等问题，这两部著作未能刊印。后来出版的《大辑要》和《小辑要》都是对这两部著作内容的摘编和大幅度缩减。而这两部著作因未版，其手稿现已遗失。

《伊犁图考》，这是马良骏除《考证回教历史》之外的另一部全汉文著作，全书以图文形式讲述了伊犁的历史沿革、地理概貌和风土人情等，现已遗失。

《〈天方性理〉译注》（خمسة فصول），这部著作的阿拉伯文名称被马良骏阿訇晚年弟子赫秉真阿訇收录在他整理的马良骏著作目录中，原书或已遗失，但我们从《大辑要》的有关灵魂问题的论述中可以窥见其部分内容。该书应该是继马复初和马联元之后对刘智的《天方性理》所作的第三个阿拉伯文译注本。

九、被误认为是马良骏的著作

《七篇要道》，《清真大典》在收录这部书时误将其署上了马良骏的名字，民间刊印的版本也有误署名的情况，但有明显的证据表明这部书不是马良骏的著作，理由如下：第一，在自序中作者称此书是他由波斯文著作《认识的精髓》翻译而成，实际上通读此“译本”会发现，该书绝非对某部波斯文著作的忠实翻译，甚至也不是编译。书中内容混杂，除编译的内容外，还夹杂了伊斯兰教传入中国的传说，又引用了刘智《五更月》、马注《清真指南》等内容。第二，作者在序言中提到自己幼年早丧父母，并且因条件所限，所学经文和汉文知识有限，文后署名为穆罕默德•穆罕本拉（年迈六旬），这皆不符合马良骏阿訇的情况。首先，马良骏并未早丧父母，甚至在 44 岁二次入疆时还偕父母同往。其次，马良骏阿訇的经名是穆罕默德·优素福，而非穆罕默德·穆罕本拉。再次，该书所署时间是伊斯兰教历 1387 年，即公元 1968 年，而马良骏以 90 岁高龄去世于公元 1957 年，时间相差甚大。第三，该书行文和内容较为粗糙，对苏非术语的使用缺乏规范，论述缺乏严谨，甚至存在一些低级错误，不可能出自一位渊博的宗教学者之手。

除《七篇要道》外，民间传言马良骏著有一部名为《西北民族史料》的阿拉伯文著作，但否认此说的观点更多，因著作遗失，已不可考。

第三章 宗教和教派论

宗教多元是人类社会多样性的重要体现，教派分歧也是每个宗教的普遍现象，各宗教和教派之间如何看待对方、如何相处，成为一个不可避免的论题。对这一问题的讨论，不免要涉及宗教的信仰与行为这两个不可或缺的要素。宗教信仰是构成宗教最核心、最本质的要素，宗教行为则是信仰的外在化表现形式。马良骏关于宗教和教派关系的思想实际上就是围绕着对这两个要素的讨论而展开的。在中国社会转型的时代背景下，民族、宗教的命运与国家的命运息息相关。马良骏著书立说阐释伊斯兰思想之主流和正宗，呼吁穆斯林大众在坚持正信和正行的同时，正确看待“他者”，加强民族团结、宗教和睦，为的是“增进全国人民之亲爱力，助长全国人民之团结力，一致同心合志，统一建国，永奠和平”。这体现出马良骏作为一位宗教家的爱国之心和悲悯情怀。

历史上，伊斯兰教不像天主教那样有世界性的宗教会议和领袖以制定统一的教义，而是依靠不同宗教学者的主张和诠释。某些学者的主张一旦被官方所采纳，便会成为一时一地的主流。然而，官方的支持也不能完全被视为某种思想学派位居“正统”地位的决定因素，例如阿巴斯王朝时期曾一度得到官方支持而权倾一时的穆尔太齐赖派最终还是拗不过历史和民众的选择，由哈乃斐派、沙斐仪派、马立克派和罕百里派等四大教法学派和艾什尔里、马图里迪两大教义学派为代表的逊尼大众派最终跃居主流而被视为正统派。然而，主流逊尼派的形成并未使教派争论就此停息，从古至今穆斯林就“谁才是真正的逊尼正统派”依然在持续争论。历史上，中国伊斯兰教各教派门宦之间的争论就是一个最好的例证，虽然他们基本都同属哈乃斐—马图里迪派。伊斯兰教史上，“正统”与“异端”的论题根源于穆罕默德讲述“七十三伙”的圣训，马良骏在其《大辑要》的前言和《凯俩姆注疏》的开篇皆有引用和阐述。对这一圣训的解读，正是马良骏编著教义学著作的一个切入点。由此，马良骏在构架他的思想体系的同时阐述了他坚持原则而又不失包容的宗教立场。

此外，信仰与行为的关系问题也是伊斯兰教史上最早产生争议的论题之一。在哈瓦利吉派和什叶派眼中，倭马亚王朝（661—750 年）的统治者是毫无合法性的凶残罪人。尤其是在极端的哈瓦利吉派看来，犯大罪者已无信仰，是绝对的不信道者，应杀之而后快。与此同时，倭马亚王朝的拥护者穆尔吉亚派则声称行为与信仰是完全不同的问题，它丝毫不会影响信仰。这样一来，只要有信仰即使是胡作非为也会最终得到拯救，无疑助长了作恶者的有恃无恐。那么信仰（伊玛尼）和悖信（库夫勒）的界定标准是什么？信仰与行为之间究竟是什么关系？这些问题自产生之日起就成为教义学经久不衰的争论话题。而中国伊斯兰教历史上所讨论的信仰（伊玛尼）的要素问题便是由以上问题中衍生出来的一个论题。马良骏在其《大辑要》和《教义学述要》等著作中对这些问题的梳理，至今仍具有重要的理论和现实意义。

第一节 信仰的本质和要素

信仰的本质（حقيقة）和要素问题不仅是伊斯兰教义学史上的重要论题之一，也是中国穆斯林有关信仰问题的讨论中最重要的话题。中国穆斯林传统上皆遵照艾布•哈尼法的主张，认为信仰有两个要素：内心定信（تصديق بالقلب）和口头确认（إقرار باللسان）。赛莱菲耶教派在中国出现以后，将身体力行（عمل بالجوارح）也算作信仰的要素。这个问题牵涉到放弃身体力行（宗教实践）的穆斯林还有没有信仰，因此是大众都十分关注的问题。马良骏细致总结了历史上不同派别关于此问题的主张，对比了这些主张之间的异同，对于穆斯林大众正确认识信仰的要素问题具有现实指导意义。

在阿拉伯语中，表示信仰的“伊玛尼”（إيمان）一词本身是一个词根，其动词形式是“阿麦乃”（آمن），具有“使安全、使安宁”和“相信、定信”两层含义。从词源上讲，由“艾里夫”（ا）、“迷目”（م）、“奴呢”（ن）三个基本字母组成的词根具有相近的两种意思，一种是背信的反义词忠信，表示内心的安宁，另一种是定信。“伊玛尼”一词本身在《古兰经》中出现十六次，至于由其派生出的动词“阿麦乃”（آمن，信仰）和主动名词“穆民”（مؤمن，信士）及其复数形式（مؤمنون）则频繁出现在《古兰经》中。这些经文都未对“伊玛尼”本身有一个概念化的界定，这也导致学者在解释信仰的本质时存在不同的理解。马良骏讨论信仰的本质和要素问题时，对以下三个方面分别进行了考察：内心定信、口头确认和身体力行。

所谓内心定信，在宗教上指的是穆罕默德所受启示的必然事项，这些事项不需要经过推理和论证就必然可知并且被公认是属于穆罕默德之宗教的事项，如造物主的存在和独一性、礼拜作为主命、无故伤人是非法行为等等。这些事项被称作“宗教的公认事项”（الإتفاقيات الدينية），它们不同于学者从启示中所推理演绎出的事项，这些事项被称作“宗教的推理性事项”（الإجتهاديات الدينية），它们不属于内心定信的范畴。否认“宗教的公认事项”者会失去信仰，而否认“宗教的推理性事项”者并不会失去信仰。以上所说的无需推理演绎指的是无需推理就可知道哪些事项是属于穆罕默德的宗教，并不是指那些信仰的内容本身是自明的，不需要推理和论证。内心定信是各派都公认的信仰要素。

所谓口头确认，就是将内心的信仰用口表达出来，即伊斯兰传统上所说的念“两作证词”（作证“万物非主，唯有真主”；作证穆罕默德是真主的使者），一生至少要表达一次。在早期艾什尔里学派看来，虽然内心定信和口头确认都是信仰的要素，但这两个要素存在区别。内心定信是不可放弃的永久性要素，而口头确认在特殊情况下是可以放弃的，例如在生命受到威胁的情况下，可以放弃表达自身的信仰，甚至可以说出表明自己不信教的言辞。因此口头确认是时限性要素。虽如此，但不能无缘无故放弃，无故放弃口头确认的人在真主那里不是真正的信士，不能仅凭内心定信而获得拯救。马图里迪学派主张，内心定信和口头确认虽都是信仰的要素，但信仰的本质只是内心定信，口头确认只是在尘世中执行教律的条件。例如，某人如果口头确认了自己的信仰，那么他在众人眼中就具有了穆斯林身份，他去世之后应该按照穆斯林的丧葬仪式清洁遗体、裹白布（凯帆），为他举行穆斯林的殡礼并埋在穆斯林公墓中。内心定信但无故放弃了口头确认的人，在真主那里是真正的信士，能够因真主的恩典而得救。但在今世的教律判断中他不是信士，他的信士身份只是在他和真主之间被承认的，而不是在他与众人之间被承认的。因为人们判断一个人是否是信士要根据他本人的口头确认。

身体力行被穆尔太齐赖派和哈瓦利吉派认定为信仰的第三要素，他们所谓的身体力行是要履行宗教的一切诫命，放弃一切禁令，未做到身体力行的人是犯大罪者。穆尔太齐赖派主张，犯大罪的人不是信仰者，因为作为信仰本质部分的身体力行要素已被破坏；但这些人也不是非信仰者，因为他们信仰的本质还存在一部分。故此，穆尔太齐赖派在信和不信之间确定了一个中间领域。哈瓦利吉派主张，犯大罪的人是公开的不信道者，信与不信之间没有中间状态。再传弟子哈桑·巴士里和罕百里学派同样将身体力行确定为信仰的第三要素。哈桑·巴士里认为，犯大罪的人既不是信道者，也不是不信道者，而是宗教中的伪信者，是非公开的不信道者。以伊本·罕百里为代表的传述派认为犯大罪的人是公开的不信道者。但此处需要指出的是，教义学者对“大罪”的界定并不一致。因此，他们有关犯大罪者之信仰的主张可能并不像我们所看到的这么简单。圣门弟子伊本·欧麦尔所传述的大罪包括以物配主、杀害无辜、污蔑贞妇、奸淫妇女、临阵脱逃、运用巫术、吞蚀孤儿的财产、忤逆父母、亵渎圣地等九项；艾布·胡莱勒又增加了吃非法的赢利；阿里又增加了偷盗、饮酒两项。还有学者认为，一切罪孽为人所坚持的都是大罪，为人所忏悔的都是小罪。还有学者主张，大罪和小罪是相对的概念，并没有一个绝对的界限划分。[①]可以肯定的是，穆尔太齐赖派和哈瓦利吉派认为身体力行就是要完美的履行真主的一切命令、放弃一切禁令，凡是没有完美履行命令或违反禁令的，都算是“大罪”。而哈桑·巴士里和罕百里主张的“大罪”究竟是什么，我们并不清楚。

马良骏在著作中也并未对“大罪”有一个界定。但他大致总结了认为身体力行是信仰要素的部分正统派的主张。他指出，他

① 参见《教典诠释》，马坚译，中国伊斯兰教协会编，1988 年。

们认为身体力行是信仰的要素，放弃它的人不是完美的信士或顺从的信士，但并未脱离信仰的范畴。因为圣训指出，“凡心中有微尘般信仰的人将从火狱中出来”[①]指的就是他们不会永居火狱，如果真主意欲，这些犯罪的信士将因真主之公正而受到惩罚，然后真主会让他们从火狱中出来；如果真主意欲，这些犯罪的信士将因真主之恩典而受到原谅，真主不使他们进入火狱，即便他们死前并未忏悔其罪。

最后，马良骏坚持中国穆斯林所遵奉的马图里迪学派主张，并综合了各派有关信仰之要素的主张，给出了自己在这个问题上的解读。在他的解释下，信仰被分为三个层次加以论述：信仰的根本、信仰的枝叶和信仰的果实。这一划分来自于对一节圣训的解读：“信仰有七十多个分枝，其最高者是念‘万物非主，唯有真主’，其最低者是清除道路上的障碍物。”据此，马良骏将信仰比作一棵大树，内心定信是树的根本，口头确认是树的枝叶，身体力行则是树所开出的花、结出的果。这样的表述其实是继承自王岱舆等明清穆斯林学者。王岱舆在《正教真诠》中提出了“三品”说：“心间诚信”，“舌上定念”，“身体遵行”。他将这“三品”分别比做根本、枝叶和花果。[②]但如果据此就认为王岱舆主张信仰的

① 此处引自马良骏《大辑要》，在《布哈里圣训实录》《穆斯林圣训实录》《提尔密济圣训集》等多部圣训集中均有类似记载。
② （明）王岱舆：《正教真诠·较量》（广州清真堂刊本），载《正教真诠·清真大学·希真正答》，宁夏人民出版社，1988 年，第 115 页。

三要素说，则是误解了王岱舆的意思。王岱舆只是从苏非修行的角度论述完美意义上的信仰，并非总结教义学意义上信仰的要素。马良骏从教义学角度对此作出了进一步说明，在他看来，信仰之树的根本是定信，即内心信服并接受造物主的存在和独一以及其他属性，如实地信服并接受穆罕默德的先知性以及他从真主那里所带来的一切必须的知识。所谓根本就是信仰的本质，没有它就不存在信仰，就像没有树根就不存在树一样。信仰之树的枝叶或附属是口头确认，它是对心中信念的显扬和确证，是信仰的非本质性部分，就像树没有了枝叶只能说树不完整了，不能说树本身不存在了。总而言之，信仰有两个要素，内心定信是根本，口头确认是附属，二者合起来才是严格意义上的信仰。身体力行是信仰之树的果实和附加，是信仰完美的外在表现，它的欠缺不会导致无信仰。

马良骏以马图里迪教义学有关信仰与行为的主张为基础，不偏不倚地阐明了伊斯兰教正统派在信仰与行为的关系问题上的立场，这一立场介于过与不及之间。前者（穆尔太齐赖派和哈瓦利吉派）将行为视作信仰的要素，容易导致妄断他人不信的极端思想，后者（穆尔吉亚派）视行为与信仰无关，行为丝毫不会影响信仰，导致的结果是破坏宗教的劝善戒恶功能，使信仰者对自己的行为肆无忌惮。

第二节 明德之真光

一个人的信仰是否有增减？马图里迪学派认为，信仰（伊玛尼）的本质是内心的一种断然的定信（التصديق），而内心的定信是不能设想它会分成各个部分的，只有强弱的不同，其本身却不会增减丝毫。人的行为则不属于信仰的范畴，行为有增有减，但外在的行为并不会使信仰本身增加或减少。穆尔太齐赖派和早期艾什尔里学派的一些学者将行为也纳入在伊玛尼的本质之内，故他们认为信仰（伊玛尼）是有增有减的，它会因善行而增加，因恶行而减少。

有很多《古兰经》经文和圣训似乎都在表述信仰（伊玛尼）的增加和减少。例如，“至于信道者，那章经为他们增加了信仰。”（9∶124）①据圣训所传，当有人问及信仰是否增减时，穆罕默德说：“是的，信仰会增加直到使他的拥有者进入天堂，它也会减少直到使它的拥有者进入火狱。”马良骏指出，艾布·哈尼法解释了这些经训，认为这些经训中所说的增加指的是信仰内容的增加和减少，而非本质。即他们先概括性地信仰而成为信士之后，启示一件接一件的到来，然后他们再具体地相信其中每一个详细的事项。由此，马图里迪学派将信仰分为概括性的信仰（الإيمان الإجمالي）和具体性的信仰（الإيمان التفصيلي）。信仰的本质即内心的定信指的

① 马坚译本为：“至于信道者，那章经使他们更加确信了。”本书所引《古兰经》经文采用马坚译本，如因语境需要或不同解读方式而对译文有所改动之处皆会说明。

是概括性的信仰，它不会随着应信之事的增减而增减，也不会随着行为的增减而增减。具体性的信仰则会随着应信之事和行为的增减而增减。马良骏援引后期艾什尔里学派著名学者、《默瓦吉福》（المواقف）[①]的作者阿祖顿丁·伊吉（عضد الدين الإيجي，卒于 1355 年）的观点，认为信仰的本质不接受增减，而其强弱是不同的。比如，任何人的确信程度都不如先知的确信。由此马良骏指出，争论的焦点只是信仰的量，而非本质。量表示其部分的多少，而本质则表示它本身的强弱。每个人内心定信的程度有所不同，知识之确信（علم اليقين）的程度不及见证之确信（عين اليقين）的程度，而见证之确信的程度又不及契真之确信（حقّ اليقين）的程度[②]。比如定信世界的有始性就不如定信太阳的显照那样明确。未见而信是在尘世当中，已见而信是在后世当中，最真实的确信是在天堂中通过亲眼看到真主而落实的。

马良骏总结道，信仰的本质是内心的定信，它不增不减；信仰的属性或亮度，则随着信仰者的行为而增减。因此圣训说：“人对真主的信仰不会完美，直到它具备五种特质：托靠真主，交付于真主，服从主命，悦纳主的判决，忍耐主的考验。”同样，圣训

① 《默瓦吉福》成书于伊尔汗国时期，是后期艾什尔里学派教义学的集大成之作，伊斯兰教经院哲学的重要代表性文本，在清代学者刘智的“采辑经书目”中被称作《格致全经》。可参见王伟：《后古典阿拉伯经院哲学及其主要特征——以〈默瓦吉福〉为例》，《世界宗教研究》2023 年第 10 期。
② 马良骏：《教义学述要》，第 5 页。

中说："信仰是赤身的，其衣服是敬畏。"[①]这段圣训将信仰比作一个人，人的本质是有理智的动物，这是没有增减可言的，但其属性也就是其层次却是不同的，有的人有知识，有的人无知；有的人健康，有的人多病；有的人聪明，有的人愚蠢。马良骏所阐发的马图里迪教义学有关信仰的本质不增不减的主张，与新儒家所主张的明德之本体不增不减的主张类似。实际上，明清以来中国穆斯林学者普遍将信仰（伊玛尼）与儒家的"明德"概念相关联，认为信仰就是人的天命明德之光。马良骏说：

"以嘛尼"者，乃真主特赐之真光，人人个个本性之性分中所有之明德。是以身之明凭灵命，命之明凭本性，性之明凭明德之真光。倘若明德更，而本性迁，灵命黑暗，而形身虽有气血之活，是不为真活。真活者，乃性命之活也。[②]

"真光"和"明德"等用法皆来自于明清之际的回儒。在马良骏之前，王岱舆、张中、马注、刘智和马复初等学者皆从灵魂的角度阐述信仰，这是苏非学者的普遍路径。苏非学者有关"信仰（伊玛尼）是真主特赐之光"的说法源自于《古兰经》的多节经文。马注在《清真指南》中引述了其中一节："你们不知以妈纳是什么，虽然我把他转做光，凭他指引我任意的板德。"（42∶52）[③]这节经文本身有不同的解读方式，马注的翻译采用了其中的一种

① 转引自马良骏：《教义学述要》，第 6 页。
② 马良骏：《考证回教历史》，民国油印本，载《回族典藏全书》第 128 册，第 348 页。
③（清）马注：《清真指南》，宁夏人民出版社，1988 年，第 61 页。

解释，而且翻译了整节经文的一部分。按照这种解释，我们可以用现代汉语将这节经文完整翻译如下："我这样启示你从我的命令中发出的精神。你本来不知道天经是什么，信仰（伊玛尼）是什么；但我把它转做光，以此引导我所意欲引导的仆人。的确，你必定指引正道。"（42∶52）[①]

此外，经文"真主是信道之人的保佑者，使他们从重重黑暗走入光明"（2∶257）中的"光明"普遍被注释为信仰。故苏非学者普遍认为信仰就是来自于真主的光[②]，他将此光映照在信士的心中，正如《古兰经》所说："这等人，真主曾将正信铭刻在他们的心上……"（58∶22）在苏非学者看来，信仰是真主之光，是真主的特慈（الرحيم）、指引（الهداية）、安宁/定信（المؤمن）等属性的显照，因此不是被造的。因此，王岱舆在《正教真诠》中说："真德者，真主之真光。（真光者，真一本体之妙，发显于外，乃无色之色，无相之相，自然实有，大明不昧，故以光喻之。相者理之表，象之里也。）赐之于人，人遂以其所得，信认真主，天方所谓'以嫫乃'[③]是也，谓之真赐，非受造之有也。"[④]关于信仰（伊玛尼）非

① 按照马注这种解释，经文中的代词"它"指信仰（伊玛尼）。马坚译本采用另一种解释方式，经文中的代词"它"指天经，译文如下："我这样启示你从我的命令中发出的精神。你本来不知道天经是什么，正信是什么；但我以天经为光明，而借此光明引导我所意欲引导的仆人。你确是指示正路者。"（42∶52）

② سعاد الحكيم، المعجم الصوفية/ج١، دار ندرة قم-بيروت، سنة١٣٨٢ش.

③ 即"伊玛尼"。

④ （明）王岱舆：《正教真诠·真德章》（1931年中华书局刊本），载《正教真诠·清真大学·希真正答》，宁夏人民出版社，1988年，第161页。

被造说，艾什尔里和马图里迪学派的教义学家与苏非学者的主张都是一致的，只不过教义学家证明信仰非被造的方式不同于苏非学者。阿祖顿丁·伊吉和朱尔扎尼（الجرجاني）等学者从真主尊名的诠释角度出发，认为真主的“安宁者”（المؤمن）这一名称还具有“信仰者”的意思（安宁与信仰两个词是同一词根），意指真主定信并见证自身的存在[①]。因此真主不仅是安宁之源，同时也是信仰之源，一切信仰源自真主，是非被造的。

王岱舆和马注称信仰为“明德之源”或“天命之明德”，并从性命关系的角度对此加以阐述。总之，信仰作为非被造的真主之光，他在先天“结约之日”便将之投入到人的心中，成为每个人的本性和明德。据《古兰经》描述，在先天灵魂世界中，“当时，你的主从阿丹的子孙的背脊中取出他们的后裔，并使他们招认。主说：‘难道我不是你们的主吗？’他们说：‘怎么不是呢？我们已作证了。’”（7∶172）因此，信仰本质上是人的先天禀赋，是人的德性，按照马良骏所说就是“天命明德之性”。马良骏在《凯俩姆注疏》中对以上所引《古兰经》所涉及的先天禀赋问题进行了长篇论述。尽管灵性之本源的预备性因人而异，但所有人的先天禀赋是一样的，即在先天灵魂世界承认并以自身见证真主的独一性和他们自身的为仆性，这被称作“天赋信仰（الإيمان الفطرى），它是灵魂的初次神圣的染色（الصبغة الإلهية الأوّل），经文“你们当保持

① علي ابن محمد الجرجاني، شرح المواقف، دار الكتب العلمية-بيروت، سنة 1998 م.

真主的染色，有谁比真主的染色更好呢？”（2∶138）[1]就是指此。而后天的信仰则被称作“宗教信仰”（الايمان الشرعى），是灵魂的再次神圣的染色（الصبغة الإلهية الثانية）[2]，是对先天信仰的再现。从此解释看来，信仰不仅是人的后天心理活动，也是先天已经具备的禀赋，是后天需要发明的德性，类似于儒家的“明明德”。

第三节 信仰与行为

马良骏不仅从信仰的要素角度讨论信仰与行为的关系，还从“伊玛尼”和“伊斯兰”这两个概念的关系出发，进一步理清二者的关系。在阿拉伯语中“伊斯兰”（إسلام）作为一个词根意为“顺从”，宗教上专指对真主的顺从。“穆斯林”（مسلم）一词是“伊斯兰”的主动名词形式，意为“顺从者”，而“伊玛尼”一词的主动名词形式则是“穆民”（مؤمن），意为“信仰者”。

当提到“伊斯兰”一词时，人们往往将其与7世纪穆罕默德所传的宗教相对应。实际上，《古兰经》中对许多术语的使用都存在同名异义现象，同一个词汇往往指代不同的对象，至少是不同外延的事物。“伊斯兰”及其派生词“穆斯林”在《古兰经》中的使用就有这样的特点，有时它们在广义上指所有“顺从者”对真主的“顺从”，不仅限于信奉穆罕默德之宗教的人，还包括历代先

① 此处经文根据语境需要译出，马坚译文为：“你们当保持真主的洗礼，有谁比真主施洗得更好呢？”

② 马良骏：《凯俩姆注疏》（تلخيص الكلام），第20页。

知及其教民，甚至天地万物；有时它们在狭义上专指穆罕默德所传的宗教及其信奉者。美国学者村田幸子和威廉 •柴提克在其《伊斯兰的洞见》（*The Vision of Islam*）一书中总结了“伊斯兰”一词在《古兰经》中的四种基本含义：“1.所有被造物对造物主的顺从；2.人对启示给众先知的真主教导的顺从；3.人对启示给先知穆罕默德的真主教导的顺从；4.穆罕默德的追随者对（宗教）实践层面之真主教导的顺从。只有其中第三层意义才能被恰当地翻译为大写的‘伊斯兰教’（Islam），其他三层意思指的只是小写的‘顺从’（islam）。”[①]我们本节所讨论的与“伊玛尼”相对比的“伊斯兰”一词，包括以上后两种意义。

经堂教育所使用的必修教材《教典诠释》（شرح العقائد）和参考经书《〈大学〉注释》（شرح فقه الأكبر）[②]皆对“伊玛尼”和“伊斯兰”两个概念的关系有所论述，马良骏在二者的基础上做了进一步讨论。之所以讨论这两个概念的关系，一方面是有许多圣训经常将二者混同使用，而二者的内涵却是明显不同的；另一方面，对二者关系的梳理能够更好地把握信仰与行为的关系。马良骏指出，正统派的大多数学者尤其是后期哲学教义学家都主张“伊玛尼”与“伊斯兰”两个概念是统一的，少数人主张二者是不同的。实

① Sachiko Murata, William C. Chittick. *The Vision of Islam*. I.B. Tauris Publishers, 1996, p.6.

② 《大学》是艾布 •哈尼法的教义学名著，其注释者是马图里迪学派教义学家阿里 •苏里塔尼 • 穆罕默德 • 嘎勒（علي السلطان محمد القاري），注释本全名为《〈大学〉注释之花园的礼物》（منح الروض الازهر في شرح الفقه الأكبر）。

际上，这两种观点并非针锋相对，而是可以调和的。

首先，“伊玛尼”和“伊斯兰”两个概念的内涵是明显不同的。“‘伊玛尼’表述的是内心定信先知所传的启示内容，如真主是独一的、全能的、有意志的，礼拜是主命，见真主是可能的，天堂地狱是真实的，饮酒是被禁止的等等，这些教律都被认为是穆罕默德从真主那里带来的启示。‘伊斯兰’表述的是对真主的信服和顺从，即内心信服并且外表顺从真主的判定。”[①]此外，在《古兰经》中，“伊斯兰”一词还等同于“宗教”（الدين），《古兰经》云：“在真主看来，宗教就是‘伊斯兰’（顺从）。”（3∶19）[②]宗教包括内心和肢体的功修，那么“伊斯兰”表述的就是原理（信仰）和细则（行为）的总合。“伊玛尼”则不同，它只用于表述宗教的原理（信仰）。

其次，如果按照上面的说法，就会造成放弃外在功修的人只是“穆民”（信仰者）而不是“穆斯林”（顺从者）的结论。马良骏的回答是：“奉教之人尽管功修欠缺，但仍坚持行宗教的道路。宗教就是伊斯兰，那么凡坚持宗教的道路者就是穆斯林。”因此，放弃功修的人既是“穆民”（信仰者），又是“穆斯林”（顺从者）。如此一来，“穆民”（信仰者）和“穆斯林”（顺从者）岂不是没什么区别了，那么《古兰经》经文和平时的祈祷词中将“男女穆民”

① 马良骏：《教义学述要》（المضبط العظيم），第10页。

② 按照此处经文所表达的意思应当如此翻译。马坚译本根据另一种解释，译文为：“真主所喜悦的宗教，确是伊斯兰教。”

和“男女穆斯林”并列就成了重复和多余。马良骏指出，相同并非就内涵而言，而是指“穆民”和“穆斯林”两个概念的外延或指涉对象是相同的，即如果某人可被其中一个词所描述，那么他也可以被另一个词所描述。

最后，马良骏总结，持两种观点的人只是对“伊斯兰”一词的理解不同。凡认为两个概念不同的人，他们所说的“伊斯兰”仅仅指的是外在行为的顺从，正如圣训中说：“‘伊斯兰’就是作证‘万物非主，惟有真主，穆罕默德是真主的使者’，履行拜功，缴纳天课，守‘莱麦丹’月的斋戒，力所能及者朝觐天房。”凡认为“伊玛尼”和“伊斯兰”这两个概念统一的人，他们所说的“伊斯兰”指广义上的顺从，这种顺从包括内心的信服（即伊玛尼）和信服产生的结果（即信仰的外在行为表现）。总之，两个概念具有不可分割的关系，不能说某人是穆民而不是穆斯林，也不能说某人是穆斯林而不是穆民。马良骏将奉教之人分为两种，一种是先顺后信，另一种是先信后顺。当一个人是穆斯林时他就自然是穆民，因为他所要顺从的事项中就包括了内心的定信；同样当一个人是穆民时也就自然是穆斯林，因为他内心的信服就是顺从的一部分。

从马良骏对信仰和行为关系的论述中，我们可以得出以下结论：从经训上看，《古兰经》有关“信仰”（伊玛尼）的经文都是在不断教导人应该信仰什么，以及信仰要求人做什么。圣训中有时将信仰表述为信仰的内容，如在著名的“圣训之母”中，当迦百列天使向穆罕默德询问什么是信仰（伊玛尼）时，他说：“信仰（伊玛尼）就是你信真主、信他的众天使、信他的诸经典、信他的众使者、信后世、信善恶的前定皆来自真主。”①有时将信仰（伊玛尼）表述为“内心的认知，口头的言说和肢体的行为”②。有时似乎又仅仅表述为一种行为，例如《布哈里圣训实录》中记载，当有人向穆罕默德询问哪种行为最尊贵时，他说：“信仰真主及其使者。”③《古兰经》和圣训对信仰（伊玛尼）这一概念的不同表述成为伊斯兰宗教学者对于信仰之不同界定的根源。在马良骏的解读下我们发现，经训中对信仰的不同描述有从其本质而言的，有从其要素而言的，有从其外在表现而言的，也有从其内容而言的。故我们在看待不同学者有关信仰的主张时，应该从不同的角度加以区分，不能一概而论。

信仰与行为二者是既区别又统一的。首先，信仰与行为在本质上属不同的范畴，不可混淆。对于经训中出现的含混的表述，需要合理地解释。其次，信仰可以被视作是一种行为，因为它是人的心理活动，属于内在的行为。因此，圣训中常常将信仰表述为一种行为，例如以上所引述的圣训，当有人向先知穆罕默德询问哪种行为最尊贵时，他说：“信仰真主及其使者。”再者，行为

① 《穆斯林圣训实录》第 8 节。
② 《伊本・马哲圣训集》第 65 节。
③ 《布哈里圣训实录》第 26 节。

是信仰的外在表现和影响，没有外在表现和实践的信仰就像是无果之树，并不完美。因此，圣训常常从外在表现上说信仰，例如本章开始所引述的“信仰有七十多个分枝，其最高者是念‘万物非主，唯有真主’，其最低者是清除道路上的障碍物”以及“清洁是信仰的一半”等这样的表述。行为既然是信仰的外在表现和光亮，自然会对信仰产生影响，善行会增强信仰之光，恶行则会减弱或遮蔽信仰之光，如果长此以往不加纠正，终究会蚕食掉一个人的信仰。最后，“伊玛尼”与“伊斯兰”两个概念的统一就必然要求穆斯林在信仰的范畴内做到信与行的统一。信仰是行为的前提和基础，没有宗教信仰，所做的行为自然就不算是宗教行为。行为不仅是信仰的外在表现，而且行为的尽善尽美是对信仰的升华。不同的人在行为上的完美程度是不同的，这是不可否认的事实。

马良骏著《礼法尽善录》，明确宗教功修中哪些是真主命令做的（主命），哪些是圣人坚持做的（圣行），哪些是圣人鼓励做的（嘉仪），哪些是被憎恶的（可憎），哪些是被禁止的（禁戒）。不同的人所能做到的程度不同，但穆斯林必须要抱有一颗尽善之心，虽然不能达到完美，但要尽自己最大之努力在每样行为中趋向至诚和尽善尽美，最终以行为（功修）努力和不断趋向完美而使信仰和认知实现升华。在苏非的知行合一理论中，一般的知识来源于感官、传闻和理性，知识和信仰是行为的基础，行为是知识的结果，类似于王阳明说的“知是行之始，行是知之成”；但要获得更高的心灵直观、揭示和灵知，则必须通过克己修行而实现德性完善和心灵净化，此时行为又成了获得真知的前提，知中有行，行中有知。

第四节 宗教他者与“人类一体”

马良骏专门论述了与“信仰者”相对的一个概念，即“卡费尔”[①]，澄清对这一概念的误解。他充分运用《古兰经》中的一词多义现象，对“卡费尔”概念作出既符合经典又顺应时代的解读，引导穆斯林大众正确看待“他者”，并在此基础上深刻阐述了人类同源一体的思想，倡导各民族、各宗教间消除偏见与隔膜，共同维护国家和平统一，祈盼世界和平、社会安宁。

首先，我们有必要对这个概念的基本意义作一了解。一般意义上讲，与表示信仰的“伊玛尼”一词相对的是“库夫勒”（كفر），意为隐藏恩典，忘恩负义，其词源是“开夫勒”（كفر），意为遮蔽、隐藏。这个词的主动名词形式便是我们本节所要讨论的“卡费尔”（كافر），本意为“遮蔽者”“隐藏者”。在此意义上庄稼人、夜晚和花苞等事物都可被称作“卡费尔”（遮蔽者），因为农夫将种子埋在了土里，是种子的遮蔽者，夜晚是白天的遮蔽者，花苞是花蕊的遮蔽者。“卡费尔”一词在宗教中广义上一般指对于明知是使者所带来的事项而公开否认的人，即自己天赋信仰的遮蔽者，常

① 现在一般写作“卡菲尔”，本书为统一起见，采用马良骏的写法。

常被翻译为不信道者。然而，正如前文所述，《古兰经》中的有些概念并非仅是单一的含义，它往往存在一词多义的现象。因此，对《古兰经》中“卡费尔”一词的处理是一个难题，因为不同的经文往往所指的倾向不同，按照统一的不信道者去理解，往往给人造成误解，尤其是涉及终极归宿和生命财产安全的问题时，往往使伊斯兰教备受指责。

鉴于此，马良骏在其《考证回教历史》一书中立足现实，解释了“卡费尔”的意义，认为它不能用于中国的非穆斯林：

吾圣人穆罕默德四十岁就圣位，六十三岁逝世，为圣二十三年，未出阿喇伯大食国界，竟在天方国传道二十三载。教生中有心口惟一归信者，是为穆民；有亲眼看见圣人之神应感化，及亲耳听见圣人之劝谏度化，明知明昧，而不信奉者，是为明“卡费尔”（即昧真悖逆之人的意思）；又有口奉心违者，是为“母纳费格”（即阴恶阳善之人的意思），此为暗“卡费尔”也。吾圣人穆罕默德未来赤尼（即中国），则我中国之人民未曾看见穆圣之神应感化，又未曾听见穆圣之劝谏度化，所以赤尼人民不知穆圣之教义而不奉穆圣之教道，另奉他教者，不是昧真之人，亦不是悖逆之人。故不能称“卡费尔”，可称谓“赫塔益”，即别教人之谓也。故西域各回教国人将我中国之汉民称“赫大爷”者，即“赫塔益”之音转也。所以“卡费尔”之名词于我中国汉民无涉也。今有一般不明阿喇伯文意之人，将中国之汉民叫“卡费尔”者，不适合。[1]

在以上文字中，马良骏阿訇就已经提出了“卡费尔”一词的两层含义，即昧真之人和悖逆之人，而这两层含义的外延显然是不同的。昧真之人是广义上的不信道者，而悖逆之人则是公然敌对并施加迫害的人。实际上，《古兰经》中涉及“卡费尔”的经文本身有一个历史的过程。在穆罕默德刚开始传教的时候，便遭到麦加权贵们的迫害。因此，早期的经文中“卡费尔”一词被用于指代麦加的权贵们，他们拒斥并且迫害穆罕默德及其追随者。这样的经文如：“难道他们因同族的警告者来临他们而惊讶吗？卡费尔们说：‘这是奇事！’”（50∶2）而面对麦加人的迫害，穆斯林的态度是：“故你当宽限卡费尔，你当宽限他们一下。”（86∶17）“你应当忍受他们所说的谰言，而温和地退避他们。”（73∶10）当穆斯林遇到生命威胁被迫迁徙至麦地那以后，依然遭到麦加势力的侵犯和进攻，这一时期降示的经文则允许穆斯林拿起武器抵御来犯之敌，而且要求后方的穆斯林不要私下与敌方亲近或结盟并泄露穆斯林的情况和消息。例如：“信道的人，不可舍教胞而以卡费尔为盟友。”（3∶28）“信道的人们啊！你们不要以我的敌人和你们的敌人为朋友，而传送消息给他们，以示亲爱。他们不信降临你们的真理，他们因为你们信仰真主——你们的主——而将使者

① 马良骏：《考证回教历史》，《回族典藏全书》第128册，第315-316页。

和你们驱逐出境。”（60∶1）以及历来被诟病最多的经文：“你们在那里发现他们，就在那里杀戮他们；并将他们逐出境外，犹如他们从前驱逐你们一样，迫害是比杀戮更残酷的。”（2∶191）以上两节经文皆是针对当时进攻穆斯林社群的敌人，有其特定的历史背景，而且只能适用于正在遭受攻击或侵略威胁时，不可不顾经文的背景随意解读。综上所述，《古兰经》中凡针对“卡费尔”使用侮辱性、暴力性言辞的经文，都是针对事先以同样的方式对待穆斯林的人。马良骏将这种反抗迫害、抵御外敌的战争表述为一种不得已，将之类比于中国上古圣王的正义战争：“犹之汤武革命，以站止战，以杀止杀，并非以战杀为乐也。”[①]“此正与孔教谓‘战阵无勇非孝也’[②]，道教曰‘兵者，圣人不得已而用之’[③]，佛教云‘杀一阐提[④]，功德最胜’，亦与‘除魔三致意’诸谛仿佛符合。”[⑤]另外，在哈里发时代的征服时期，被纳入版图范围内的非穆斯林的生命和财产安全受到保护而成为“被保护民”，并不是上述《古兰经》文中所说的敌对的“卡费尔”。教义学家还从广义

① 马良骏：《考证回教历史》，《回族典藏全书》第128册，第523页。

② 语出《大戴礼记·曾子大孝》：“故居处不庄，非孝也；事君不忠，非孝也；莅官不敬，非孝也；朋友不信，非孝也；战阵无勇，非孝也，五者不遂，灾及乎身，敢不敬乎！”

③ 语出《老子》第三十一章：“兵者不祥之器，非君子之器，不得已而用之。”

④ “一阐提”出自佛教《楞严经》《大般涅槃经》等经典，阐为信，提为不具，阐提意为“断善根”“不具信”，即善性灭尽的人，不可救药的人。《大般涅槃经》卷十六云：“一阐提也。譬如掘地、刈草、斫树、斩截死尸、骂詈鞭挞无有罪报；杀一阐提亦复如是，无有罪报。何以故？诸婆罗门乃至无有信等五根，是故虽杀不堕地狱。”

⑤ 马良骏：《考证回教历史》，《回族典藏全书》第128册，第546-547页。

的“卡费尔”中排除了未成年人、理智不全者、从未听闻启示之人以及只听到了被歪曲的错误启示讯息之人，这些人也都不能被称为“卡费尔”。因此，如果将所有的非穆斯林都用“卡费尔”指称，无疑是扩大了“卡费尔”的范围。

此外，马良骏在其教义学著作中还专门论述了非穆斯林在后世的拯救问题。这个问题在一定程度上牵涉到启示与理智的关系问题，笔者在此处只就其结论做大概总结。马良骏指出，虽然一部分马图里迪学派的学者主张生活在使者中断期[1]的人、生活在非伊斯兰地区的人、生活在荒山野岭的人，使者及其带来的启示的讯息未到达他们，如果他们保持天性，坚持人类最基本的道德律，参悟天地的造化，那么他们是得救的人，否则不能得救；但是艾什尔里学派和马图里迪派的其他学者都主张，以上这些人无需任何信仰，他们都属于天堂的居民。[2]分析以上所引马良骏的论述，他在此问题上似乎还继承了安萨里的主张，反对妄断他人不信道或进火狱，甚至认为只得到了有关伊斯兰教的错误信息和负面传闻的人也可以在得救之列。真正的得救指的是最终脱离火狱而进入天堂。在正统派看来，包括穆斯林在内的大多数人都不免到火狱走一遭，然后才能进入天堂。有圣训传述，阿丹的子孙每一千人中只有一人可以不经火狱之刑而直接进入天堂。[3]大多数人，或

① 即前一代使者去世到后一代使者来临之前这段时间。

② 马良骏：《教义学述要》，第212-214页。

③ صحيح البخاري،6530.

因异端的信仰而入火狱受刑后再进天堂，或因行为上的罪过而入火狱受刑而后进入天堂，或得到真主的特赦而免其罪责，或经过先知的说情而免其罪责或减轻火狱之刑，或受尽火狱之刑后再进入天堂，只有很少一部分明知而故悖和阳奉阴违的人是永居火狱的。下地狱的问题是每个宗教都有的排他性，基督教和佛教皆有此教义。例如《圣经》中所说："惟有胆怯的、不信的、可憎的、杀人的、淫乱的、行邪术的、拜偶像的和一切说谎话的，他们的份就在烧着硫磺的火湖里。这是第二次的死。"（启示录 21：8）佛教同样认为，犯了杀生、盗窃、邪淫、两舌、恶口、妄言、绮语等罪恶的人要堕入地狱受不同的刑罚。与伊斯兰教一样，在学者的诠释中总要体现出不同程度的宽容来，甚至对一个动物的怜悯之心都可能成为得救的缘由。最后，"卡费尔"只是一种笼统的说法，除非公然表示拒斥和敌对的，否则不能专门针对某个个人断定其为"卡费尔"。未公然表示反对的人，后世的归宿交由真主决定，在尘世当中穆斯林的义务是要与之和睦相处。

马良骏同其前辈学者一样，列出了伊斯兰信仰的六条义务：1.穆民不能无故伤害穆民的性命。2.穆民不能无故侵取穆民的财物。3.穆民不能奴役自由的穆民。4.穆民不能诋毁穆民的德行。5.穆民不能歹猜穆民。6.相信犯罪的穆民不会永居火狱。在《清真最要志》中，马良骏解释了以上规定的道理：

问：谟民不坏谟民的德行，将谟民的良人不作奴仆，不歹猜谟民者有何理乎？答曰：天经喻云："只因一切谟民是一切兄弟，且兄弟如手足。"圣人又云："一切谟民如一全体，若一窍生疾，则各窍痛疼。"所以谟民痛顾谟民，譬如孝子恋爱同胞手足，能得父母之欢心。凡谟民怜念同胞，衣食相助，患难相扶，必得真主之喜，圣人之悦。谟民既为手足，祸福彼此无分，何况伤命、取财、坏德、作仆、歹猜乎？[①]

值得注意的是，马良骏将这里的"谟民"一词解释为"良民"，他说："谟民此系阿喇伯文语，即良民之谓。其意良民之性命不可伤，财物不可侵，以下四句皆如此讲。"[②]这一解释将信仰之断法的适用范围由信仰者扩展到了所有善良的人，体现了宗教的宽容理念。为何这样解释，他在此处并未作出说明，据笔者估计可能根据伊斯兰的一般原则，对于和平共处的非穆斯林，应确保其生命、财产和名誉不受侵害。《古兰经》云："未曾为你们的宗教而对你们作战，也未曾把你们从故乡驱逐出境者，真主并不禁止你们善待他们，公平待遇他们。真主确是喜爱公平者的。"（60：8）因此，马良骏所说的"良民"既包括穆斯林，也包括善良的非穆斯林。

① 马良骏：《清真最要志》，1949年迪化石印本，《回族典藏全书》第四十二册，第389页。
② 同上。

马良骏进一步论述了各教精神大同和人类同源一体的思想。首先，他区分了先天（始）、今世（中）和后世（终），“人生之理，生前谓之始，现在谓之中，死后谓之终。”[①]以儒家为例，虽然儒家的仁义道德、纲常伦理、正心诚意、修齐治平之道只言其中（现世），而不言始终（人的来源与归宿问题），但儒家对现世问题的论述至中至正，不偏不倚。按笔者的理解，马良骏意在表明，各教之关系实际上是各教的信众之间的关系，说到底是人之间的关系。人活在现世，因此我们讨论各教之关系时仅仅着眼现世即可，在来源与归宿的问题上搁置争议，坚持各自的信仰。如何处理现世的问题才是处理好各宗教间关系的关键所在。就现世而言，以往的圣贤都着眼于对人性的教导和培养，各教虽形式不同，但“各教之精神，都是归向主，惧怕主，敬奉主。凡敬造物主者，应体真主好生之心，推己及物，必不互相战争为然也。如是，天下和平，世界战争息灭矣。”[②]马良骏解释，他这里所说的“主”是广义的，是对儒家之天、道家之道及犹太、基督教之上帝等所有信仰对象的统称，即宗教教导人所敬畏的对象。因此，宗教和睦的关键在于搁置在“始”与“终”问题上的分歧，着眼现世问题，解除偏见，和而不同，这样一来战争可息，世界和平。

① 马良骏：《考证回教历史》，《回族典藏全书》第 128 册，第 354 页。
② 马良骏：《考证回教历史》，《回族典藏全书》第 128 册，第 356 页。

马良骏指出，好杀乐武违背伊斯兰教基本精神。有人说伊斯兰“以武立教，而非以道立教”，这是明显的污蔑之词，不足挂齿。“然片言中人，足以欺世，此所不可不详为声明者也。”[①]马良骏通过对经文的解读而以正视听，同时有力地破除了极端思想的谬论。这两节经文分别是：“我派遣你，只为慈悯众世界的人。”（21∶107）“凡枉杀一人，如杀众人；凡救活一人，如救活众人。”（5∶32）马良骏对这两节经文的翻译解读如下：

“哎穆罕默德呀！我凭着为圣者，差了你，只因为叫慈悯普世的人民，万物俱总。”圣谕云：“能慈骨肉者，谓之独善。能慈同教者，谓之兼善。能慈他教者，谓之公善。能慈鸟兽昆虫草木者，谓之普善。”故吾圣人禁止伤昆虫，砍活树。又曰：“饥寒中，济人衣食；贫穷中，周人财帛；患难中，扶人言语；疾病中，与人方药；奔忙中，不忘礼拜；忧愁中，记想真主。则天堂以待之。”此即吾圣人穆罕默德，普慈世界，一以贯之的一切经旨中的一段经旨也。按照此段经旨，穆圣所行公善，普慈好生。推己及人为宗旨。若好杀乐武，以战立教，必定相反此段经旨。岂不违悖真主、差圣之至理也哉。[②]

“那个人，无故他杀了莫作坏事的一人的那个人，他的罪孽恰相似他杀了世人俱总；与那个人，他救活了一个人的那个人，

① 马良骏：《考证回教历史》，《回族典藏全书》第 128 册，第 519 页。
② 马良骏：《考证回教历史》，《回族典藏全书》第 128 册，第 535-536 页。

他的功德恰相似他救活了世人俱总。”其意：“他杀了一个良民的那个人，他的罪孽恰相似他杀了世人俱总；与那个人，他救活了一个良民的那个人，他的功德恰相似他救活了世人俱总。”则天经中明文如是，而穆圣教法岂有杀他教之人能进天堂之理乎？不知此句诽言从何发出，破坏人之感情，尤其破坏回、汉中千余年之感情。[1]

紧接着，马良骏站在更广阔的人类视野，论述人类同根同源，理应相互亲爱的道理。马良骏引用一节经文：“哎一切人呀！（在互相争竞里边）你们害怕调养你们的主着，从一个根本上，他造化了你们（根本即人祖阿丹）。与从他上，造化了他的妻（即从阿丹的体上，造化了其妻好娲）。与从他两个上，倾撒了多的一切男女。”[2]（4∶1）他解释道：“造物主造化世人，自一体发源，而一体者，指人祖阿丹而言也。又从一母生来，而一母者，乃阿丹之妻好娲是也。阿丹好娲结为夫妇以后，方生男育女，婚配嗣裔，子子孙孙，接辈传流，生息既繁，秉性自殊，散居既远，见闻自异，因地因人，各分种族，随好随恶，各奉各教，至今五千余年，遂有各族之别。所以各族人民，都为同胞兄弟。且兄弟为手足，各族如一体。然一体之中，一窍生疾，则各窍痛疼。故世界人民

① 马良骏：《考证回教历史》，《回族典藏全书》第128册，第541-542页。

② 此处经文是马良骏用经堂语所讲之大意，现代汉语可译为：“众人啊！你们当敬畏你们的主，他从一个人创造你们，他把那个人的配偶造成与他同类的，并且从他们俩创造许多男人和女人。”

一个痛顾一个者，乃天然之理也。”[①]在马良骏看来，伊斯兰教所说的人类祖先阿丹相当于中国古代传说中的盘古。人类虽分成不同的族群，但他们同出一源，情同手足，理应相互关爱，这是天理，也是人的本性。现实世界中人类之间的相互争斗皆源自阴私物欲的纷扰，污染了善性。自古圣贤的职责就是教人去除阴私物欲，消除一切障碍而致中和。

总之，伊斯兰教将人的宗教行为分为宗教功修（عبادات）和人际关系（معملات）两大范畴，前者体现人与真主的关系，基本要求是敬主，后者体现人与人的关系，基本要求是爱人。在马良骏这里，“爱人”的“人”就是同源一体的全人类，既包括信仰者，也包括非信仰者（他者）。仅就人际关系这一行为问题而言，应该超越信仰的范畴，搁置信仰，关注行为。正如圣训中多处所记载的那样，穆罕默德针对处理亲属、邻里关系、市场上的贸易关系、社会成员等诸种关系的言传身教，都超越了信仰的范畴，而关注人本身。在马良骏的解释下，“卡费尔”一词不能简单等同于“他者”，大多数情况下仅仅指“他者”中为数很少的敌对者。这一区分对于穆斯林正确理解《古兰经》中的“他者”和敌对者、正确处理与非穆斯林的关系具有现实的指导意义。在中国社会转型的时代背景下，马良骏敏锐地看到民族、宗教的命运与国家的命运息息相关。因此，他著书立说阐释伊斯兰思想之主流和正宗，呼

① 马良骏：《考证回教历史》，《回族典藏全书》第 128 册，第 538-539 页。

吁穆斯林大众在坚持正信和正行的同时，正确看待“他者”，加强民族团结、宗教和睦，“增进全国人民之亲爱力，助长全国人民之团结力，一致同心合志，统一建国，永奠和平”。体现出马良骏作为一位宗教家的爱国之心和悲悯情怀。这一思想不仅在当时的社会历史背景下具有积极意义，而且对于穆斯林处理当下的民族宗教关系也具有现实的指导意义。

第五节 论“七十三伙”

“我的教民将分为七十三伙”，这段著名的穆罕默德圣训在穆斯林当中广为流传。它有多个传述版本，据统计，由十多位圣门弟子所传述，被《艾布·达吾德圣训集》《伊本·马哲圣训集》《艾哈迈德圣训集》《哈哲姆圣训集》等十多部圣训集所收录。据《艾布·达吾德圣训集》所载，圣门弟子艾布·胡莱勒传述：“先知说：‘犹太教徒分为七十一伙，基督徒分为七十二伙，我的教民将分为七十三伙。’”（第4596段）据《伊本·马哲圣训集》的一种记载，由奥福·本·马立克传述，穆圣说：“犹太教徒分为七十一伙，一伙入天堂，七十伙入火狱；基督徒分为七十二伙，七十一伙入火狱，一伙入天堂；以掌握穆罕默德性命者（真主）发誓，我的教民定将分为七十三伙，一伙入天堂，七十二伙入火狱。”有人问：“真主的使者啊！他们（入天堂的一伙）是什么人？”他说：“哲玛尔（大众）。”[①]马良骏将“哲玛尔”译为“中正伙”，他在《清真最要志》中完整讲述了一段圣训：

穆圣人曰：“吾之教生后必分七十三伙。其异端七十二伙者，亡后当入火狱；其中正一伙者，亡后当升天堂。”众大贤问曰：“哎，圣人呀！中正伙者何人也？”圣人答曰：“其诚信及言行随我与我之大贤者，乃为中正伙也。”[②]

此外，马良骏在《凯俩姆注疏》中所引的阿拉伯文版本可翻译如下：“以色列的后裔分为七十二伙，而我的教民将分为七十三伙，除一伙外他们皆入火狱。”有人问：“真主的使者啊！是哪一伙？”他说：“他们是坚守我和我的弟子所坚守的人。”[③]伊斯兰史上，仅有个别宗教学者怀疑此圣训传述的可靠性，绝大多数学者认为它是可靠的圣训。此圣训的流传之广，影响之大，想要仅仅通过否定圣训的真实性以解决教派分歧或规避这段圣训带来的教义难题实非上策。最明智的做法还是从圣训的诠释出发，这是历史上众多著名学者的做法。这段圣训如此重要，以至于它几乎成为诸多教义史家治史的基础，他们依据此圣训进行学派的划分。然而，他们在划分伊斯兰学派时方式众多，并没有一种统一的原理和确定的方法。因此很难有哪两个学者就同一划分体系达成共

① 另一传述是“逊尼大众”。
② 马良骏：《清真最要志》，1949 年迪化石印本，《回族典藏全书》第四十二册，第 456 页。
③ 马良骏：《凯俩姆注疏》（تلخيص الكلام），伊犁陕西大寺 1929 年铅印版，第 4 页。

识，而且他们往往会面临这样的难题："七十三伙"是否意味着就是明确的七十三个派别？如果是确定的七十三个派别，那么如何一一列举出来？而且新的思想和派别还在不断产生，这样已经确定的派别加上新出现的派别，就会有七十四伙、七十五伙，甚至更多，这显然超出了圣训所说的七十三伙。

马良骏描述了历史上的教派分歧，他说：

盖吾清真教中，自吾圣人穆罕默德去世之后，惟有（呼兰法引啦什迪乃）四配[①]代圣人掌理。三十年内，众谟民[②]遵教专纯，毫无异端外扰。嗣后递传距圣渐远，人心渐变，以致邪言易入，异端蜂起。如而哩[③]爸爸之末年，即有郝哇勒知[④]及热哇费租[⑤]之异端新生。又如唵拔醒耶（海哩法）默哎谋呢[⑥]之际，有牟而太济兰[⑦]之异端新生。后世历代异端愈多，除中正伙之外，屈计其数，只有七十二伙，皆为异端，各立一帜。[⑧]

这里，马良骏只是为普通读者勾勒了一个教派分歧的粗线条，他在《伊斯兰历史纪要》一书中详细介绍了历代所产生的分歧，笔者在此作一大致转述。穆罕默德在世时，教众中就已经有了不

① 意即四位正统哈里发。
② 即"穆民"。
③ 即"阿里"。
④ 即"哈瓦利吉派"(خوارج)。
⑤ 即"拒绝派"(روافض)。
⑥ 即阿巴斯王朝哈里发马蒙。
⑦ 即"穆尔太齐赖派"。
⑧ 马良骏：《清真最要志》，载《回族典藏全书》第四十二册，第455-456页。

同思想倾向的萌芽，有些被认为是伪信士之所为，有些则是圣门弟子之间的不同意见。穆圣生病期间和去世之后，其弟子之间的意见分歧包括先知立遗嘱的问题，接不接受先知死讯的问题，先知的埋葬之地和遗产问题，甚至是十分重要的伊玛目和继承人的问题。此外，对第三任哈里发奥斯曼执政得失的非议，阿里和圣妻阿伊莎、圣门弟子祖拜尔、泰勒哈之间的“骆驼战役”，阿里和穆阿维叶之争（绥芬战役）等都仅仅被视作宗教推理演绎（إجتهادية）方面的分歧。在正统派看来，他们的目的是纯洁的，都是为了维护宗教。阿里执政末期，哈瓦利吉派对阿里的反叛，以及与之相对的什叶派对阿里的过分推崇形成了对立的两端。阿里之后，围绕伊玛目问题的分歧依然持续。决定论者中的穆尔吉亚派（延迟派）与哈瓦利吉派政见相反，并在信仰和行为的问题上有自己的主张。再传弟子哈桑•巴士里（حسن البصري）的弟子瓦绥勒•本•阿塔（واصل بن عطاء）背离了自己的老师而追随早在圣门弟子时期就已经产生的自由论，并主张“中间位置”（المنزلة بين المنزلتين الفاسق）[1]说，穆尔太齐赖派由此产生并衍生出诸多支派。正统派前辈们（赛莱夫）与穆尔太齐赖派之间就《古兰经》是否被造和真主的属性问题展开争论。艾布•哈桑•艾什尔里（أبو حسن الاشعري，873—941年）和自己穆尔太齐赖派的老师艾布•阿里•朱巴仪（أبو علي الجبائي）

① 所谓“中间位置”是指介于信与不信之间的位置，并不是《古兰经》中所提到的“高处”（اعراف）这样一个介于天堂和火狱之间的临时处所。该派认为犯大罪的穆斯林既不是信士也不是非信士，而是作恶者，后世的归宿是永居火狱。

关于善恶问题发生了一场影响深远的争论，迫使他的老师处于自相矛盾的境地。随后，艾什尔里投向了正统派的前辈，并依照思辨教义学的方法巩固了他们的主张，从此发展出一个以他的名字命名的教义学派——艾什尔里学派。

教派问题如此复杂，划分成了一个难题。这里，我们有必要提及马良骏著述所参考的重要典籍之一，著名教义史家沙赫拉斯坦尼（الشهرستاني，1086—1153 年）的《教派与学派》（الملل والنحل）一书对教派的划分。该书重新归纳并讨论了划分教派的原则和标准，并将各派主张无偏见地表述出来，在教义学史上具有里程碑式的意义。沙赫拉斯坦尼指出，并非所有就某个问题持某种与他人不同观点的人都可以被视为学说的创立者，如果这样的话，派别将不计其数。他在艾什尔里、巴格达迪（الباقدادي，？—1037 年）[1]等前人的基础上提出划分教派的四个主要原则：（1）关于属性以及属性问题中真主的独一性；（2）关于前定和公正；（3）关于许约和警告、名称和律例；（4）关于启示和理智、使者和伊玛目。[2]确定了划分的主要原则之后，沙赫拉斯坦尼依照这些原则将伊斯兰的教派划分为四大派：盖德里（自由论）派、属性论派(الصفاتية)、哈瓦利吉派和什叶派。其他诸多派别都是这四大基本派别相互融合，然后从每一大派中分出的支派，这些支派总数达到七十三派。

① 巴格达迪（？-1037 年），全名艾布·曼苏尔·阿卜杜勒·噶希尔·本·塔黑尔·巴格达迪（أبو منصور عبد القاهر بن طاهر الباقدادي），艾什尔里学派著名教义学家和教义史家。

② 沙赫拉斯坦尼：《教派与学派》（الملل والنحل），马正峰译，未版。

值得关注的是，以上所述的四个大的原则所涉及的教义问题，也成为马良骏在其《大辑要》《凯俩姆注疏》《教义学述要》等教义学著作中所探讨的主要问题。并且马良骏在论述这些问题时突出了被沙赫拉斯坦尼忽略的马图里迪学派的主张，并与艾什尔里学派、穆尔太齐赖派和哈瓦利吉派的思想进行对比研究。在《凯俩姆注疏》中，马良骏对有关“七十三伙”的圣训进行了详细阐述，他继承了安萨里、沙赫拉斯坦尼、塔夫塔扎尼等学者的基本精神，结合现实情况从以下几个方面展开论述：

第一，这一圣训是可靠无疑的，它不仅在传述系统上是可靠的，而且也不违背《古兰经》的精神，它与《古兰经》以下两节经文所表达的精神是一脉相承的：“分离自己的宗教而各成宗派的人，你与他们毫无关系；他们的事，只归真主。然后，他将把他们的行为告诉他们。”（6∶159）“你们不要像那样的人：在明证降临之后，自己分裂……”（3∶105）《百达维经注》等多种经注在注释上述第一节经文时都引用了“七十三伙”的圣训。圣训的主旨是要告诫穆斯林在原则的问题上不要起纷争。

第二，圣训中“我的教民（أمّتي）”指的是“已响应的教民”（أمّة الإجابة），而不是“被号召的教民”（أمّة الدعوة）。伊斯兰传统认为，真主在每个时代派遣的使者都有自己的教民，即他那个时代的民众。穆罕默德被视为人类的最后一位使者，故自他被派遣为使者起，他便号召所有人信奉自己的宗教，故所有的人都是“被号召的教民”，响应他的号召而成为穆斯林的人则被称为“已响应的教民”。马良骏指出，这段圣训中所说的“我的教民”指的是“已响应的教民”。因此，“七十三伙”指的是穆斯林的派别，而非所有宗教信仰者的派别。首先，如果是所有宗教的信仰者，其数量已远远超出了七十三伙。其次，凡圣训中出现的“我的教民”这种表述，一般都是指穆斯林而言。

第三，对于“七十三伙”如何划分的问题，有人会认为圣训中所提到的像“七十三伙”这样的数字都是笼统的说法，而非是确定的数量。它只是圣人为鼓励或警告人所使用的一种措辞。然而，这一主张在安萨里等传统学者看来，并不符合圣人的身份和人格，圣人不会为了鼓励或警告人而说谎或使用权宜之计。圣人不会随意而言，他的每一句话、每一个用词皆有其智慧和深意，尽管常人无法全然知晓。马良骏采用了按照原理问题划分派别的方式，这种方式避免了派别划分时没有头绪的困扰。但他并未使用前述沙赫拉斯坦尼的划分，而是采用了后期艾什尔里学派著名学者塔夫塔扎尼的教义学名著《〈教义学之目〉注释》(شرح المقاصد)的划分方式，将除逊尼大众派（正统派）之外的七十二伙从原理上划分为七个大的派别：穆尔太齐赖派、决定论派、什叶派、哈瓦利吉派、穆尔吉亚派（المرجئية)、奈扎勒派（النجّارية)、相似论派（المشبهة)，这些派别又分成若干子派，最后达到七十二派。其中穆尔太齐赖派分为二十个子派，什叶派分为二十二个子派，哈瓦利吉派分为二十个子派，穆尔吉亚派分为五个子派，奈扎勒派分为三个子派，决定论派与相似论派是两派，共七十二派。

第四，圣训中最容易引起矛盾和纷争的一句是“除一伙外其余都入火狱”，马良骏从正统教义学的角度对此问题给予清晰的解读，表现出极大的教派宽容。这一点或许也是正统派之所以能够成为穆斯林的主流信仰的原因之一。首先，马良骏指出，“其余都入火狱”指的是仅仅进入火狱，而非永居火狱。因为按照正统派的公议，只要没有否认宗教的必定事项的信士，都不会永居火狱，真正的信士不会永居火狱，包括穆尔太齐赖派和决定论派等被规定为异端的派别。这些派别会因为他们的异端信仰而进入火狱，但不会永居其中，经过火狱的惩罚之后最终还会进入天堂。正统派因坚守圣人和圣门弟子所坚守的正统信仰，故不会因信仰问题遭受火狱的惩罚。其次，如前所述，马良骏在信仰与行为之间作出了区分，正统派的穆斯林虽不会因信仰而进入火狱，但他们在行为上可能会犯下罪恶，例如行为上没有遵守真主的命令或违反了真主的禁令，也要遭受火狱的惩罚，但惩罚过后仍进入天堂。其他异端派的穆斯林在行为上也是同样，是否因行为而进入火狱受罚视其善功而定，与信仰的赏罚要区别开来。因此，圣训中的“除一伙外”这样的排除语突出的仅仅是因正确的信仰而免于火狱惩罚的人，未谈及行为问题。至于进入天堂以后，在天堂中享受的等级则依据个人所行的善功而定。马良骏还指出，真主是仁慈的，他或许会对某个人施恩而宽恕其罪恶，使他不受惩罚；或许会秉持公正而惩罚某个人。

第五，并非所有的分歧都是灾难。马良骏引述了另一段圣训："我的教民的分歧是（真主的）恩慈。"在他看来，这段圣训与前述的圣训在字面意思上看似存在矛盾，实际上没有丝毫矛盾。在《大辑要》的前言中，马良骏写道：

他（真主）使原理的分歧成为罪过，使细则的分歧成为恩慈。他以其使者之口说："我的教民将分为七十三伙，除一伙外，其余都入火狱。"又说："我的教民的分歧是（真主的）恩慈。"前一段圣训中的分歧是指原理与信仰方面的分歧，后一段圣训中的分歧是指细则与践行方面的分歧。①

穆斯林学者一般认为，"原理"（الأصول）涉及宗教的认知和信仰领域，需要通过思考和推断获得，如认识真主及其属性，认识众使者及其证据等问题。"细则"（الفروع）涉及宗教的行为和功修领域，需要通过类比和剖析获得，如礼拜、斋戒等宗教功修的律例仪轨。原理是教义学的主题，细则是教法学的主题。因此，在马良骏看来，这两段圣训的视角不同，前者着眼于教义方面，后者着眼于教法方面。围绕原理产生的分歧是灾难，围绕细则产生的分歧就是恩慈。

① 马良骏：《大辑要》，迪化宽巷寺 1940 年油印本，第 2 页。

这一坚持统一而又包容多元的教派观，成为马良骏看待并处理教派问题的指导思想。马良骏生活的清末民国之际，中国穆斯林的教派分歧和争端正盛。他因为自身的一些经历，深知不必要的教派纷争所带来的灾难。的确，按照以上的教派观来看，当时中国的诸多教派之间的分歧不仅算不上是原理上的分歧，甚至也不是教法学派之间细则上的分歧，因为他们基本都属于哈乃斐—马图里迪学派。中国伊斯兰教历史上，无论是在教派分化以前格底目内部的古行与新行之争，还是教派分化以后对诸多问题的争论，大多数分歧都只是同一学派内部在宗教践行方面更加细枝末节的问题，还上升不到原理的问题，甚至大多数分歧只是地域和习俗的差异。之所以会产生纠纷，要么是误将细则方面的分歧过度夸大，本末倒置，要么牵涉到了世俗利益的纷争。

马良骏任新疆监察史和新疆回族穆斯林总教长期间，在化解不同教派的纠纷过程中充分体现出一位学者的仁德、睿智和包容。此处仅举一例：1948年，乾德县某村一位伊赫瓦尼派穆斯林去世，因殡礼的仪式问题引起伊赫瓦尼和格底目两派的矛盾。格底目派在埋葬亡人时坚持传统的“转经”仪式，而新兴的伊赫瓦尼派则改为“转钱”，死者家属受到某县参议权势的威慑，没能按照伊赫瓦尼派仪式举行，随即引起矛盾。马良骏得知此事后，立即以新疆监察史的名义去函嘱咐当地县长：“关于亡人埋葬仪式，随着亡人归真前的意志办，个别人不要固执。”[1]县长接函后妥善处理了教派矛盾。事后，马良骏还派出新疆回文会监事和青海同乡会理事长前往乾德县安抚两派群众。

第六节 正统观念

马良骏所说的“中正伙”即正统派，按照前述圣训的解释，所谓正统派就是坚持圣人和圣门弟子道路的人。那么，正统的根源就是圣人和圣门弟子，他们的道路自古至今一直是伊斯兰思想的轴心和主线，而异端派只是在不同时代从此主线上分离出去的人。正如穆罕默德当时在地上画了一条直线，然后在直线的两侧画出不同的分支所表示的那样。在宗教的主流看来，伊斯兰历史上产生的第一个异端派别被认为是哈瓦利吉派，他们因反叛阿里而分离。在哈瓦利吉派产生之前，圣门弟子之间的分歧甚至是战争都是存在的。但马良骏指出，按照正统派的主张，在哈瓦利吉派产生之前，圣门弟子之间发生的分歧和战争，如迁士和辅士有关穆圣继承人的分歧、人们对奥斯曼执政时期一些做法的非议、阿里和阿伊莎、祖拜尔的“骆驼战役”、阿里和穆阿维叶的“绥芬战役”等等，分歧的任何一方都不应被视作是异端。马良骏在《伊斯兰历史纪要》的前言中说：

① 马生荣：《马良骏大阿訇二三事》，转引自樊前锋：《马良骏传》，第159页。

须知，阿里（愿主喜悦他）执政时期，迁士和辅士等圣门弟子之间发生的许多战争和事件，如骆驼战役、绥芬战役等，并不导致他们迷误和作恶。因为，那是缘于他们推理演绎（إجتهاد）的错误，并非缘于争权夺利，他们是宗教的旗帜。在推断性的问题里推理演绎的错误并不是迷误和作恶，因为穆圣说："当有人提起我的弟子时，你们缄默。"因此，可靠的学者大多数主张，在奥斯曼、阿里（愿主喜悦他俩）的风波产生之前所有圣门弟子都是公正的，之后同样如此。因为穆圣说："我的圣门弟子犹如繁星，你们跟随他们任何一人，便可得正道。"正统派定信一切圣门弟子的纯洁，并且赞颂他们。[①]

马良骏对圣门弟子的功过是非做了进一步澄清。第一，正统派应该提及所有圣门弟子好的方面，禁止诽谤任何圣门弟子，诽谤他们的人是异端。第二，围绕阿里发生的所有分歧，真理都在阿里的一方，与阿里对立的圣门弟子只是在推理演绎上出现错误，按照圣训的传述，学者在教律上的推理演绎，对了可得两份回赐，错了可得一份回赐。与阿里作战的圣妻阿伊莎、圣门弟子祖拜尔和泰勒哈在战争结束前都已认识到自己的错误并且悔过。第三，面对阿里和穆阿维叶之间的纷争，所有的圣门弟子分为了三个阵营：一些人认为真理在阿里一方，从而与他并肩作战；一些人认为真理在穆阿维叶一方，从而与之并肩作战；还有很多人持中立

① 马良骏：《伊斯兰历史纪要》，伊犁 1928 年石印本，第 3 页。

态度，远离二者的纷争。所有的这三类圣门弟子都被认为是公正的和尊贵的。[①]并且皆被视为正统派的先驱。

哈瓦利吉派在不断的政治斗争过程中逐渐形成了自己的教义主张，除哈里发继承权的问题之外，最重要的就是信仰与行为的关系问题。在这一问题上他们与自己的论敌、产生于8世纪上半叶的穆尔吉亚派（المرجئة）针锋相对。哈瓦利吉派认为身体力行是信仰必不可少的要素，没有做到身体力行或是犯了大罪的人都将成为不信道者，可以将他们赶尽杀绝。这种极端的信条引起了穆尔吉亚派的强烈反对，他们走上了另一个极端，认为行为与信仰毫无关系，视宗教功修为无关紧要，罪恶丝毫不会影响人的信仰。并且主张人无权评说今世的功过，只能推迟到末日审判时交由真主裁决。与此同时，前定与自由的问题引发的自由论派和决定论派的争论也愈演愈烈。在马良骏看来，正统派依然是介于二种立场之间的大多数，包括据理力争的前辈（سلف）学者和民众中沉默的大多数。

到阿巴斯王朝初期，从自由论派蜕变而来的穆尔太齐赖派在伊斯兰教义学史上影响巨大。他们了脱离正统派前辈哈桑·巴士里的讲席，并与艾布·哈尼法、艾哈迈德·罕百里等为代表的正统派前辈学者分道扬镳。穆尔太齐赖派自产生以来，就成为正统派学者最主要的论战对手，从中世纪伊斯兰教义学著作中我们便

① 参见马良骏：《大辑要》，第97页。

可发现，大多数论题都是对穆尔太齐赖派做出的回应。原属穆尔太齐赖派的学者艾什尔里倒向了正统派前辈，以教义学的方法巩固正统派的主张。穆尔太齐赖派最终失去统治者的支持而走向衰落。经过艾什尔里及其追随者的努力，逐渐形成了逊尼大众派（正统派）中影响最大的学派——艾什尔里派，并一直影响至今。

马良骏还着重梳理了中国穆斯林所追随的正统派的另一个学派——马图里迪学派，它源自“大伊玛目”艾布·哈尼法。在艾布·哈尼法等前辈时代（9世纪之前），伊斯兰的学科并未分化，教法问题和教义问题被融在一起，统称为“费格海”（الفقه），意为对宗教的“理解”和“参悟”。因此，艾布·哈尼法、艾哈迈德·本·罕百里等前辈学者不仅是教法学家，也是教义学家，同时也是研究《古兰经》诠释和圣训学的学者。至艾什尔里时代，教法学和教义学才真正形成各自的学科体系。马图里迪和艾什尔里差不多是同时代的学者，全名艾布·曼苏尔·马图里迪（أبو منصور الماتريدي，约852—944年）[①]，是当时著名的教义学家、经注学家、圣训学家、教法学家，属艾布·哈尼法的第五代嫡传弟子，他全面继承了艾布·哈尼法思想和治学方法。马良骏在其《大辑要》中梳理了马图里迪的师承谱系，经由艾布·哈尼法上溯至著名圣门弟子伊本·麦斯欧德（ابن مسعود），可谓正统派由先知穆罕默德及其弟子一直到马图里迪一脉相承的谱系之一。马良骏所述的谱系如下：

① 国内学界有关马图里迪的生平著述及思想的研究，本书之前已有综述。

艾布·曼苏尔·马图里迪（ابي منصور الماتريدي رحمه الله）→艾布·拉德里·阿巴迪（ابو ردل العبادي）→艾布·伯克尔·祝尔扎尼（ابي بكر الجرجاني）→艾布·素莱曼·祝尔扎尼（ابي سليمان الجرجاني）→艾布·优素福（ابو يوسف）和穆罕默德·谢巴尼（محمد بن الحسن بن زفر الشيباني）→艾布·哈尼法（الامام الاعظم ابوحنيفة نعمان）→哈玛德（الامام حماد）→易卜拉欣·奈赫尔（ابراهيم النخعي）→尔里盖麦（علقمة بن قيس ابو شبل النخعي الكوفي）→伊本·麦斯欧德（ابن مسعود رضي الله عنه）→先知穆罕默德①

除此谱系之外，马良骏在论述艾布·哈尼法的生平时还提到，他曾受教于三位圣门弟子，这三位分别是艾乃斯·本·马立克、拉斐尔·本·海迪哲和阿卜杜拉·本·哲里尔。因此，艾布·哈尼法当属圣门再传弟子。至此，马良骏在不同著作中所零碎梳理的正统派源流已基本清楚了。马良骏说，逊尼大众派（正统派）在教义上有艾什尔里和马图里迪两个学派，在教法上有哈乃斐、沙斐仪、马立克和罕百里四个学派。同时指出，沙斐仪教法学派与艾什尔里教义学派有着天然的亲缘关系，教法上追随沙斐仪派的人在教义上一般都追随艾什尔里学派，而在教法上追随哈乃斐派的人在教义上一般都追随马图里迪学派。

马良骏在梳理正统派源流的同时，也澄清了正统派对一些重要原理问题所持的立场。马良骏依照传统，将正统派的历史发展分为两个阶段：前辈（سلف）和后辈（خلف）。前辈即圣门弟子、再

① 参见马良骏：《大辑要》，第 119 页。

传弟子和三传弟子共三代人，在他们之后的就是后辈。在马良骏看来，前辈和后辈在重要的原理问题上的立场一脉相承，后辈继承了前辈的信仰原理并用思辨教义学的方法加以巩固。

第一，正统派的前辈在哈里发和圣门弟子问题上秉持中正，其立场介于过与不及之间，即介于哈瓦利吉派和什叶派之间，哈瓦利吉派反叛并杀害阿里，什叶派过度推崇阿里而诽谤与阿里分歧的圣门弟子。正统派前辈在信仰与行为、前定与自由问题上同样秉持中正，在第一个问题上介于哈瓦利吉派和穆尔吉亚派之间，在第二个问题上介于自由论派和决定论派之间。这些信仰原理都被后辈学者所继承并加以论证。

第二，正统派与穆尔太齐赖派争论的问题除了信仰与行为、前定与自由等问题的延续之外，还有真主的属性问题。穆尔太齐赖派否定真主的属性，正统派的前辈肯定真主的属性，故正统派是属性论者，而穆尔太齐赖派则被称为否定属性论者。

第三，与真主的属性问题密切相关的，就是对隐微经文（المتشابهات）[①]的诠释问题。马良骏在澄清这一问题上着墨颇多。

① 本义为意思不清楚、含糊的，有些经文或圣训，人无法直接通过其字面而知道其所指，例如《古兰经》有些章首的几个字母、使用修辞的经文、字面表述将真主与被造物相比拟的经训。依照正统派的主张，大多数经文是字面意思清楚的，应当依字面而解释；但隐微经训都不可按其字面进行解释，而要取其诠释义，因为有断然的证据表明其字面并不符合宗教的基本原理。这里需要区分内学派与苏非学的解释，内学派认为经典的明文都不可依字面而解释，而苏非学者恰恰是严格依照字面对某些经训的内在隐义进行诠释的。

对于真主的 al-wajh（الوجه）[1]、al-yadayn（اليدين）[2]，以及“至仁主升上了阿而实”(20∶5)等字面上涉及拟人化描述的隐微的经文和圣训应该如何理解，这在马良骏看来是关键的原理性问题。马良骏从经典诠释的角度围绕《古兰经》第三章第七节经文对正统派的立场展开阐述:“他降示你这部经典，其中有许多明确的经文，是全经的基本；还有别的许多隐微的经文。心存邪念的人，遵从隐微的经文，企图淆惑人心，探求经义的究竟。只有真主和知识坚固的人[3]，才知道经义的究竟……”（3∶7）所谓“全经的基本”就是理解经文的原理。这节经文有两种句读（停顿）方式，按第一种停顿方式的意思是“只有真主知道经义的究竟”，按照第二种停顿方式的意思是“只有真主和知识坚固的人知道经义的究竟”。前者证明大多数前辈的主张，后者证明大多数后辈的主张。

由此，马良骏指出，正统派对隐微经文和圣训的诠释有两种方式：一种是具体性诠释（تأويل التفصيلي），也叫指定性诠释（تأويل التعييني）；另一种是总体性诠释（تأويل الإجمالي），也叫交付性诠释（تأويل التفويضي）。

须知，字面意思使人想到真主（与被造物）之相似性的经文和圣训，正统派中的一类学者对之进行了具体的诠释，即他们否

① 字面意思是“脸”。

② 字面意思是“双手”。

③ “知识坚固的人”马坚译本为“学问精通的人”。据《百达维经注》解释，这些人是在知识中坚定并精通的人。另据《哲俩来尼经注》的旁注本《萨维经注》解释，“知识坚固的人”应具备四个特征：敬畏真主，谦恭待人，淡泊尘世，克己修身。

定其字面意义，阐明并指定了其所指的含义。另一类学者将其意义交付（给真主）[①]，即他们对之进行了总体性诠释，他们否定其字面意义，但不指定其所指的含义，然后将其所指的含义交付给真主的知识。前者是正统派中后辈的方式……后者是正统派中前辈的方式。[②]

马良骏指出，前辈的方式最安全，它避免了某种独断的解释。而后辈的方式则更为稳妥，最大程度上避免了用被造物的属性描述真主。例如，对于“至仁主已升上了阿而什”[③]这节经文，前辈认为真主有我们所不知道的一种“升上”的属性，这一属性是真实的，但绝不是像物体所具有的“升上”属性。真主最知道其所指，只是人不知道罢了。马利克·本·艾奈斯、艾哈迈德·本·罕百里、苏富扬·扫勒、达吾德·本·阿里·艾斯法罕尼等前辈学者皆持这样的观点，他们不做诠释，同时也反对真主与被造物的相似论。后辈学者则给出了一种可能的解释，将经文中“升上”诠释为掌管，这是阿拉伯语常用的修辞手法[④]。

马良骏认为这两种诠释方式不仅没有矛盾，而且是一脉相承的。二者的共同原理是隐微经文中诸如“手”“脸”和“升上”“来临”等表述都不取其字面意思，而是要否定字面意思，转向

① 即其最终意义只有真主知道。
② 马良骏：《教义学述要》(المضبط العظيم)，上海穆民经书社，1958 年，第 155-156 页。
③ “阿而什”字面意思为宝座，在伊斯兰传统中指最高的天层，即宇宙的最外层。
④ 汉语中也有这种用法，如“某人上台了”，意即掌握了权力。

其引申义或诠释义，因为字面意思不符合真主的超越性原理。两种诠释方式的不同仅仅在于前辈转向了一种超越性、不可知性的诠释义，而后辈则转向了一种超越性、推测性的诠释义。

对教派问题持普遍宽容态度的马良骏唯独在此问题上对近代兴起的瓦哈比派展开严厉批评。他在《阐明内志新派之源流》中指出，瓦哈比派以经文“只有真主知道经义的究竟”为证据，自称奉行前辈的信仰，但实际上他们的信仰与前辈的信仰有本质的区别。他们不否定隐微经文的字面意思，既不像后辈学者那样接受具体性、指定性诠释义，也不像前辈学者那样接受其总体性、交付性诠释义。因此，他们不免要被迫肯定隐微经文的表面意思之所指而沦为形体论者和拟人论者。马良骏指出，瓦哈比派的缘起是哈瓦利吉派，他们将身体力行作为信仰必不可少的要素，妄断他人为悖信或异端，他们最终不免落于形体论（المجسّمة）和拟人论（المشبّهة）。马良骏著《阐明内志新派之源流》意在提醒中国穆斯林警惕瓦哈比派的传播带来的纷争，号召他那个时代的学者坚定立场，不要青睐瓦哈比学说。他说：“更让人惊讶的是，我们国家的有些人从麦加朝觐回国后，当有人问及瓦哈比派的宗教时，他们却回答说‘好’。甚至有人认为瓦哈比派是最好的，他们的证据是瓦哈比派使道路安宁，并很好的治理了国家。我说：这个回答真是答非所问，南辕北辙，因为过去大多数非穆斯林国王在管理国家事务中比他们更优秀，而那无关他们的宗教。”[1]

马良骏进一步指出，有人将瓦哈比派与罕百里派混为一谈，甚至主张瓦哈比派的许多主张是来源于伊本·罕百里，这是对罕百里的污蔑。的确，罕百里学派有些后辈学者超越了前辈的界限，违背了前辈的信仰，他们主张隐微经文所表述的属性必须按照其字面进行理解，不应该进行诠释，从而深陷于形体论和相似论的泥沼。但这只是罕百里派中所分化出来的部分学者，而伊玛目罕百里所坚持的是真正的正统派前辈的信仰（虽是属于一种保守的倾向），与这些学者毫无关系。

① 马良骏：《阐明内志新派之源流》，第10页。

第四章 认识论

在伊斯兰教义学史上，马图里迪（约卒于944年）是第一位研究和探讨认识论的逊尼派学者，他的《认一论》（كتاب التوحيد）以认识论开篇，在此基础上建立经典与理性兼容的教义理论体系，成为后来教义学者在教义论著中的典范。依照教义学家的惯例，在教义学的认识论部分一般要讨论人类知识的本性及其可能性，知识的种类和来源，正确和错误的推理（后期教义学改为逻辑学部分）等。论及知识的来源大致分为三种[①]：健全的感觉、真实的传述和理性。感觉包括听、观、闻、尝、触；真实的传述包括众传（普遍的传闻）和以奇迹为支持的使者的传述。[②]至于知识的确定性，正确的感性知识是具备确定性的，如人所感触到火的热，所见证到的某物的存在；但感官有时会误导人，如眼睛所看到的月亮比所有星星大。众传的知识即历史和地理的一般事实（历史上有秦始皇），作为一种普遍的传闻不可能是传闻者的集体谎言，因此是必然的知识。同样以奇迹为支持的使者的传述也被认为是必然的，否则启示的真实性就会存在问题，因为使者所传述的就

① 这种划分方式只是教义学家的惯例，并非人类认识的所有途径。

② 参见《教典诠释》，马坚译，中国伊斯兰教协会编，1988年，第6-15页。笔者对个别术语有所改动。

是启示，正如《古兰经》说：“他未随私欲而言，这只是他所受的启示。”（53：3—4）理性知识有的是直观自明的，如 3 大于 2；有些是以必然的知识为前提推理出来的，凡是在必然知识的基础上按照正确的逻辑规则所推理出的知识都是必然的。

马良骏对认识论的研究主要围绕着“理智”这一概念以及对启示与理性关系的讨论而展开。启示和理性的关系问题无论是在伊斯兰教还是基督教思想史上都是一个古老而又崭新的话题。正如阿尔伯雷（A.J.Arberry）教授在 1956 年的福伍德讲座上说：“启示和理性的关系问题是人类思想史上最重要并且影响最深远的话题之一。尽管两千多年来对这个话题的争论从未停止过，并且无数已经沉寂或几近沉寂的、形而上学和神学的书卷上都覆满了尘土，但它似乎永不失去其魅力与新鲜感。”[①]对理性与启示关系的论述自然也成为马良骏著述的重要内容之一，他不仅以一种穆斯林学者特有的视角勾勒哲学的起源和发展脉络，同时又进一步讨论了理性学科在伊斯兰思想史尤其是教义学发展中的地位，并且站在马图里迪教义学认识论的立场上细致论述了他对启示与理智关系的看法。

第一节 概念辨析

马良骏在《教义学述要》中详细解释了启示和理智这两个概

① Ian Richard Netton, *Islamic Philosophy and Theology*,Volume II , Routledge,2007,p.1.

念，它们分别代表什么，又各自具有哪些种类，这是讨论二者关系的前提和准备。

一、启示

在伊斯兰传统中，与启示相关的概念有“启示”（وحی)、“传闻”（سمع)、“道”（شرع）和“传授”（نقل)。“启示”（وحی）一词强调真主通过天使对先知的传授；“传闻”（سمع）一词的本义是听闻，强调启示的来源和渠道，即听闻自天使和先知；“道”（شرع）一词本意为“通往水源的道路”，强调启示的性质和内容，即真主通过先知带来的道路和教化；“传授”（نقل）一词与“传闻”类似，表示人们所获得的天启知识是通过先知的传述，而非自身理性的获取。“传闻”（سمع)、“道”（شرع）和“传授”（نقل）这三个词一般都与理性相对使用，代表启示。如无特殊语境，本书在讨论二者关系时统一使用“启示”一词。

马良骏讨论了启示和默示（灵感，إلهام）的关系，他指出，真主对人的默示就是他不通过任何媒介而直接昭示在人心中的意义和灵感。默示有时是在清醒状态下，就像真主对先知穆萨（摩西）母亲的默示，《古兰经》云：“当时，我给你母亲以应有的启示：你把他放在一个箱子里，然后把那个箱子放在河里……”（20：38-39）有时是在睡梦中，正如真主在先知伊布拉欣（亚伯拉罕）的梦中默示他宰子献牲。默示并不仅仅针对先知，有时也针对贤哲（卧里）、教法演绎家，甚至是谨守善功的善人。启示则仅仅针对先知而言，有时以天使为媒介，有时则不以天使为媒介（如果对先知的默示也算作启示的话）。因此，一般而言启示有三种形式：第一种是通过天使之口传入先知之耳的，例如《古兰经》的经文；第二种是通过天使的指示而不通过语言显现在先知心中的意义，然后先知用自己的话表述出来，这就是圣训；第三种就是真主对先知的直接默示。因此在宗教上，《古兰经》被认为是被诵念的启示，圣训则是不被诵念的启示。在教义学家看来，通过以上三种启示所获得的都是确定性知识，既是先知自己获得知识的途径和依据，也是普通信众获得知识的途径和依据。而卧里（贤哲）的默示或灵感并不是除他们之外的普通大众获得知识的依据，只是他们自身知识的依据，他们可以遵行，但普通大众不能遵行。据马良骏解释，教义学家说“默示（灵感）不是认识事物的正确性的因素”是针对除先知之外的卧里（贤哲）的默示（灵感），意即不能用他们的默示（灵感）判断宗教律例，无论是信仰的律例还是行为的律例。至于先知的默示实际上就是启示的一种，它自然是认识事物正确性的因素，无论先知自己还是普通信众都要遵行。

宗教学者对于先知是否会遵循自己的意见和推理持有不同主张。有人认为先知只有启示，不可能会出现错误的个人意见。因为《古兰经》说：“他未随私欲而言，这只是他所受的启示。”（53：3-4）也有人认为，先知有时也遵行自己的意见和推理。马良骏的选择是后一种主张，他解释道，先知遇事须等待启示，等待一段时间之后未见启示，当他担心错过这件事时，便暂且遵循自己的意见。之后如果真主通过启示许可他这么做，他的意见自然就是启示了，如果不许可，就会有启示对他进行纠正，因此不会导致先知遵循错误的意见。先知遵循自己的意见的例子在圣训中多有记载。

二、理智

伊斯兰术语中的 ‘aql（عقل）是一个复杂的概念，尤其是在安萨里以后，它与启示和理性都密切相关。在阿拉伯语中，‘aql（عقل）一词的词根分别由 ‘（ع）、q(ق)、l(ل) 三个字母组成，其本意是栓绑、捆缚、联结，它意味着理智将人和真理及其根源相联结。[①]在穆斯林逍遥学派哲学家那里，一方面，理智被视为完全与质料和潜在性相分离的实体，甚至创造活动就是理智活动。从第一存在者中流溢出的第一个事物是第一理智，它能够思考其作者和其自身。它通过思考其作者而生成第二理智，通过思考自身而生成最外层天体（阿而什）[②]。第二理智通过思考其作者而生成第三理智，通过思考其自身而生成恒星天（库而西）。由此连续产生第四、第五、第六、第七、第八、第九和第十理智，以及相对应的土星天、木星天、火星天、太阳天、金星天、水星天和月球天。宇宙理智的序列终结于第十理智，而天层序列则终结于月球天，众天

① Sayyed Hossein Nasr, *Islamic Philosophy: from Its Origin to the Present,* State University of New York Press, 1996.

② 这是法拉比的流溢论，在伊本·西那（阿维森纳）那里是流溢出了最外层天的灵魂和形体，以下皆同。

体的圆周运动被这些宇宙理智永恒决定。月球天之下的世界（下界）是受能动理智作用的场所，下界事物的形式或灵魂是由能动理智提供的。能动理智流溢出月下世界一切事物的形式（灵魂），使其与质料（身体）相结合，当下界事物消亡时又将形式（灵魂）收回到自身。能动理智还被视为人类心灵的照明者（illuminator），在人的认识过程中使心灵能够从事物中抽象出与质料相结合的形式（即作为本质形式的共相）。另一方面，就人而言，理智被视为人类灵魂的特有功能，以区别于植物灵魂和动物灵魂。

然而，在安萨里以来的宗教学者那里，理智（عقل）、精神（روح）、灵魂/自我（نفس）、心（قلب）这四个概念被认为在本质上指示同一个实体，但所指的侧重点不同，对此本书在第八章还将进行讨论。在苏非文献中还存在大量的词汇和术语被用以描述人的内在维度，但这并不意味着它们是一些彼此独立的实在或实体。相反，苏非学者认为，所有这些指示的是同一个实在，但这个实在具有不同的层次、角度和方面，故可用不同的词语来描绘。[1]尤其是在后期伊斯兰思想传统中，‘aql（عقل）既可以指理智，也可以指理性，在具体的使用中需要区分这两种含义。理智相当于英语中的Intellect，而理性则相当于英语中的Reason，它专指灵魂所具备的推理和思辨能力。安萨里首先区分了理智的两个面向：一个是主动获取的面向，即理性思辨；另一个是被动接受的面向，即灵感

① 王希：《〈天方性理〉的心性论及其思想来源》，《世界宗教研究》2021 年第 3 期。

或直观，等同于上文所说的默示。因此在后期伊斯兰哲学中，理智包括理性（reason，عقل فكري）和直观（intuition，الفراسة）两种能力，前者是哲学和教义学上所说的以概念和推理的方法获得普遍性知识的能力，后者是苏非学上所说的直观揭示（كشف و شهود）。据马良骏解释，这种直观揭示是真主投入人心中的光，即突然扑向并稳定在心中的一念，就像狮子忽然扑向猎物，这个词就是从“猎物”（الفريسة）一词中派生而来的。这种理智直观往往通过修行而获得。马良骏引述了《提尔米兹圣训集》中由艾布·赛尔德·胡德里所传述的一段圣训：“真主的使者说：‘你们当敬畏（谨防）信士的理智直观（الفراسة），因为他以真主之光而观。’然后使者诵念了‘对于直观者（متوسّمين），此中确有许多迹象。’”[①]（15：75）[②]在马良骏看来，理性思辨和直观揭示在认识的道路上是殊途同归的，哲学家和思辨教义学家走的是第一种道路，苏非修行者走的是第二种道路。关于这一点，将在本书第八章进行讨论。

马良骏介绍了人类灵魂的两种功能，一种是理解（思维活动）的起源，一种是行为的起源。前者被叫做理论理理智（عقل نظري），对于教义学家而言，它受在它之上者（即以自身而存在的必然者）[③]的影响，对于哲学家而言它是受能动理智（العقل الفعال）的影响。灵

① 马坚译本为“对于能考察者，此中确有许多迹象。”根据这节圣训的解释，经文中的“متوسّمين”当指获得理智直观的人，故此处译为“直观者”。

② 马良骏：《教义学述要》，第 183-184 页。

③ 这里指真主。

魂的这种功能是在其自身内完成的，没有外在的影响。后者被称作实践理智（عقل عملي），它对身体产生作用，指导人的行为。对于理论理智，马良骏说：

思维能力有四个层级。灵魂在禀造之初是没有接受到任何知识的，这一阶段或其中的灵魂[①]被称作质料理智（عقل هيولاني），它是对于理解可思之物的一种纯粹的预备（الإستعداد），是一种没有实现的纯粹的潜能。就像婴儿所具有的那样，因为他们在出生的时候只具有这种纯粹的预备，而没有现实的理解力。这种预备是其他动物所不具备的，它之所以被称作质料理智，是因为它就像原初质料（الهيولى الأوّل），即第一微尘（الهباء الاولى），自身不具备一切可接受的形式，例如婴儿天生预备（潜在）的书写能力。然后，当灵魂能够获得必然性知识（即自明的知识）而为推理性的知识做准备时，这一阶段或其中的理智即灵魂就被称作习惯性理智（عقل بالملكة），因为过渡的能力已经形成，就像儿童为学习书写所做的预备。然后，当他能获得推理性的知识，并且每当他想要进行推理，这种能力都能召之即来时，这一阶段或其中的理智就被称作现实理智（عقل بالفعل），因为（这一阶段的）思维能力已经十分近乎行动了，就像想书写的任何时候都能书写的人所具备的能力。然后，当一切推理性知识能被灵魂直接见证和直观时，这一

① 在这里，马良骏显然并未按照逍遥学派的解释认为理智仅是灵魂的功能，而是将理智等同于灵魂，但此处所说的灵魂也并非完全等同于哲学家的灵魂概念，这牵扯到苏非学中独特的灵魂观念，将在本书第八章讨论。

阶段或其中的理智就被称作获得理智（عقل مستفاد），因为人从真主的垂恩（流溢）中直接获得了这一能力。[1]

以上对理智层级的划分实际上是自穆斯林哲学家肯迪经法拉比再到伊本·西那逐步发展完善的一种关于理智的学说，经安萨里等教义学家之手，被教义学家所采纳和改造。法拉比认为，灵魂与肉体的结合使人产生了生而具有的理智，但只是潜在的，不能发挥应有的作用，即“潜能理智”，犹如人的视力。人的理智从可能态到现实态的过渡需要能动理智的作用，后者就像是太阳。潜能理智接受能动理智之光的照明而不断现实化为“现实理智”，这个现实化的过程就是不断从潜在的认识对象中抽象出与质料相结合的形式（包括几何学、伦理学、形而上学知识的第一原理）。人类自身的质料（肉体）这一物质性遮蔽了人的本质，哲学的崇高使命就是要在人的能力限度之内尽可能摆脱物质的束缚，克服感性的不纯因素，从而净化灵魂。这就意味着人要不断将现实理智推向终极，使其逐步进入完成之境，就会达到最高的“获得理智”。这一理智认识无质料的纯形式，即能动理智。按照逍遥学派的认识论原理，认识就是一种同化作用（assimilation），即理智和认识对象之形式的同一，这就意味着这种最高阶段的理智同能动理智合一，从而接近第一本原。伊本·西那继承了这一学说，他认为能动理智是从外面发生作用的，在全人类为一，而潜能理智

① 马良骏：《教义学述要》，第259-260页。

却是因人而异的。马良骏上述理智学说，基本是对伊本·西那理智论进行改造后形成的。但伊本·西那之后的伊本·鲁世德（阿威罗伊）则持理智单一论，他不承认因人而异的潜能理智和能动理智。他认为理智只有一个，每个人的潜能理智看似各别，但实际上对于所有人来说只是一个东西。[1]这个唯一的实体在形成形式方面是能动理性，在一个一个的人那里的受容形式方面就是质料理智（潜能理智）。如果人进行有意识的努力，更深入地进行哲学思考，逐渐克服感性的不纯因素，就有可能达到对一般普遍概念的纯粹直观，个人理智同能动理智就会合一，这被认为是哲学的终极目的，也应该是人类在今世追求的最大幸福，达到这一境界的人是“完人”。这一思想与苏非思想十分相像，但是在苏非思想中并不存在由第一理智到第十理智这样的流溢序列，教义学家和苏非学者都反对“一只能生一”的流溢论原理。在苏非学者那里，被称为第一理智的是穆罕默德精神，他是唯一的理智或灵魂，是一切人和事物的理智或灵魂之源，对此将在本书第八章进行论述。

马良骏指出，第三阶段的理智即习惯性理智是宗教义务的承担者，因为人以它而超越了动物的等级，并获得了理智之光，人以此而能够超越感性认识。但是，习惯性理智在不同个体中产生和持续的时间是不同的。至于在产生上的不同，因为灵魂根据先

① [日]井筒俊彦:《伊斯兰思想历程》，秦惠彬译，今日中国出版社，1992 年，第 155-160 页。

天禀赋的完善的不同而不同，考虑到它和身体的结合程度的不同。身体越协调、越关联实在的“一”，流溢在它上的人性灵魂就越完美清澈、越倾向于善，越容易接受完美的属性，就像擦亮的镜子更能接受光照。反之，灵魂就越浑浊，就像石头无法接受光照。至于在持续上的不同，因为灵魂以其思维能力获得的知识越多，它与完美的流溢之源在各方面的关系就越紧密，他的光就越能流溢在它上，习惯性理智就能更快地过渡到获得理智。

第二节 论哲学与理性学科

在《简明哲学》一书中，马良骏采用了伊本·西那以来的古典学科划分方式[①]，将学科从大的方面分为理论的和实践的两种，理论之学又分为四种：数学、逻辑学、物理学和形而上学（包括神学）。数学包括算术、代数、几何、天文、音律等知识；逻辑学被称作天平之学[②]，人通过它而从已知的概念和判断中获得未知的概念和判断；物理学包括物理、生物（矿物、植物、动物）和医学等相关知识；形而上学是有关存在的知识，在宗教的话语中就是有关真主的知识。实践之学分为三种：伦理学、家政学和政治学。伦理学是关系个人道德修养的知识；家政学是关系到家庭成员的关系与管理的知识；政治学是有关社会公共管理和统治之

① 马良骏间接引用了安萨里《哲学家的宗旨》一书对学科划分的论述。

② 这是安萨里从《古兰经》中采取的一个称谓。

术的知识。我们可以用下表总结：

<table>
<tr><td rowspan="7">学科</td><td rowspan="4">理论的</td><td>数学</td></tr>
<tr><td>物理学</td></tr>
<tr><td>逻辑学</td></tr>
<tr><td>形而上学（神学）</td></tr>
<tr><td rowspan="3">实践的</td><td>伦理学</td></tr>
<tr><td>家政学</td></tr>
<tr><td>政治学</td></tr>
</table>

紧接着马良骏从宗教的角度叙述了哲学在前伊斯兰时期的起源和发展，以及伊斯兰教产生之后对它们的扬弃。在穆斯林的观念中，穆罕默德带来的真主启示播下了伊斯兰文明的种子。在之后的几个世纪中，这颗种子发芽生长，并不断从此前的人类文明中获取滋养，最终成长为伊斯兰文明的参天大树而开花结果。《古兰经》将伊斯兰教表述为对已经变质的旧宗教的更正和如实的刷新。尽管作为最新的启示，它也传承了之前启示的根本信仰及部分仪典。伊斯兰文明是一个文化的综合体，她将早期中东、地中海、波斯等文明吸收、改造和创造性地转变为伊斯兰文明。正如艾拉·拉皮德斯（Ira M. Lapidus）教授在其《伊斯兰社会史》中所说："伊斯兰属于亚欧混血文明，她直接延续了罗马、拜占庭和波斯遗产。伊斯兰整合了那些政治形式、经济生产模式、宗教价值观和家庭结构。伊斯兰教和犹太教、基督教具有共同的概念领

域，而其主要差异是由语言词汇因素和历史文化资料因素导致的。伊斯兰并未改变文明的基本体系甚至是语言、意识形态和身份认同。”[1]

马良骏在书中主要介绍了埃及、希腊—罗马、波斯等地区和民族的文明状况和哲学，以及亚历山大帝国的文明状况。他将这些地区称作哲学的故乡，他们所建立的理性学科影响到了各个地区。他指出，古埃及人以各种知识和文明而备受瞩目，在大洪水之前就诞生了赫尔墨斯学说[2]，之后数字学和字母魔术、凹镜取火和化学知识方面独具特色。亚历山大统治埃及后，以他的名字命名的亚历山大城成为文化和学术的中心。古波斯文明随着亚历山大大帝的征服也传播到地中海地区。在伊斯兰教兴起之前，融合了古希腊、古埃及和古巴比伦等文明成果的亚历山大里亚学派学者的著作就已经被翻译并传播到中东和小亚细亚地区。基督教聂斯托利派在波斯和中亚的传播也带去了希腊哲学和神学。因此，谈到哲学知识，尤以希腊哲学最为著名，以至于似乎一切哲学理性知识都源自他们。他们深入研究了数学、逻辑学、物理学、形而上学、伦理学和政治学等哲学学科[3]。马良骏谈到了他们的传授系统，按照他的叙述，托勒密出生于公元前 130 年，是亚历山大

① Ira M. Lapidus, *A History of Islamic Societies*, Cambridge University Press, 2014, p.23.

② 赫尔墨斯学说被认为是源自古埃及的一种思想学说，其创立者赫尔墨斯·特利斯墨杰斯尼斯（Hernes Trismegistus）并非古希腊神话中的赫尔墨斯神，有穆斯林认为他是古代先知伊德里斯。

③ 学科分化之前这些学科都是哲学研究的内容。

的继承者，亚历山大师从亚里士多德，亚里士多德师从柏拉图，柏拉图师从苏格拉底，苏格拉底的师承可追溯到毕达哥拉斯，毕达哥拉斯的哲学知识继承自先知素莱曼（所罗门）以及《古兰经》中所提到的贤哲鲁格曼[①]，素莱曼和鲁格曼在世俗哲学和宗教知识上都师从先知达吾德（大卫）。[②]

这是穆斯林智识传统中常见的哲学传承谱系，似乎是要为穆斯林继承哲学等理性学科的知识提供一个合理的解释。因为《古兰经》和圣训所一再强调的智慧就是理智的知识，无论是来自思辨理性还是理智直观。一定程度上，智慧就包含在哲学知识当中。具有智慧的哲学知识并非凭空产生的，而是由历代先知所传授。《古兰经》云："他（真主）在他们中派遣一个同族的使者，对他们宣读他的迹象，并且熏陶他们，教授他们天经和智慧。"（3∶164）经文中的天经代表启示知识，智慧代表理智知识。并且据圣训传述："智慧是信士的遗失物，无论在哪里发现，都应当拾起。"《古兰经》又云："他（真主）以智慧赋予他所意欲的人，谁禀赋智慧，谁确已获得许多福利。惟有理智的人才会觉悟。"（2∶269）这些经训都鼓励人使用理智，追求智慧。

马良骏讲道，哲学在伊斯兰文明的早期并未受到关注，尽管第一个王朝倭马亚王朝已经表现出对多种外来文化的吸收，但是

① 有学者认为鲁格曼也是一位先知。

② 马良骏：《大辑要》，第 31 页。

他们的大多数精力还是用在了一个新兴帝国的治理以及与此相关的宗教学科的建立上。阿巴斯王朝统治时期，大约从公元 750 年到 1000 年的二百余年间，大量的哲学和科学著作由古希腊文和古叙利亚文等多种文字翻译为阿拉伯文。大大促进了穆斯林对理性学科的理解，开阔了视野。先后涌现出像法拉比、伊本·西那和伊本·鲁世德等一批对人类文明产生过重要影响的哲学家和学者。然而，在同时代的教义学家看来，这些理性知识中存在与启示明显相悖的主张。于是教义学家在启示和理性之间产生了不同的倾向。以罕百里为代表的学者倒向了启示一方，坚持启示的字面；穆尔太齐赖派倒向了理性一方，坚持以理性为原理。随后产生的艾什尔里学派和马图里迪学派则走了中间道路，力求在理性和启示之间寻求平衡。

如前所述，马良骏区分了早期教义学和后期教义学（哲学教义学），早期教义学运用思辨理性的目的在于护教，他们同对手的论战中多使用辩证、类比和归纳等方法，并未形成一套系统的思想体系。安萨里是一个分水岭式的人物，他将逻辑学引入教义学，目的不仅仅是单纯的护教，而是要建立完整严密的教义学体系。经过安萨里和他之后的拉齐、百达维、奈赛菲、伊吉和塔夫塔扎尼等教义学家的努力，最终建立起了庞大的哲学教义学体系。在教义学发展完善的过程中，逻辑学起到了至关重要的作用。在进一步讨论教义学家对启示和理性关系的论述之前，我们有必要介绍一下马良骏对逻辑学的论述。

第三节 论逻辑学的作用

马良骏对逻辑学的讨论，多是依据卡提比和塔夫塔扎尼等学者的著作，但就其根源来说是来自安萨里和伊本·西那的影响。在《哲学家的宗旨》（*Maqāṣid al-falāsafah*）一书中，安萨里解释了对逻辑学的分类和研究次序：

逻辑学的目的是定义和三段论，以及辨别二者中的正误。其中最重要的目的是三段论，三段论是复合物，因它需要两个前提才能构成，每个前提有主项和谓项，每个主项中有语词——它必须指示意义。无论在现实存在中，还是知识中，想要成就复合物的人，唯有先预备个体和单个的构成部分，就像建造房屋的人需要首先预备木料、砖头、泥土，备好所需的个体和单个的构成部分，然后开始修建。知识也是如此，它要模仿认识对象，因为知识是与认识对象相符的模型，想要认识复合物的人，应当先认识个体。这要求我们先讨论语词以及语词指示意义的方式，然后讨论意义及其分类，然后讨论由主项和谓项复合而成的命题及其分类，然后讨论由两个命题构成的三段论。我们要从两方面讨论三段论，它的质料和它的形式。故此，逻辑学研究包含多个领域。①

① al-Ghazālī, *Maqāṣid al-falāsafah*, Cairo: Dār al-Ma ‘ārif, 1961, p.33. 引文参考了马正峰汉译，未版。

安萨里思想的初衷是要寻求确定性知识，无论这种知识来自思辨理性还是宗教的启示，都应该成为信仰的对象。虽然在安萨里看来，理性有它的界限，尤其是在形而上学领域，它的应用范围是狭窄的，但在理性范围之内，逻辑学被视为一种规则，用于区分正确的定义和三段论及二者中的错误，所以，它能辨别确定性的和不确定的知识。这是安萨里奠基、拉齐正式开创的哲学教义学这门学科的研究者所形成的一种共识。

正如历史学家伊本・赫勒敦（Ibn Khaldūn）所言，早期的思辨教义学家极力反对研究逻辑学，他们提防甚至猛烈地攻击这门学科，禁止对它的教学。后来，经过安萨里和法赫鲁丁・拉齐，学者们才开始对此表示宽容。他们开始研究逻辑学，除了一小帮人，他们固守古人的观点，回避并激烈地反对它[①]。早期教义学的方法论不仅为哲学家所病垢，而且引起寻求确定性知识的安萨里的不满，他认为这些方法是不确定的辩证式论证，许多结论是出于意见，而非必然的理性命题。将逻辑学引入教义学的进程中，安萨里功不可没。《公正的天平》(القسطاس المستقيم)可谓引入逻辑学的前奏，全书通过对话的形式，讲述了《古兰经》中所述的各种"天平"。《古兰经》云："我确已派遣我的众使者，去传我的许多明证，并降示天经和天平，以便人立行公正。"（57∶25）[②]安萨里

① Ibn-Khaldūn, translated by F. Rosenthal, *The Muqaddimah of Ibn Khaldūn*, 2nd edition, 3volumes, London: Routledge and Kegan Paul, 1967, pp.143-144.

② 马坚译本为："我确已派遣我的众使者，去传我的许多明证，并降示天经和公平，以便众人谨守公道。"（57：25）

指出，这里的“天平”并非是物质的量器，而是用以衡量思维的正确的逻辑准则，它们就包含在《古兰经》的启示当中，通过经文所述先知们的言论而体现出来。这些天启的理性原则是规定真理的准则和天平，是获取确定性知识的手段。这样一来，正确的逻辑规则不再仅仅被视为由哲学家所建立的“他者”，而是启示的要求。它们通过历代使者的经典而被传授于人类，是真主赐予全人类衡量认识的准则，只不过以前不同的民族可能对这些逻辑规则的称呼不同而已。这一创举为后期教义学家将逻辑学科纳入教义学之中铺平了道路，“正因安萨里的影响，教义学才具备了严谨的哲学基础，并且日益朝着哲学化的方向发展”[1]。后期集大成的教义学扛鼎之作《格致全经》（المواقف）、《教义学的目的》（شرح المقاصد）和《教典诠释》（شرح العقائد النسفية）都得益于此。逻辑学的引入使得后期教义学家享有实证教义学家（المحققون）之名，马良骏称他们的教义学为“哲学教义学”[2]。

马良骏在《凯俩姆注疏》中专门用一篇总结逻辑学的基本规则[3]。在这篇总结中，他将命题（قضية）分为条件命题（قضية شرطية）

① 王希：《安萨里思想研究》，宗教文化出版社，2016 年，第 126 页。

② 马良骏：《简明哲学》，第 9 页。

③ 马良骏之前，经堂教育中讲授或参考的逻辑学教材有四种，一种是《规则》（*Wazāif*），即刘智“采辑经书目”中的《斡咱一福》（六十廪），是由马格里布学者舍姆斯丁（d.1284）所编写的简明读本，在明末清初的经堂教育中就已经有学者研习此书。全书共总结了 66 条逻辑规则，分为三篇。第一篇 23 条规则讲述简单词项（Mufradāt）；第二篇 29 条规则讲述由词项组合（Murakkbāt）而成的命题；第三篇 14 个规则讲述定义（al-Hadd）和推理（al-Istidlāl），主要是关于三段论的内容。第二种是纳吉姆丁 • 盖兹维尼（نجم الدين القزويني，约 1204-1277）的逻辑学名著《舍姆斯之书》（الشمسية），刘智在《天方性理》的“采辑经书目”中称为“闪洗叶（明理真宗）”。该书是有史以来流传最广的逻辑学

和直言命题（قضية حملية）。条件命题又分为两种：第一种是联结式条件命题（شرطية متصلة），即前后件必然伴随的假言命题；第二种是析取式条件命题（شرطية منفصلة），即不相容选言命题。联结式条件命题分为两种：第一种是前件和后件是必然伴随的，被称作必然联结式条件命题（شرطية متصلة لزومية）。第二种是前件和后件是偶然伴随的，被称作偶然联结式条件命题（شرطية متصلة إتّفاقية）。这一点并不像现代形式逻辑中的充分条件、必要条件和充要条件那样细致地划分。析取式条件命题分为三种：第一种的选言支之间既不能同真也不能同假；第二种的选言支不能同真但可以同假；第三种的选言支不能同假但可同真。第一种和第三种其实就是形式逻辑中的不相容选言命题和相容选言命题。直言命题分为三种：第一种是单称命题（قضية شخصية），它的主项是某一个个体。第二种是模糊命题（قضية مهملة），它的主项是笼统的，没有量词。第三种是量化命题（قضية مسورة），它的主项有量词，量词指示主项的全部或者部分。量化命题又分为四种：全称肯定命题（موجبة كلية）、

读本之一，自 1262 年成书以来，此书几乎是所有伊斯兰经院（Madrasah）中的教科书。第三种是《叶撒五枝》（*Īsāghūjī*，الايساغوجي），历史上的同名著作很多，名称源自波菲利的《〈范畴篇〉导论》（Isagoge）一名，该书被阿布·法拉吉·本·塔伊布（Abu l-Faraj ibn al-Tayyib）译为阿拉伯文，其影响之大，以致于在阿拉伯语中 *Īsāghūjī* 成了“逻辑学”的代名词。经堂教育所使用的《叶撒五枝》应该是法赫鲁丁·拉齐的老师、著名学者阿西尔丁·阿布海里（Athīr al-Dīn al-Abharī，1200-1265 年）的著作，刘智称之为《名理解》。第四种是云南学者马复初所编著的逻辑学简明教材《逻辑学编》（المتسق المنطق），该书基本参照了《规则》的结构，分为三章，第一章用 11 个规则讲述简单语词，第二章用 11 个规则讲述组合物（即命题），第三章用 6 个规则讲述概念和判断。该书对《规则》中过于简略或省略的内容进行了适当的补充。此后马联元对该书进行了详细注释，大量参考和引用了塔夫塔扎尼的《〈舍姆斯〉注释》。

特称肯定命题（موجبة جزئية）、全称否定命题（سالبة كلية）和特称否定命题（سالبة جزئية）。马良骏还总结了量化命题的两种转换方式，一种是对等转换（عكس النظير），即换位法，一种是矛盾转换（عكس النقيض），即换质位法。

马良骏将论证分为简单论证（دليل مفرد）和复合论证（دليل مركب）两种，前者是指通过正确的思考达到认识陈述的目的，后者是由本身必然能推出另一个语词的命题组合而成的语词。复合论证分为演绎（قاس）、类比（تمثيل）和归纳（استقراء）三种。归纳是通过把某种判断确定给部分个体，从而推理出把这种判断确定给整体。类比是通过分析两个个体之间共有的意义，将某种判断确定给一个个体而推理出把这种判断确定给另一个个体。归纳和类比只能产生推测性的知识（意见，ظن），二者都不能被称作证明（دليل برهان）。演绎则不然，它可以产生确定性的知识（علم قطعي），因此被称作证明。[1]

教义学家所说的演绎，实际上就是三段论推理。据马良骏总结，它分为直言推理（قياس اقتراني）和条件推理（قياس استثنائي）。直言推理是通过把某种判断确定给整体，从而推断出把这种判断确定给部分。直言推理分为四种形式：第一种形式的逻辑中项（الحد الوسط）是小前提（الجملة الصغرى）中的谓词（محمول）和大前提（الجملة الكبرى）中的主词（موضوع）。第二种形式的逻辑中项在大前提和小

① 马良骏：《凯俩姆注疏》，第32-35页。

前提中都是谓词。第三种形式的逻辑中项在大前提和小前提中都是主词。第四种形式的逻辑中项是小前提中的主词和大前提中的谓词。安萨里在《公正的天平》所说的“对称天平”（ميزان التعدل）的大、中、小三种形式实际上就是这四种直言三段论。条件推理是为了确定或否定而从条件命题中排除其前件（مقدم）或者后件（تالي），它实际上包括联结式条件推理和析取式条件推理两种。前者是以前后件必然伴随的联结式条件命题为前提的推理，后者是以析取式条件命题为前提的推理。安萨里在《公正的天平》中分别称之为“伴随天平”（ميزان التلازم）和“互斥天平”（ميزان التعاند）[1]。

马良骏嘱咐学生要认真学习逻辑学，尤其是三段论推理的规则，因为“在教义学的许多问题中都需要这些规则，因此后辈的教义学家将逻辑学设置为教义学的组成部分，尽管这门学科是由哲学家建立的。按照这种设置，教义学的问题不能局限在研究真主的本体和属性。这不同于早期教义学家，因为对他们而言教义学的主题就是本体和属性，因此他们并未将逻辑学设置为教义学的一部分。但是受选择的是后辈教义学家的主张，以免尊贵的伊斯兰学科需求他者。”[2]的确，自法赫鲁丁·拉齐以来，逻辑学已经成为教义学著作的重要内容，一般被置于前言或导论部分，作为研究教义学的前提。马良骏此言恰恰指明了逻辑学在后期教义学中的重要意义。

① 参见安萨里：《公正的天平》，王伟译，载《中国穆斯林》2017 年第 2 期至 2018 年第 3 期。

② 马良骏：《凯俩姆注疏》，第 36 页。

实际上，正是因为逻辑学的引入，使得教义学在方法论上逐步摆脱了不确定的辩证论证，朝着哲学化的方向发展。

第四节 论启示和理性关系

教义学对启示和理性关系的论述主要是在一定思想原理的基础上探讨信仰的有效性问题和与此相关的后世拯救问题，以及人的行为善恶问题。马良骏通过对比艾什尔里学派、马图里迪学派和穆尔太齐赖派在这些问题上的不同主张，详细讨论了启示和理性的关系以及基于二者的关系问题所产生的教义学的认识论和方法论背景。

首先，这个问题体现在马良骏对传统上所谓“信仰的条件”的论述中。早在康熙十七年，山东学派著名经师马伯良[①]就在其所编译的《教款捷要》一书中提到信仰的条件为六件：诚信未见；诚信惟真主能知未来；将合法之事信为合法；将非法之事信为非法；从主之罪责上不可安然；从主之恩慈上不可无望。[②]《教款捷要》的蓝本为波斯文《穆信玛特》，其成书应该早在 14 世纪。[③]成

① 马伯良生卒年不详，为经堂教育山东学派奠基人常志美、李延龄的弟子，刘智的老师之一。

② （清）马伯良：《教款捷要》，载《清真大典》第十五册，黄山书社，2005 年，第 198 页。

③ 波斯文《穆信玛特》的作者为中亚布哈拉学者穆罕默德·侯赛因·布哈里，该书在清末被云南学者马联元重新修订整理出版，取名《教款捷要》，该版本在上世纪末被马联元曾孙马云从阿訇译为阿拉伯文，故目前存世的有两个波斯文版本和一个阿拉伯文版本。详可参见：王伟：《三部波斯文经书源流考述》，《元史及民族与边疆研究集刊》第四十四辑，上海古籍出版社，2022 年 12 月。

书于康熙二十二年的马注《清真指南》中提到“至诚之征”有六条：“一曰未见归信，二曰诚信后世，三曰惧怕主罪，四曰指望主慈，五曰领命，六曰奉禁。”[①]两部著作的表述稍有差异，不过大致意思相近。此外，成书时间略早于波斯文《教款捷要》的《欧姆代》（عمدة الإسلام）[②]一书所罗列的信仰的条件共五条，与上述二书有所区别，这五条分别是：1.（内心）定信并（口头）确认真主的独一及其公正；2.未见而确信后世的一切教律；3.把真主（规定）的一切合法事物定信为合法，把他的一切非法事物定信为非法；4.把真主的一切主命定信为主命；5.摆脱各种悖信和败坏的悖逆信条。马良骏在其《大辑要》《小辑要》和《清真最要志》等著作中也讲到信仰的条件，他列出八条：1.成年；2.有理智；3.未见而信；4.定信幽玄的知识只属于真主；5.将真主所定合法之事定信为合法；6.将真主所定非法之事定信为非法；7.不安于真主的惩罚；8.不绝望于真主的恩慈。马良骏所列的信仰之条件的不同之处在于，他补充了“成年”和“有理智”两条，从教义学的角度讲，内容更加完善。同时，看似简单的两个条款，反映在教义学上却是十分重要的议题。这两条皆牵扯到如何看待

① （清）马注：《清真指南》，宁夏人民出版社，1988年，第154页。

② 成书于14世纪的波斯文《欧姆代》，作者为印度学者阿卜杜拉·本·凯玛里·本·侯赛因，该书同样有马联元重新修订整理的波斯文版（名为《清真玉柱》）和马云从的阿拉伯文译本。详可参见：王伟：《三部波斯文经书源流考述》，《元史及民族与边疆研究集刊》第四十四辑，上海古籍出版社，2022年12月。

特殊人群的信仰问题，在根源上都涉及到启示和理性的关系问题。

首先，马良骏将“成年”一条与其他七条区别开来，他说：“须知，在哈乃斐派学者看来，成年是信仰之必须的条件，并不是信仰之有效的条件。如此一来，在他们看来理智健全的未成年人的信仰是有效的，尽管信仰对于未成年人并不是必须，因为他具有辨别真伪的能力。”[1]伊斯兰教话语中有关“成年”（البلوغ）的界定最准确的说法是男孩以第一次遗精为成年的标志，女孩以第一次月经为标志。有学者为方便起见，根据不同性别的生长发育情况大致规定了成年的年龄，即男孩约 12 岁，女孩约 9 岁。未成年人的信仰是否有效以及是否必须，成为教义学家讨论的一个问题。马良骏对比了哈乃斐—马图里迪学派、沙斐仪—艾什尔里学派和穆尔太齐赖派在此问题上的主张。（一）哈乃斐—马图里迪学派主张信仰对于未成年人不是必须，但是未成年人的信仰是有效的，是在教律上算数的，尽管只算是副功。当未成年人带着信仰成年之后，他无需再次刷新其信仰。这就像是周五的聚礼对于旅行者一样，对旅行者而言聚礼不是必须，但如果他参加了聚礼，那也是有效的。此外，未成年人如果在成年之前夭折了，而他什么都未信仰，那么他们在后世不会因放弃信仰而受到惩罚，因为他们没有成年，信仰不是必须。（二）沙斐仪—艾什尔里学派主张成年是信仰有效的条件，未成年人的信仰是无效的，在教律上并

① 马良骏：《大辑要》，第 34 页。

不算数。因此，尽管未成年人信仰了，但成年之后还需再次刷新其信仰。同样，成年以前便夭折的人，后世不会因放弃信仰而受到惩罚。（三）穆尔太齐赖派认为，只要是理智健全，具有能辨别真伪的能力，无论成年与否，信仰都是必须的。因此，后世没有信仰的未成年人会因放弃信仰而受到惩罚。在他们看来，成年只关乎一个人是否承担宗教义务，而不关乎信仰。因此，未成年人可以不履行宗教义务，因为他们身体较弱。但所有人的理智从根本上来说并没有什么不同，因此但凡有理智者都有信仰的责任。

其次，“理智”作为信仰的条件，这一点是容易理解的。信仰是针对有理智的人而言的，有理智缺陷的人并无信仰的责任。对于有理智的人而言，他们的信仰又可分为两种：求证的信仰（الإيمان الاستدلالي）和承袭的信仰（الإيمان التقليدي）。所谓承袭，就是不加求证而接受别人的话。承袭分为正确的承袭和不正确的承袭，不正确的承袭如某人跟随别人念了清真言，但他并不明白其意义，未认识真主的独一和先知的为圣等一切信条。这种不正确的承袭是无效的，而正确的承袭在教法学家看来是有效的，但在教义学家看来只有求证的信仰才是有效的。但马良骏在此认为应该选择教法学家的主张，即只要是正确的承袭，其信仰是有效的，因为它已经真正落实了，他所跟随的信仰本身是正确的，只是未加求证而已。但是学者们公认，承袭者因放弃求证而有罪。然而，在学者们看来，求证实际上是很容易的一件事。这里所谓的求证，是指通过任意一种方式使认识从作用转向施加作用者，从被造物转向创造者，无需按照逻辑学家的方式为了得到结论着眼于大小前提、中项和结论的排布次序等等。例如承袭了父辈信仰的人只要看到被造物有所感而赞颂了真主，他就不能算是完全承袭的信仰了。因此，纯粹承袭的信仰是极少的，因为凡是人都会对其所信仰的事项有所思考。

在马良骏看来，以上讨论所关注的实际上都是理性。因为每个人的理智的完善程度不同，他到达习惯性理智阶段的时间就不一样。在正统派看来，习惯性理智是宗教义务的责成对象，而习惯性理智对于每个人而言其产生时间都是不同的，因此每个人承担宗教（启示）义务的时间是不同的。由于这个时间无法界定，因此在宗教上就只能以成年这一达到习惯性理智阶段的外在因素作为界定标准。就像在教法上允许因有困难而减少或暂不履行宗教功课，但“困难”是一个很难界定的概念，因此就以旅行作为一种外在界定标准，因为旅行是困难产生的外在因素。同样，成年标志着理智的这一功能完善的条件和外在因素已经具备，因此就人为地以成年为界定标准，但在真主那里真正的界定标准是理智。马图里迪学派对此问题有一个专门的术语叫“经验期”(زمان التجربة)，其定义是理智能够推理（获得）对真主的认识和（人的行为）后果的时期，但是并没有断然的证据界定这个时期的下限或最低年龄，因为这个时期是根据每个人理智的不同而不同的，只有真主知道每个人的经验期在什么时候到来。但是有断然的证据表明经验期的上限或最高年龄，即圣训所言：“真主宽限阿丹子孙的年龄是到60岁。”

马良骏总结了马图里迪学派在此问题上继承自艾布·哈尼法的五点主张。艾布·哈尼法是通过一节经文演绎出这五点主张的，这节经文是“难道我没有使你们活到觉悟者能于其中觉悟的时间吗？警告者已降临你们了。”[①]（35∶37）马良骏认为，这五点主张集中体现了马图里迪学派在启示和理性问题上介于艾什尔里学派和穆尔太齐赖派之间的立场。这五个问题大致可概括如下：

一、理性不是善恶的规定者，而启示才是规定者；

二、在启示到来之前，理性能够辨识部分事物的善恶；

三、单纯依靠理性不足以辨识信仰的问题，还必须达到经验期；

四、经验期的最低限没有被指定，而是由真主的知识所掌握的；

五、启示到来之前，（单靠）理性不足以辨识所有启示性事物的善，但能够辨识理智性事物。[②]

马良骏指出，哈乃斐—马图里迪学派所持的这些主张，在有些方面与艾什尔里学派一致，有些方面则与穆尔太齐赖派一致，总的来看，是在两派之间选择了一条中间道路。在论述不同学派

① 马坚译本为：“难道我没有延迟你们的寿数，使能觉悟者有觉悟的时间吗？警告者已降临你们了。”

② 参见马良骏：《教义学述要》，第217-218页。

的主张之前，我们有必要介绍一下马良骏对善恶这对概念的界定，以便了解问题的焦点所在。马良骏说，善有三种涵义：第一种表示完美的属性；第二种表示世俗目的的美满；第三种表示某种行为在今世应受褒扬，在后世应受善报。同样恶也有三种涵义：第一种表示残缺的属性；第二种表述世俗目的的缺憾；第三种表示某种行为在今世应受斥责，在后世应受惩罚。对于善和恶的前两种涵义，学者们一致认为是理智性的，第三种涵义上的善恶是理智性的还是启示性的，不同的学派持有不同主张。

按照艾什尔里学派的主张，启示既是教律的判断者，也是其说明者，即行为的善恶是由启示规定和说明的，启示所命令的就是善的，启示所禁止的就是恶的，理性不能规定和说明行为的善恶，在启示到来之前也不能认识善恶。理性只是理解启示的工具，他们的依据是一节《古兰经》："派遣使者之前，我不惩罚（任何人）。"（17∶15）经文否定了启示到来之前真主的惩罚，也就必然否定了所有宗教义务。因为惩罚是必然伴随放弃宗教义务的，当伴随物被否定时，被伴随物就被否定了。因此可以确定，在启示到来之前，理性对于认识事物的善恶以及对行为的要求和禁戒都是无效的。因此，未成年人、生活在使者中断期的人、居住于荒野或非伊斯兰地区而未闻启示的人，无论有无信仰或信仰什么，都因不知启示而受到真主的原谅，他们在后世不会受到惩罚，而会进入天堂。同样，非信仰者的有理智的未成年人，如果通过推理求证而获得了对造物主的信仰，他的信仰是无效的，因为他没有成年，对他们而言成年是信仰有效的条件，因此他在成年时需要重新确定和表白自己的信仰。至于承袭了父辈信仰的孩子，其承袭性的信仰则是有效的。

穆尔太齐赖派主张，理性既是行为善恶的规定者，也是其识别者。因此，行为的善恶并不依赖于启示的命令和禁戒，但启示也不是无用的，它对理性无法理解的一些事物进行阐明。也就是说对于理性无法确定的事物，理性对它们的善恶虽能有所识别，但并不足以规定，而需要等待启示进一步阐明。在他们看来，单纯依靠理性就能够确定行为的性质，无论是义务性的、禁戒性的，还是许可性的等等，当理性认识了善恶时，人就必须遵行，真主就必须依照人的遵行而赏罚。启示只是阐明理性无法理解的一部分教律，并且启示不能与理性的判断相悖，即不能把理性认为恶的事物规定为善的，不能把理性认为善的事情规定为恶的。他们的证据是，假设善恶的规定者不是理性而是启示，行善止恶的义务也是启示的，那么必然导致派遣使者是无用的。因为如果使者说："你们参悟我的奇迹，以便你们知道我的真实性。"人们就会这么回答他："我们不参悟，因为这对于我们不是义务，放弃非义务是可以的。凡启示没有确定的对我们都不是义务，因为义务只是由启示规定的，在我们没有参悟的时候启示并没有确定，因为启示的确定是推理性的，而非自明的。"如果人的义务是由启示规定的，那么接受启示之前人并没有义务进行参悟，不参悟使者的奇迹就无法知道使者的真实性，不知使者的真实性就无法接受他所传达的启示，无法接受启示就没有参悟的义务。这样就会导致循环。总之，在他们看来，理性才是善恶的规定者，并且人的理性在根本上没有什么不同，凡是有推理能力的人，无论是未成年人还是因种种原因而未闻启示的人都有信仰的义务。至于行为的义务则可以宽限到成年，因为未成年人的身体还未发育完全，无法承担行为的义务。

在启示和理性关系问题上继承了艾布·哈尼法的马图里迪学派主张，信仰和道德律令的规定者是启示而非理性，因为理性只是一个工具，多数人无法摆脱私欲的掺杂。理性本身虽不是规定者，但它在启示到来之前能识别部分事物的善恶。针对艾什尔里学派的论证，马图里迪学派学者的回复是：首先，我们不承认经文中的“惩罚”指的一定就是后世的惩罚，因为用它指今世的惩罚也未必不可。其次，就算我们承认经文中的惩罚指的是后世的惩罚，但否定惩罚并不是否定应受惩罚。例如，我们说放弃宗教诫命的人后世应受惩罚，而不是后世定将受到惩罚，因为按照正统派的主张，真主可以选择饶恕他，并不是像穆尔太齐赖派主张的如果未加忏悔就不会得到饶恕。既然理性不是所有宗教义务的规定者，那么有理智的未成年人就不会单纯因为理性而承担信仰的义务，同样因种种原因而未闻启示的人也没有信仰的义务。但是当他到了自己的经验期，即能够通过推理而认识真主和行为的结局时，他会因放弃信仰而受到惩罚，因为真主赐予其推理能力就像他受到启示一样。但是对于经验期的界定并没有一个明断的证据，因为每个人的理智发展的程度是不同的。如果一个未闻启示的人还未到达其经验期，即便他已经成年了，他也不会因放弃信仰而受到惩罚。

最后，马良骏敏锐地指出不同学派之间分歧的焦点和关键。他不仅对善恶的概念进行了明确的界定，而且区分了规定、认识和阐明这三个概念。如前所述，我们所讨论的事物的善恶指的是某种行为是否应受褒贬赏罚。因此，认识仅仅指的是对利害的权衡，而规定则指对某种行为应受褒奖还是应受责罚的判定，阐明指的是对规定的说明。这样一来，我们可以将穆尔太齐赖派主张总结为：善恶是理智性的，理性不仅认识一切行为的善恶，而且规定一切行为的善恶。因此，行为的善恶并不依赖于启示的命令和禁戒，但启示也不是无用的，它对理性无法确定的一些事物进行阐明。艾什尔里学派的主张可总结为：善恶是启示性的，启示既规定一切行为的善恶，也阐明善恶。理性不能判定和阐明善恶，但并不否认理性能够认识行为的善恶，这样就避免了穆尔太齐赖派之前的责难。最后，马图里迪学派的主张可总结为：善恶是启示性的，启示规定一切行为的善恶，但理性却能够在启示到来之前认识并阐明一些事物的善恶，在启示到来之后理性同样能够对启示所规定的善恶进行阐明。

第五节 余论

启示和理性的关系问题无论在教义学的认识论还是经典诠释学领域都是重要的论题。通过马良骏对启示和理性关系的系统论述，我们可以看到一种启示和理性之间既相互区别又相互交织的状态。

第一，启示和理性分属两个不同的领域。宗教的教义有些是理智性的，需要运用理智进行推理求证，有些则是启示性的，理性如果僭越到这个领域则必然陷入康德所说的二律背反。但伊斯兰教并不是康德所说的“单纯理性限度内的宗教”，启示性的事项例如后世的赏罚和天堂火狱等等，并不需要理性的证明，而是需要人的信念进行接受。这些信条虽不能用理性进行严格的推理证明，也不能证否，因为它并非属于理性的领域。而且在马良骏看来，理性的重要性还在于，它需要先于启示而认识一些事项，这些理性事项恰恰是认识和接受启示的前提，例如对造物主存在的认识和对使者真实性的认识等。这些前提被称作宗教根基（أصول الدين），它们是一些理性的教义，理性要独自承担对这些问题的确定。而像后世的复活和天堂火狱等启示性的教义则是单纯依靠启示获得的，理性无法认识和证明这些信条。

第二，启示与理性二者是相辅相成、缺一不可的。理性是理解启示的基础，同时理性又要靠启示来规范和指导。如安萨里所说，二者的关系犹如太阳和眼睛，只有同时使用启示和理性才能看见真理。启示的内容中既有纯粹启示性的知识，也有一部分理性的知识。这些启示性的知识虽不能为理性所证实，但也不能为理性所证伪。这些理性的知识就像安萨里从《古兰经》的论述中分析得出的“公正的天平”，它们是理性的基本逻辑规则，虽是属于理性的范畴，但也包含在启示的内容之中。因此，按照这一思路，凡是理性的不一定是启示的，但凡是启示的都不违背理性。实际上，按照安萨里这种观点的延伸，理性原则也是广义上的启示，来自先知的传授或人的先天禀赋。

第三，马良骏对启示与理性关系的论述对当下伊斯兰教的解经工作具有启迪意义。《古兰经》被穆斯林视为真主的启示，有些经文意思很明确，但有些经文其字面表述则与理性的宗教原理产生冲突，例如理性肯定真主绝对的不可比拟性和超越性，而经文中则存在字面意思为“手”“脸”“升上”等拟人化的词汇；有时候在理性看来两节经文的表述之间也存在矛盾。以上情况应该如何处理？中道的处理方式是对这些经文进行隐喻诠释（تأويل），即遇到这样的经文时，需要从其字面涵义转向符合宗教原理的隐喻性涵义。首先，要进行隐喻诠释就会存在多种解释的可能。在主流的解经传统中，只要是符合基本宗教原理的解释都不能被视为错误的诠释，这就保证了经文解读在原则上的统一性和诠释上的多样性。存在多种解释可能的经文不能人为地肯定某一种解释就是经文的本意。安萨里从存在论的角度区分了五种意义上的存在：本体性存在、感官性存在、理智性存在、想象性存在和相似性存在。他指出，不同的学派只要用这五种存在中的任何一种进行了诠释，都不能被视为否认或背离启示的人。其次，要接近正确的诠释，就要力求在理性与启示之间保持平衡，启示命题和理性命题并重，不可偏废其一。以罕百里学派为代表的传述派坚持这些经文的字面表述，但同时又否定有些字面表述与人不同，主张不能运用理性进行诠释。这种立场虽无可厚非，但后人处理不当就很容易导致僵化古板的教条主义和本本主义，形体论和拟人论者就是将这一方法论推向了极端。以穆尔太齐赖派为代表的理性派则过度侧重理性，出现否定正确传述或过度诠释的问题。

第四，有人将以哲学为代表的理性学科在伊斯兰世界的衰落归因于安萨里，或归因于正统教义学的得势，这种观点有失公允。艾什尔里教义学兴起之初，为了反对穆尔太齐赖派，或许存在一些矫枉过正的做法。但随着艾什尔里教义学和马图里迪教义学的不断发展完善，在后期教义学家那里，哲学已经和教义学完全融为一体了。正是安萨里开辟了艾什尔里教义学哲学化、体系化的征程，他之后的法赫鲁丁·拉齐、百达维、伊吉、塔夫塔扎尼等学者将他的事业继续下去，最终完成了集大成的哲学教义学体系。马图里迪教义学从一开始就继承了艾布·哈尼法的学术传统，在一些教义学问题上还与穆尔太齐赖派看法接近，至少对穆尔太齐赖派表示同情，以至于遭到某些极端罕百里派学者的指责。正统教义学家们虽对哲学家的一些观点提出严厉的批判，但并不代表他们就是站在反哲学的立场上，相反正是他们积极地引入哲学的方法，努力调和启示与理性的关系。马良骏提供了伊斯兰世界理性学科衰落的一种解释，在他看来，某种思潮的兴衰与其所处时代的统治者的喜好和扶持是紧密相关的。阿巴斯王朝哈里发马蒙时代哲学的兴盛和穆尔太齐赖派的得势，其关键原因都在于统治者的扶持和推行。到第十任哈里发穆太瓦基尔（847—861 年在位）时，他的选择和支持是正统派最终取得完全胜利的重要因素。直到奥斯曼帝国中期，理性学科在伊斯兰世界依然兴盛，其后才趋于衰落。有学者认为理性科学的衰落导致了伊斯兰世界和政治的衰落，而马良骏的看法恰好相反，在他看来，正是社会政治的衰落导致了理性学科的衰落，近代字面主义的瓦哈比派的兴起及其与政治的联姻也是摇摇欲坠的理性学科和灵性学科同时受到严重打击的重要因素。

第五章 本体与属性论

对真主的信仰和认识是伊斯兰教的核心，自然成为教义学最重要的主题和目的。正因如此，教义学在伊斯兰教中也常常被冠以认主学之名。在教义学家的主流看来，由认识真主这一主题还可分支出认识使者（圣人）和后世（复归）这两个主题以及其他一切相关的论题。因此，在他们看来，真主、使者和后世（复归）不仅是《古兰经》的三大主题，同样也是教义学研究的三大主题。马良骏作为中国伊斯兰教史上研究凯拉姆学最杰出的学者，这三大主题自然是他的著作中着墨最多的部分。本章主要分析马良骏的认主思想，即作为伊斯兰教义学之核心内容的本体与属性论。一般而言，我们要认识一个事物是什么，就是要认识其本质。本质就是一个事物借以是其所是者，是保证这个事物能够成立的最核心的实在。从哲学上讲，本质一般用属加种差的概念进行表示。例如，人的本质就是有理性的动物。然而，在教义学家看来，对于真主的本体不能做这样的定义，因为真主不属于任何种或属。无论从哲学上的定义而言，还是从认识的可能性而言，真主的本体都是绝对的不可认知，绝对无法定义。这样一来，人对真主的认识不能通过真主自身（本体），而只能通过真主的属性。这些属性描述了对于真主而言什么是必然的，什么是可能的，什么是不可能的。

马良骏指出，认识真主就是要认识什么对于真主而言是必然的，什么是可能的，什么是不可能的。他对其内容概括如下：

须知，人被要求认知并断然相信真主所必然的，即一切完美的属性；真主所不可能的，即对真主而言不可能的事情；以及在真主的事情当中可能的，即可能实施的行为。这三类是无限的，即其数目无法统计。因此人不可能详细的信仰这一切，而是应该概括地信仰之，即人应该概括地信仰真主具有一切符合神性的完美属性，一切缺陷对他而言是不可能的，而且他可以（选择）做或不作一切可能之事。这就是此处所说的对人而言必要的概括性信仰。但是，穆斯林必须详细的信仰真主的十三个完美属性，那是神性的关键和主宰性的核心，并且要相信与这些属性相反的事情对于真主而言是不可能的。这十三个属性分别是：存在（الوجود）、古有（القدم）[①]、持存（البقاء）、不同于一切新生物（المخالفة للحوادث）、以自身而成立（قيامه بنفسه）即以其本体而成立、独一（الوحدانية）、意愿（الارادة）、能力（القدرة）、永活（الحياة）、知识（العلم）、听（السمع）、观（البصر）、言（الكلام）即内在的语言。这些属性的对立面分别是：非存在（العدم）、新生（الحدوث）、消亡（الفناء）、类似于新生物（المماثلة

① 阿拉伯语中“古有”（القدم）一词的本意是古老的、旧的，在教义学术语中指存在无开端，与之意思相近的词还有“无始”（الازلي），这两个词虽与“永恒”意思相关，但都不能完全等同于“永恒”一词，故在本书中笔者采用清代穆斯林学者的译法。

للحوادث)、以他者而成立（قيامه بغيره)、诸多（التعدد)、被迫（الكراهية)、无能（العجز)、死亡（الموت)、无知（الجهل)、聋（الصمم)、盲（العمى)、哑（البكم)。[1]

马良骏指出，以上所提的十三个属性是按照正统教义学中艾什尔里学派所认为是对真主的神性而言最关键的、对其主宰性而言最重要的完美属性。作为马图里迪学派的学者，马良骏又增加了一个属性，即本为（التكوين）[2]，其对立面是无为（التعطيل)。因此最重要的完美属性共十四个。马良骏在《教义学述要》中分别从宏观和微观上详细阐述了这些属性。

第一节 论属性

在阿拉伯语中，属性（صفة）作为一个词根名词，其动词是描述（وصف)。在一般意义上，一个事物的属性就是对这个事物的描述。例如，我们描述一个桌子说它是白色的、方的、木质坚硬的等等，实际上说的是桌子的偶性（عرض)，它们是现实存在的，但它们的存在要依赖于桌子这个实体（جوهر)。在教义学的术语中，偶性只能用于被造物，它们本身是被造的。而属性则用于真主，是非被造的，与真主的本体不可分离。真主的本体和属性之间的

① 马良骏：《教义学述要》，第 22-23 页。

② 笔者将泰克维尼（التكوين）这一术语翻译为“本为”，是借用明清时期的王岱舆和刘智等学者。这个词的本意是“使……有”“创造”等，在马图里迪教义学中它并不等同于一般意义上的“创造”这一行为性属性，而是作为一切行为属性的根本。后文将详述。

关系并非像实体和偶性的关系，实体和偶性是本质不同的存在者，而真主的本体和属性则不能说本质上是不同的，二者只是描述与被描述的关系。在教义学家看来，对真主的描述是无穷尽的，因此真主的属性是无法统计的。

一、本体性属性和行为性属性

教义学家往往将真主的属性依据不同的标准而分为不同的类型。例如分为肯定性属性和否定性属性，必然的属性、可能的属性和不可能的属性，本体性属性、表义属性和行为性属性。肯定性属性如存在、永活等等，否定性属性如清净的、平安的、自足的、独一的等。必然的属性即必须用以描述真主的属性，不可能的属性如真主不可能是物体，可能的属性如真主的可见性。本体性属性是对真主本体的描述，否定性属性一般都被归纳在本体性属性之中。在艾什尔里学派那里，表义属性表示依附于真主本体而成立的意义，如全知的、全能的，这些属性是本体性肯定性属性，而行为属性则是表示通过真主的能力而发出的某种作用。马良骏按照马图里迪教义学的分类方法，将真主的属性分为三类，他写道：

真主的属性分为：1.否定性属性（الصفة السلبية），如非偶性、非物体、非实体等等，这些属性的数目是不可统计的；2.本体性肯定性属性（الصفة الثبوتية الذاتية），如知识、能力、听、观、言、意愿、永活、本为等七个（艾什尔里学派的主张）或八个（马图里迪学派的主张）古有的本体性属性，也叫做表义属性（صفة المعاني）；3.行为性肯定性属性（الصفة الثبوتية الفعلية），如创造、供给、使活、使死等，其数目也是无法统计的。[1]

实际上，否定性属性也是本体性属性，因此属性大体被分为本体性属性和行为性属性两类，而本体性属性又分为本体性否定性属性（简称否定性属性）和本体性肯定性属性（也叫表义属性）。马良骏指出，否定性属性只是对真主本体的一种否定性的描述，实际上这些属性自身并不具有存在，它们不是依附于本体而成立的意义。但否定性属性依然被认为是古有的或无始的，只不过这种古有或无始是一种非存在的古有或无始。古有和无始这两种说法是按照对古有和无始这两个概念的理解不同。有些学者认为古有仅仅是对存在的事物而言的，是指其存在没有开端，也没有终结；而无始既可以描述存在的事物，也可以描述非存在的事物。按照这种说法，无始这个概念的外延要比古有的外延大，所有古有的事物都是无始的，但并非所有无始的事物都是古有的。因此，否定性属性是无始的而不是古有的，因为否定性属性是非存在（本身不具备存在）的事物。也有学者认为古有和无始是异名同义词，二者都具有最普遍的意义。按照这种说法，否定性属性是无始的，也是古有的。

① 马良骏：《教义学述要》，第150页。

据马良骏总结，艾什尔里和马图里迪学派一致认为，否定性属性并不是以真主主体而成立的，因为否定性属性是非存在者，它们既不是现实存在，也不是主观存在。否定性属性是无限多的，而本体性肯定性属性则被局限于七个或者八个，它们是现实存在的附加在真主本体上的意义，因此以“表义属性”而著称。艾什尔里学派认为，表义属性是七个，即知识、能力、听、观、言、意愿、永活，而马图里迪学派则主张是八个，第八个是本为。在马良骏看来，数字上的一个属性之差，实际上反映的却是原理上的差异。在马图里迪学派看来，无论本体性肯定性属性（表义属性）还是行为性属性都是古有的，而且都是现实存在的以真主的本体而成立的。因为一切行为性属性根本上都是“本为”这一本体性属性，这一属性与其不同的作用对象产生了不同的关系，从而表现出真主不同的行为性属性。新生的是这些关系，而不是行为性属性本身。在艾什尔里学派看来，七个本体性肯定性属性是现实存在的、永恒的，而行为性属性则是主观非实在的，是新生的。在他们看来，所谓行为性属性只是人的主观考虑，是相对性的事情，它们只不过是真主的能力属性（与其对象之间）新生的现实性关联而已。

二、表义属性和意义性属性

马良骏不仅通过本体性属性和行为性属性的区分阐述了艾什尔里学派和马图里迪学派的不同主张，而且通过表义属性（ الصفة

المعاني）和意义性属性（الصفة المعنوية）的区分阐述了逊尼派的属性论和穆尔太齐赖派的否定属性论。如前所述，按照艾什尔里学派的主张，表义属性有七个，即知、能、意、活、听、观、言。按照马图里迪学派的主张则有八个，第八个是本为。这些属性之所以被称作表义属性，是因为其中每一个属性都是附加在本体上而现实存在的一个意义，即表示某种意义的属性。与表义属性相对应的是意义性属性，后者按照艾什尔里学派的主张也是七个，即为全知者（العالمية）、为全能者（القادرية）、为意欲者（المريدية）、为活者（الحيية）、为听者（السميعية）、为观者（البصيرية）、为言说者（المتكلمية）。按照马图里迪学派的主张还有第八个，即为作为者（المكونية）。之所以称这些属性为意义性属性，是因为这些属性是表义属性的必然结果，用这些属性描述真主是附属于用表义属性描述真主的。例如只有当知识或能力以某个载体而成立时，才能称这个载体为有知识者或有能力者，然后才可以设想这个载体具有"作为有知识者"和"作为有能力者"这样的意义性属性。故而，意义性属性是必然伴随表义属性的。

在马良骏看来，艾什尔里学派、马图里迪学派和穆尔太齐赖派其实都承认真主具有意义性属性，只不过他们对意义性属性的理解不尽相同。众所周知，穆尔太齐赖派以认主独一派自居，他们不承认真主具有以本体而永恒成立的表义属性。他们认为，真主是凭借本体而全知的，凭借本体而全能的，凭借本体而永活的，并非凭借知识、能力和生命等依附于本体而成立的意义(معاني)。在他们看来，古有（永恒）性是真主本体最特殊的性质，如果承认真主具有许多永恒属性，就等于承认有多个永恒者的存在，这就违背了他的独一性。因此，真主不可能具有依附于他的本体而成立的永恒的表义属性。[①]穆尔太齐赖派所谓的真主以其本体而全知全能，被称作状态属性（الصفة الحال）。这些状态属性既不是存在的又不是非存在的，它们仅仅表示真主本体作为全知全能者这样的状态。马良骏认为，马图里迪学派所说的意义性属性实际上就是穆尔太齐赖派所说的状态属性，但这些意义性属性在艾什尔里学派看来并不是真实的属性，不是现实的存在，仅仅是对表义属性以本体而成立的一种表述而已。马良骏写道：

他们（马图里迪学派）将意义性属性算作真实的属性。如果我们主张状态属性，即依存在者而成立的、既不是存在的又不是非存在的确定的属性，按照这种原理，这些意义性属性就是以真主的本体而成立的确定的属性。但意义性属性的确立并不像表义属性的确立，因为意义性属性不是纯粹存在的，而是介于存在和非存在之间的。而表义属性是纯粹存在的。因此，意义性属性以本体而成立并没有为本体附加某种意义，而表义属性以本体而成立则为本体附加了某种意义。如果我们像艾什尔里学派那样不主张有介于存在和非存在之间的状态属性，那么从以本体而成立的

① 参见沙赫拉斯坦尼：《教派与学派》，马正峰译，未版。

属性中确立的只有表义属性，至于意义性属性本身并不是外在确立的，它们只表示那些表义属性以本体而成立。[①]

总之，马图里迪学派的一些学者肯定了真主具有状态属性，这些属性既非存在也非不存在，而是介于存在与非存在之间的。艾什尔里学派的学者否定了真主具有状态属性，他们认为状态对于真主是不可能的。马良骏总结，至于按照前者的主张，所有的事物被分为四种：第一种是存在者，是在自身中确立的，也是外在确立的，并不依赖于人的观念和主观设定；第二种是非存在者，既不是在自身中确立的，也不是外在确立的；第三种是状态，介于存在与非存在之间，是在自身中确立的，但不是外在确立的。第四种是抽象性、主观性的事物，并没有外在确立的形式，只在思维观念中存在。在马良骏看来，第二种实际上也是依赖人的主观设定的，当我们说非存在的时候，这已经是我们观念中的设定了。至于按照否定状态属性的主张，一切事物则被分为三种：存在、非存在和观念性存在。

马良骏虽在教义学上追随马图里迪学派，但在此问题上则明确表示自己更侧重于艾什尔里学派的主张。他指出，否认意义性属性只是否认在表义属性上附加既存在又非存在的东西，并非从根本上否认真主作为全知者和全能者等。总之，各派一致认为真主之作为全知者和全能者。但按照肯定状态论的主张，意义性属

① 马良骏：《教义学述要》，第 79 页。

性就是表义属性的必然结果。按照否定状态论的主张，意义性属性仅仅是对表义属性以真主本体而成立的一种表述，是观念性、抽象性的事情。状态和观念性的事情二者都是本身确立的，但二者的区别在于，状态是针对本体而言的，即本体之作为全知者和全能者的状态；观念性事物是针对属性而言的，即考虑属性是以本体而成立的。在马良骏看来，以上无论是艾什尔里还是马图里迪学派的主张都是正统派的主张。至于按照穆尔太齐赖派的主张，意义性属性（状态属性）就是对真主之作为全知者、全能者的暗指。尽管穆尔太齐赖派否认表义属性，但他们并未否认真主之作为全知者、全能者等意义性属性（状态属性）。最后，马良骏在属性问题上对穆尔太齐赖派持宽容态度，认为否认表义属性的人，并不是悖信者，而从根本上否认意义性属性的人才是绝对的否定属性论者。因为否认意义性属性就意味着否认真主作为全知全能者，而穆尔太齐赖派并未否认这一点。

三、属性与其对象的关联

在教义学家看来，所谓属性的关联（تعلّق）就是指属性与其作用对象之间的关系，实际上讨论的是真主的属性与不同存在者的关系，经堂语译为“牵挂”。“关联”在教义学上被定义为属性所要增加在本体上的符合属性的事情。马良骏指出，在后期教义学家看来，关联只是对表义属性而言的。否定性属性不存在作用对象，因此也就不存在我们所说的关联。也有教义学家认为关联只是对意义性属性而言的。总之，关联不可能是同时针对表义属性和意义性属性而言的，否则会导致两个作用者（如能力和作为全能者、意志和作为有意志者、本为和作为行为者等）产生同一种作用，从而导致重复。

根据有无关联或关联的普遍和特定性，表义属性被分为四种。第一种是与可能存在者相关联的属性，即能力和意愿。能力与可能存在者的关联是使其有或使其无，意愿与可能存在者的关联是限定（有或无）。第二种是与必然存在者、可能存在者和不可能存在者都有关联的属性，即知识和语言。知识与这些事物的关联就是揭示它们，语言则是指示它们。第三种是只与存在者相关联的属性，即听和观。第四种是不关联任何事物的属性，即活。

此外，就关联本身而言无非是四种，古有的、新生的、潜在性（الصلوحي）和现实性（التنجيزي）[1]。这四种可以互相组合形成四组形式，但新生的和潜在的不能组合，因此共有三组关联形式：古有的潜在性关联、古有的现实性关联、新生的现实性关联。每个表义属性不一定都具有这三种关联，有的根本不具备关联，有的只存在一种关联，有的存在两种关联。马良骏指出，能力、意愿和知识这三个属性与其对象之间产生关联是有一定次序的。第

① 潜在的（الصلوحي）其阿拉伯文字面意思是适合性，这里指属性本身适合某种关联，实际上就是潜在的关联，故笔者将其译为潜在性。现实性（التنجيزي）其阿拉伯文字面意思是实现、完成，这里指属性已经实现的关联，与潜在性相对。对属性的关联方面的术语翻译和研究，在国内已有的教义学研究中没有可以借鉴的先例，故本书皆采用笔者本人对这些术语的翻译。

一，能力的古有的潜在性关联、意愿的古有的潜在性关联和古有的现实性关联以及知识的古有的现实性关联，在理智的考虑中是有次序的。首先是知识的关联，然后是意愿的关联，然后是能力的关联。能力的关联跟随意愿的关联，意愿的关联跟随知识的关联。这些关联在外在世界并没有次序，因为它们都是古有的，古有的事物在外在世界是不可能有次序的，否则必然导致一个提前于另一个，这样一来后者便成为新生事物了。第二，能力的新生的现实性关联、意愿的古有的现实性关联和古有的潜在性关联以及知识的古有的现实性关联之间，无论在外在世界还是在理智的考虑中都是有次序的。能力的新生的现实性关联是后于其他古有性关联的。至于能力的新生的现实性关联和意愿的新生的现实性关联之间，按照一种主张在外在和理智中皆是有次序的，即前者是后于后者的。按照另一种主张只在理智中有次序，因为真主所意欲的事物不会后于真主的意愿。

第二节 论名称

名称（اسم）是用于指称真主的词语，习惯上被叫做真主的美名或尊名。《古兰经》云："真主有许多极美的名号，故你们要用那些名号称呼他。"（7∶180）在穆斯林大众中广为流传的是艾布·胡莱勒所传述的圣训中提到真主的九十九个美名。伊斯兰历史上，包括安萨里和法赫鲁丁·拉齐在内的众多著名学者皆有专著诠释这九十九个美名。[①]当然，在这些学者看来，真主的名称并非仅仅局限于九十九个，而是无限的。在圣训所记载的一段祈祷词中暗示了这一点：“主啊！我以你用以自称的、或启示于经典中的、或教授给某些人的、或只有你自己知道的美名向你祈求……”[②]安萨里在《阐释真主美名之崇高的目的》（المقصد الأسنى في شرح أسماء الله الحسنى）一书中指出，真主之名在数目上是无限的，虽然圣训提到真主有九十九个尊名，但这是一个概括的数字，并不表示尊名的数目仅仅局限于九十九个。[③]理论苏非学的集大成者伊本·阿拉比也持此主张。

名称有本体性名称和描述性名称。本体性的名称仅仅指示本体，如阿拉伯语的 Allah（الله）和波斯语的 Khudā（خدای）等通过不同语言表述真主本体的名称。除个别的本体性名称之外，绝大多数的名称都是描述性名称，这些名称各自从某个属性的角度指示本体，如全知的（或全知者）、全能的（或全能者）等。因此在教义学家那里，它们可以在宽泛的意义上等同于属性，马良骏在其著作中也经常将名称和属性连起来使用。描述性名称根据属性的分类同样分为三种：其一是否定性名称，如独一者、古有者、

① 可参见安萨里《阐释真主美名之崇高目的》（al-*Maqṣsd al-asnā fī sharh asmā’ Allah al-husnā*,المقصد الأسنى في شرح أسماء الله الحسنى）和法赫鲁丁· 拉齐《真主美名注释》（*Sharh asmā’ Allah al-husnā*,شرح أسماء الله الحسنى）。前者已有英译本 David B. Burrell, Nazih Daher, *The Ninety-Nine Beautiful Names of God,* The Islamic Texts Society,1992.

② بيهقي، الأسماء والصفات، بيروت، سنة 1980م، ص6.

③ امام الغزالى، المقصد الأسنى في شرح أسماء الله الحسنى، دمشق، سنة1999م، ص139.

超越者；其二是本体性肯定性名称，如全知者、全能者、全听者、全观者；其三是行为性肯定性名称，如创造者、供给者、使有者、使无者。

在讨论了尊名的分类之后，马良骏强调，正统派主张用于称呼真主的一切名称都是古有的，并且名称只能来源于真主的设定。与此不同的是，穆尔太齐赖派相信真主的所有名称都是新生的，并且是人设定的。因为名称无非是文字和声音，它们都是新生的，那么名称自然也是新生的，不可能是古有的。马良骏解释道，首先，我们说名称是古有的并不是考虑名称本身，而是考虑以之进行命名，不可否认的是真主对自己的命名是无始的。因为命名就是为某个对象设定名称，尽管名称的文字和声音是新生的，但名称所含的意义却永恒地符合真主，因此名称的古有性考虑的是这种符合性。其次，名称从真主的知识方面而言是古有的，他在无始中已经预定了自己的所有名称，因此名称在真主的认知中是永恒无始的。最后，名称的古有性是从其指称对象而言的，即从本体和属性而言的。本体和属性是无始的，因此名称是无始的。然而，有一些学者在反驳名称的新生性时却使自己陷入了难题之中。据他们的解释，说名称是古有的，但这里的古有并不是无始的意思，而是指名称在创世之前就已被真主设定好了，创世之后再启示给众生。在马良骏看来，这种解释明显承认名称不是无始的，反而使这个问题变得棘手。

关于名称是否依靠启示（توقيفية）这一问题，马良骏指出，正统派的主流学者主张真主的名称是要依靠启示的，所谓依靠启示就是在《古兰经》或健全圣训或优良圣训或公议中允许用其指称真主。公议允许使用的名称如创造者（الصانع）、存在者（الموجود）、必然者（الواجب）、古有者（القديم），这些名称并未出现在《古兰经》和圣训中，而是学者公议的结果。有人认为对于真主的名称可以运用类比，例如可以将 al-Wahib（الواهب）类比于 al-Wahhāb（博施者，الوهّاب），因为二者是同义词，而经训中只出现了后者。有人认为，不能用类比，因为启示只使用了两个异名同义词中的一个称呼真主，而没有用另一个。例如，经典中对于“全知者”这一名称用的词是 al-‘ālim（العالم），而没用 al-‘ārif（العارف），对于“慷慨者”这一名称用了 al-Jawwād(الجواد),而没有用 al-Sakhiyy(السخي)。对于“明哲者”这一名称用了 al-Hākim（الحاكم），而没有用 al- ‘āqil（العاقل）。总之，启示所允许使用的名称就是允许的，尽管像容忍者（الصبور）、感谢者（الشكور）、宽厚者（الحليم）这些启示所允许使用的名称观其字面会让人产生误解。“容忍者”会让人误把艰难与真主联系起来，因为容忍就意味着面对艰难的事情而克制自身。但对真主而言，应该被解释为不急于惩罚犯罪的人。“感谢者”会让人误以为人对真主有好处，因为感谢意味着感谢对自己好的人。对真主而言，应该被解释为赏赐顺从的人。

马良骏指出，不仅名称要依靠启示，真主的属性也要依靠启示。除非有启示的传述，否则不能为真主确定某个名称和属性。但对于属性是否依靠启示，并不像名称那样严格。穆尔太齐赖派主张，可以为真主确定他具备那种意义并且没有让人误以为有缺陷的名称和属性，尽管并没有相关的启示传述。艾什尔里学派的巴基拉尼（الباقلاني）倾向于这种主张。安萨里和法赫鲁丁·拉齐则将名称和属性区别对待，他们允许使用未被启示的属性，因为属性是附加在本体上的意义，但禁止使用未被启示的名称，因为名称指称本体本身。这一思想我们可以从法赫鲁丁·拉齐的《真主美名注释》中窥见一斑。他说："真主的尊名不是人为设定的，这是因为，我们公认不能用真主所没有用的名称来称呼使者，不能以使者自己未称之名来称呼使者。既然对于使者都不可以人为设定名称，甚至对于任何一个人，他人都不可随便命名，那么对于真主更应如此。" 描述（وصف）不依赖于启示，换言之，如果语词的含义对于真主而言是成立的，那么可以用它形成对真主正确的描述。所以，它们可用于描述真主。[1]

第三节 论存在

在伊斯兰哲学尤其是形而上学史上，恐怕没有哪个论题比"存在"（existence/being，وجود）及其与本质（الذات）的关系更为关键。

① فخر الدين رازى، شرح أسماء الله الحسنى، المكتبة الاجريات- القاهر، سنة2011 م.

伊斯兰历史上的哲学家、教义学家和苏非都甚为关注这个问题。肯迪、法拉比、伊本·西那和伊本·鲁世德等逍遥学派哲学家继承亚里士多德形而上学传统，关注的主要是“存在者”（mawjūd，موجود）。自伊本·西那提出本质与存在的著名区分以后，“存在”问题开始逐渐扮演重要角色。在伊本·西那看来，“存在”是本质的一种不同于一般偶性的特殊偶性。例如，本性共相（如马性）存在于现实中的每匹马中，作为其形上内核；存在则从外部发生于马性。伊本·阿拉比的存在单一论学派转而强调存在本身，认为“存在”根本不是任何事物的偶性，而是唯一的实在。“一切所谓的事物在本性上都是形容词或形容词性的，它们限定和修饰着那个被称作‘存在’的唯一实在。”[①]照明学派创始人苏赫拉瓦迪认为，我们的心智的运作方式倾向于制造这些共相概念来帮助我们把握外在世界，但心智对存在与本质的这一区分，并不必然要求现实区分。例如，在现实世界中的每匹马，事实上都是“存在论的团块或整体”，根本不可分。在神智学派的毛拉·萨德拉看来，除存在以外没有任何实在。但人的意识所形成的只是“存在”的概念，那个抽象的概念远不能使我们认识“存在”的真正本性。

“存在”问题在教义学上主要是对真主存在的论述，包括必然存在和可能存在的区分，“存在”是真主本身还是附加的属性，以及对真主存在的证明。明清时期的穆斯林学者对存在问题已有论

① Toshihiko Izutsu. *The Concept and Reality of Existence*[M]. Keio University, Tokyo,1971, p.39.

述，他们主要依据苏非学的“存在”理论区分必然存在和可能存在，并在此基础上论述存在的单一。王岱舆在其《正教真诠》说：“真主止一，无有比拟，乃无始之原有，非受命之有也。”[①]“……真主之有，有二品，曰原有，曰能有。原有与万物无干；能有保养万物，此余光之谓也。”[②] 所谓“原有”就是必然存在（واجب الوجود），即真主的存在。与之相对的是可能存在（ممكن الوجود），即除真主以外之存在，其存在并非自身所有，而是被赋予的。苏非学上一般将绝对存在比作光源，可能存在则是其所照射之“余光”。一切“能有”（可能存在）皆是受命之有，被视为真主行为的结果，因此，明清汉文伊斯兰典籍中有时也将真主的行为称之为“能有”。在明清伊斯兰文本中，常被用来表示这对概念的还有“真有”和“幻有”。马复初在《四典要会》中指出：

凡所有者，不越乎两端：真有，幻有。真有者，自然之有也，是谓原来有而不得不有也。幻有者，化生之有也，乃先无而后有，是谓可无而可有。惟真一，乃为自然之有，真一之外，一切有形无形者，皆为幻有。[③]

① （明）王岱舆：《正教真诠·真一》（广州清真堂刊本），载《正教真诠·清真大学·希真正答》，宁夏人民出版社，1988 年，第 19 页。
② （明）王岱舆：《正教真诠·元始》（广州清真堂刊本），载《正教真诠·清真大学·希真正答》，宁夏人民出版社，1988 年，第 24 页。
③ （清）马复初：《四典要会·信源六箴》，载《回族典藏全书》第三十二册，第 11 页。

马良骏对存在问题的讨论主要是从教义学和苏非学两个角度，通过前者论述真主的存在属性和真主存在的证明，通过后者讨论“同在”和“天人合一”问题。本节主要讨论马良骏从教义学角度对存在的论述，至于苏非学角度的存在论将在之后的章节讨论。马良骏立足于马图里迪教义学，将存在视为真主的一个属性。尽管“存在”作为真主的本体性肯定性属性，但又不同于同类属性中的其他属性，而是一个特殊的属性。马良骏指出，真主的存在是必然的、本质性的存在，是其本体之必然。换言之，真主的存在是出于他的本体，他的存在根本不需要他者。马良骏解释道，存在是真主的本体之必然并不是说本体对于其自身的存在发生作用，任何有理智的人都不会这么认为。在描述真主的存在时用“本质性”对其做了限定，这样就排除了非本质性的存在，所谓非本质性的存在就是世界的存在，它要依赖真主的行为。

据马良骏的论述，教义学家关于存在（وجود）是否是存在者（موجود）的问题有不同主张。在艾什尔里看来，存在就是存在者。艾什尔里之后的学者对艾什尔里的这个主张也有不同解释。有人取其表面意思，按照这种意见，存在就被当作属性看待，因为存在者（موجود）也可以作为一种描述或属性而被表述为“存在的”，例如我们说“真主是存在的（الله موجود）”。赛尔顿丁·塔夫塔扎尼等学者注释了艾什尔里的话，他们认为艾什尔里的意思并非是指存在和存在者同一，他的真正意思是存在不是从外在附加在本体上的意义。对他们而言，存在是一个主观考虑的概念，是本体不可避免、不可分离的真实。所以“存在”并不是真主的属性。如前所述，真主的本体性肯定性属性是附加在本体上的意义，但存在并非如此，它只是我们考虑真主本体时必须要有的一个观念。

在马良骏看来，教义学家的分歧主要在于存在者的存在是他本身，还是附加在他上的属性，他区分出三种主张。第一种是艾什尔里的主张，他认为存在对于可能存在者（世界）和必然存在者（真主）而言都是其本体（本质）。第二种是马图里迪的主张，他认为存在是附加在本体上的属性。第三种是哲学家的主张，他们认为必然存在者（真主）的存在是其本体，万物的存在是附加在本质上的属性。从著作的编排和字里行间的表述可以看出，马良骏侧重于马图里迪的主张，但他对这种主张进行了适当解释。他指出，存在是真主的内在属性，将其归属于本体是因为离开它无法理解本体。换言之，我们只有通过本体的存在，才能够理解本体。存在作为内在属性是确定性属性，用于指示本体本身，而非附加在本体上的某个意义。总之，存在虽然是本体性肯定性属性，但却不能说是表义属性，更不是作为表义属性之结果的意义性属性。在马良骏这里，存在是一个特殊的本体性肯定性属性。

在后期教义学家看来，真主的有些属性单纯需要理性证明，有些属性则只能根据启示得知，有些可以同时根据理性和启示。真主的存在就是需要理性证明的一个特殊属性。塔夫塔扎尼在其著名的《教典诠释》（شرح العقائد）中指出，真主的存在是启示得以确立并被人接受的基础，只有证明了真主的存在，才能证明启示的真实性。[1]显然，不承认真主存在的人自然就不会承认有什么启示。在伊斯兰思想史上，哲学家和教义学家对真主存在的证明大多是宇宙论证明，视真主为世界的原因。马良骏将哲学家的宇宙论证明和教义学家的宇宙论证明加以区别，他指出，在宇宙论证明中，哲学家是"通过可能者的存在证明必然者的存在"，教义学家是"通过被造物（新生者）的存在证明创造者的存在"。他将哲学家的证明称作"可能之路"（طريق الإمكان），将教义学家的证明称作"新生之路"（طريق الحدوث）[2]。实际上，这也就是当代学者所总结的两种宇宙论证明形式。前者主要考虑原因和结果的逻辑关系，后者考虑二者的时间关系。教义学家的宇宙论证明模式又被称作"凯拉目证明"[3]。在马良骏看来，看似两种证明方式的不同实际上关乎世界有始还是无始的信仰。

以伊本·西那为代表的哲学家所使用的可能性论证将存在分为本身必然存在者和可能存在者，可能存在者居于存在和非存在之间，需要必然者作为其侧重因而获得必然性。因此，真主作为使可能存在者倾向于必然性的侧重因仅仅是逻辑上的在先，整个

①حاشية العلامة الخيالي على شرح عقائد النسفية، المكتبة الأزهرية للتراث-القاهرة، سنة2000م، ص60.

② 参见马良骏：《教义学述要》，第 29 页。

③ 参见麦克·彼得森等：《理性与宗教信念——宗教哲学导论》，孙毅、游斌译，中国人民大学出版社，2005 年，第 108-113 页。

世界则是无始的，构成世界的质料是永恒的，真主只是不断地将质料与形式相结合，而这并没有一个时间的起点。总之，真主作为世界的原因只是逻辑上在先的。教义学家的新生性证明则是通过世界的新生证明真主的存在。安萨里在其《信仰之中道》（إقتصاد في الإعتقاد）中明确提出了其三段论形式：所有新生物的产生需要原因，世界是新生物，所以，世界的产生需要原因。[1]在教义学家看来世界无非是由实体和偶性构成，通过证明实体和偶性是新生的，从而就证明了世界是新生的（有起始的）。所以，这个世界有一个创造者，创造这个世界的只能是因其自身而必然存在的真主。真主是从虚无中创造世界，即无中创有。因此世界无论是在逻辑上还是时间上都是有开端的，并不是无始的。

通过对宇宙论证明的总结，马良骏指出，对真主本体和属性的证明方式有两种：第一种是“确定性论证”（دليل إنّي），它表示确定和证实，即通过被造物证明创造者。第二种是“因果论证”（دليل لمي），它与第一种方式正好相反。确定性论证是先于因果论证的，这就是《教典诠释》的前言里所说的“教义学的基础是通过被造物的存在论证创造者的存在”的原因。换言之，首先要通过世界的新生论证创造者的存在。然后通过其存在的必然性论证这种必然性所必需的属性，如独一性、超越性、具备诸多完美属性等。

① 安萨里：《信仰之中道》（二），载《中国穆斯林》2018年第2期，第5-17页。

第四节 否定性属性

马良骏所讲述的十四个重要属性中，古有、持存、不同于一切新生物、以自身而成立、独一等五个属性是否定性属性。在对这五个属性进行讲述之前，马良骏解释了自己为何只讲述这五个否定性属性，他说：

否定性属性是无限多的，因为真主相对于任何可能存在者（ممكنات）都有一个否定性属性，即否定真主与之具有相似性。可能存在者是无以计数的，所以否定性属性是无以计数的，要详细的统计所有否定性属性是不可能的。因此，我选取了其中五个，即古有、持存、不同于一切新生物、以自身而成立以及独一。其余一切否定性属性，如不生、不娶、无需助手等等，都可以归结于这五个属性，即使比较牵强。这五个否定性属性是根源和共相，其余所有的否定性属性是附属和殊相。并且这五个属性中的其余四个都可归结为独一性，因此独一性是所有作为附属和殊相的否定性属性的共相之共相、根源之根源。①

如前所述，否定性属性并不是现实存在的附加在本体上的意义或内容，而只是对真主本体的一种否定性描述，即否定不符合真主本体的内容。以上五个属性中，“古有”和“持存”是否定本体的有始有终，“不同于一切新生物”是否定本体类似新生物，“以

① 马良骏：《教义学述要》，第 30 页。

自身而成立”是否定本体以他者而成立,“独一”是否定本体的多。值得注意的是，马良骏依据后期教义学传统，将所有的否定性属性都归结为独一性，因此独一性也是一个极其特殊的属性，是一切否定性属性的总根源。

一、古有

马良骏指出，真主的古有（القدم）是本质性的古有，表示他的存在没有开端，而不是时间上的古有和相对的古有。这种“古有”是本体存在的必然性要求。马良骏所述对真主的本体必然古有的证明如下：假设真主不是古有的，那他一定是新生的，因为一切存在者无非分为古有的和新生的两种。假设他是新生的，那他一定需要创造者。假设他需要创造者，那他的创造者一定也需要创造者，因为两者之间的相似性。如此，则会造成循环论证或无限推演。因此，真主不可能需要创造者，因此他不可能是新生者。最终可以证明真主是古有的。

马良骏讨论了教义学家对古有（القدم）和无始（ازلي）这两个概念的三种不同观点。第一种观点认为，古有仅仅指的是存在没有开端，而无始既可以指虚无（非存在）没有开端，也可以指存在没有开端。按照这种观点，“无始”这一概念的外延要大于“古有”的外延，凡是古有的都是无始的，但并非所有无始的都是古有的。第二种观点认为，古有者是指其存在没有起点的自立的存在者，无始既可以指自立的，也可以指不自立的，既可以指虚无

（非存在）没有起点，也可以指存在没有起点。据马良骏所说，赛尔顿丁·塔夫塔扎尼就是持这种观点。第三种观点认为，古有和无始这两个词都是指自立的或不自立的、虚无（非存在）没有开端或存在没有开端。按照这种观点，这两个词是同义的。

如果按照第一种观点，我们就不能称否定性属性为古有的，而只能说是无始的。真主超越的本体和本体性属性则可以同时用古有和无始进行描述，因为本体是绝对存在者，本体性属性也是现实存在的附加在本体上的意义。按照第二种观点，只有超越的本体可以称作是古有的，所有的属性都不能称为古有的，而只能称作无始的，因为所有的属性都不是自立的，否定性属性并非现实的存在，而本体性肯定性属性则是依附于本体的。按照第三种观点，本体和属性都可以同时用这两个词描述。从对属性的称呼中我们可以发现，马良骏实际上是倾向于第一种观点的，因为他只在本体性肯定性属性（表义属性）的后面加上了“古有的”，而且在之后的论证中他以这一观点避免了对持存属性证明的质疑。

二、持存

在教义学传统中，真主的持存（البقاء）指的是本体性的持存，即他的存在不终结。教义学家对真主本体性持存的证明如下：假若非存在（عدم）对于真主是可能的，那么古有对于他就一定不可能了。在这里，马良骏采用的是古有的第一种解释，凡古有者，其非存在是不可能的。因此，真主必然不可能是非存在，则他一定是持存的。可见，对持存属性的证明是以证明古有属性为前提的。我们可以将其总结为“古有者必然不能是非存在，那么它就是持存的”。如果这个论证成立，那就说明“古有”是不可能割断的、连续的，只有“古有”不割断，存在才不会终结，“持存”才理所当然。如果“古有”可以割断，就无所谓“持存”了。然而，这样一来便产生了一个问题：教义学家认为一切可能存在者原本都是非存在的，他们在产生以前都在无始的虚无中。如果古有和无始是同义词，那么可能存在者原本的非存在（虚无）就可以理解为一种“古有”，他们后来的存在割断了这种“古有”，这样的话，“古有”就是可以割断的。那么，对持存属性的证明就不能依赖于“古有”属性。因此，在马良骏看来，古有只表示“存在的古有者”，非存在不能说是古有的。可能存在者原本的虚无和不可能存在者永恒的虚无之间并没有什么本质的区别，因为二者在无始中都必然如此。但可能存在者的虚无是通过“无始”加以限定的，它们在延续上是可能性存在。不可能存在者的虚无，是绝对的虚无，不仅在无始上虚无，而且将延续虚无。马良骏总结道，真主的本体和属性是无始无终的，可能存在者的虚无是无始而有终结的，不可能者的虚无是无始无终的，一切被造物是有始有终的，天堂、火狱、大笔、仙牌、阿而什、库而西及一切灵魂是有始无终的。

三、不同于一切新生物

马良骏认为，真主不同于一切新生物，之所以用“不同”描述真主而没有说一切新生物不同于真主，是因为这种“不同”其实表述的是真主的超越性（تنزيه）。同样，真主也不同于无始的非存在物，因为尽管无始的非存在物是必然者，但它们是必然不存在者，而真主是存在者。不同于一切新生物就是否定形体、偶性、整体和部分，以及与它们必然伴随的事物。与形体必然伴随的是方位，与偶性必然伴随的是不自立（依附），与整体必然伴随的是大，与部分必然伴随的是小，等等。总而言之，对于超越性的一个总原则是“任何物不似象他”（42∶11）。马良骏简述了真主不同于任何新生物的证明：假设真主并非不同于新生物，那么他定与新生物是相似的，如果他和新生物是相似的，那么他就是新生的。而之前已经证明了他是古有的。因此对不同于新生物的证明也要归结于对古有属性的证明。凡必然古有者，虚无对其而言是不可能的，但虚无对所有新生物来说并非不可能，因此没有任何新生物是古有的。

四、以自身而成立

这一属性强调真主必然以自身而成立，并非以他者而成立。以他者而成立指的是他需要赖以成立的某个位置，或承载他的某个载体，或限定他的某个限定者，或使他存在的某个存在者。真主必然不是实体和物体，那么他就不需要赖以成立的位置，即无需容纳他的空间。真主也必然不是偶性，所以他不像颜色和气味等偶性那样需要承载它们的某个载体。前面已经证明真主是古有的，因此他不需要某个限定者和使他存在的存在者。综上，真主必然是以自身而成立的，并非他者。

五、独一性

真主的独一性无疑是伊斯兰教最为强调的内容，以致于教义学家将自己所研究的学科称之为“认主独一和属性的学科”[1]。那么真主的独一性究竟指什么？马良骏解释道，真主的独一包括本体独一、属性独一、行为独一三个方面。所谓本体的独一是指真主的本体并非由部分组成，并且没有类似，没有匹配；属性的独一是指同类属性没有多个，例如真主不可能具有两个或两个以上的能力属性，两个或两个以上的知识属性等等，并且真主的属性不能等同于他者的属性；行为的独一是指他者的行为不会对真主的任何行为产生影响。本体的独一、属性的独一和行为的独一要求否定五种形式的“多”（كمام）。第一种是在本体之内言“多”，比如说由部分组合而成。第二种是在本体之外言“多”，比如说还有第二个或更多的主宰。这两种形式的“多”是以本体的独一而被否定和排除的。第三种是在属性之内言“多”，比如说同类属性有多个，例如多个能力、多个知识等等。第四种是在属性之外言“多”，比如说除真主之外的他者拥有像真主一样的属性，例如张

① سعد الدين التفتازاني، شرح المقاصد، ج1، ص164، عالم الكتب- بيروت، سنة1998م.

三拥有像真主一样使有、使无的能力，或拥有像真主一样的意愿，或拥有像真主一样全知万物的知识。以上这两种形式的“多”是以属性的独一而被否定和排除的。第五种是在行为之外言“多”，比如说除真主之外的他者拥有产生某事的行为，实际上他者拥有的只是对行为的获取（الكسب）和选择[1]。这种形式的“多”是以行为的独一而被否定和排除的。此处反驳了穆尔太齐赖派的观点，他们主张人创造了自己自由的行为，但他们并未否认人的能力是来自真主的。关于这一点将在本书第七章进行讨论。值得指出的是，真主的独一性并未否定第六种形式的“多”，即在真主的行为之内言“多”，因为真主的行为本就是“多”，例如创造、供给、使生、使灭等等。

教义学家在独一性证明的方法论上有不同主张，有学者认为对独一性的证明是理性证明，有学者认为是启示证明，也有学者认为需要同时依靠启示和理性进行证明。在马良骏这里，独一性证明被总结为两种，一种称作“协同论证”(برهان التوارد)，一种称作“对抗论证”(برهان التمانع)。在他看来，这两种论证其实都建立在一节《古兰经》的基础上：“除真主外，假若天地间还有许多神明，那么天地必定毁坏了。”（21∶22）这是《古兰经》所给出的

① 这是艾什尔里学派的主张，认为真主是一切行为的产生者和创造者，人只是通过自由意志的选择而获取了这些行为，相关内容在本书第六章讨论。

独一性论证。这节经文中的“毁坏”（فسد）一词有两种解释：第一种指的是“不存在”，第二种指的是混乱、无秩序。

按照第一种解释则是一种理性证明，即“协同论证”。其证明形式如下：假设世界有多个主宰，那么世界上不会存在任何事物。世界上不会存在任何事物明显是错误的，因为这些事物是已经被人见到的。所以主宰不会是多个。既然主宰不会是多个，那么就是独一的。但是，这一论证的前提即“假设有多个主宰，那么世界上不会存在任何事物”本身不是自明的，仍需要证明。对这一前提的证明是：如果世界有两个主宰，那么他们创造世界的方式无非是三种，第一种是他们同时创造世界，这是不可能的，否则会导致两个作用者共同产生一个作用。第二种是他们依次创造世界，即一个主宰先创造，另一个主宰再创造，这也是不可能的，否则会导致重复。第三种是两个主宰合作，一个主宰创造一部分，另一个主宰创造另一部分，这也是不可能的，因为这会导致两个主宰都是无能的，一个主宰的能力只能创造一部分世界而另一部分需要另一个主宰的能力来完成。因此，如果存在多个主宰，那么世界上不会有任何事物。

按照第二种解释，经文中的“毁坏”指的是混乱无秩序。这是一种经验证明，即“对抗论证”。其证明形式大致如下：假设世界有多个主宰，那么世界上的事物必定因主宰的对抗而混乱无序。而整个宇宙有秩序地运行是众所周知的，因此主宰不可能是多个。

但是，这一论证的前提即“世界上的事物必定因主宰的对抗而混乱无序”本身也不是自明的。对这一前提的证明是：假设两个主宰是可能的，那么他俩的相互对抗是可能的，即一个主宰要某人动，另一个要某人不动。这样一来，或者两个主宰的意志同时实现，即两个矛盾面同时发生，这是不可能的；或者不会同时实现，那么必定有一个主宰在对抗中是无能的。无能是新生者和可能者的表现，因为无能必定是有需求的。因此，多的可能性必然导致对抗的可能性，对抗的可能性必然导致荒谬。那么，“多”的可能性就是荒谬的，独一性就确定了。

在马良骏看来，以上两种证明方式都不具有绝对的确定性，相比之下第一个证明更具确定性。但是，在创造世界过程中两个主宰的协调合作在理性上并不是具有绝对的不可能性。此外，对抗论证只能证明在过去和当下不可能有两个主宰，世界在未来毁坏与否是未知的。按照伊斯兰教义，世界在末日是要毁坏的。那么是否就说明有两个主宰存在呢？按照秩序的解释，假使有两个主宰，并不会必然导致世界现实的毁坏，因为二者也可能在这个有秩序的体系中相协调。面对以上种种质疑，纯粹的理性证明很难让人满意。这似乎意味着对独一性的证明需要依赖于启示，这是包括塔夫塔扎尼在内的许多教义学家都允许的主张。因为独一性并不像真主的存在那样是证明启示之真实性的前提，那么启示就可以成为证明独一性的前提。

第五节 本体性肯定性属性（表义属性）

按照传承自艾布·哈尼法的马图里迪教义学对属性的一般分类，真主的属性被分为本体性属性和行为性属性，本体性属性被总结为八个，也称为表义属性，其他所有属性都可以被归结为这八个属性。马良骏所论述的十四个重要属性中，除五个否定性属性和一个存在属性之外，剩下就是这八个表义属性了。他对其中每个属性不仅从其定义和证明方面详加论述，而且还讨论了伊斯兰思想史上分别围绕这些属性所产生的重要教义争论。例如教义学家对哲学家关于真主不能认识个别事物的反驳，正统教义学中的艾什尔里学派和马图里迪学派关于真主的行为是由能力属性所产生（新生）的还是发自古有的“本为”属性的争论，以及正统派和穆尔太齐赖派之间关于真主的意志和语言的争论，尤其是历史上著名的《古兰经》是否被造的争论。

一、知识

对于真主的知识属性，马良骏采用了学者巴朱里（شيخ الباجورى）[1]在其《求学者的礼物》一书中的定义：“真主的知识是以永无隐藏地洞悉其借以所是者的方式关联必然者、可能者和不可能者的无始属性。”[2]据作者的解释，“关联必然者、可能者和不可能者”指真

① 巴朱里（1783-1860 年），全名布尔哈努·丁·伊布拉欣·巴朱里（برهان الدين ابرهيم الباجوري），埃及著名的艾什尔里学派教义学家、注释家，被誉为“实证教义学家的封印”（خاتمة المحققين）。

② 马良骏：《教义学述要》，第 40 页。

主的知识与这一切事物之间的关联是古有的现实性关联，因为真主无始地知道一切事物之其所是，无论是其在过去、现在还是将来的存在。知识对象的种种状态不会导致这种关联的改变，因为变化只是知识对象的属性，而非这种关联的属性。真主的知识与知识对象之间不存在古有的潜在性关联，也不存在新生的现实性关联。因为古有的潜在性关联只是潜在的知道万物而不是现实的知道，而新生的现实性关联同样意味着真主在实现这一知识之前是无知的，总之二者都会导致真主无知的结论。

教义学家塔夫塔扎尼在《教典诠释》中对真主知识属性的定义是："（以真主的本体而成立的）无始的属性，当它关联知识对象时可以揭示（كشف）它们。"[1]巴朱里认为自己对知识所下的定义比塔夫塔扎尼的定义更准确，马良骏转述了巴朱里指出的塔夫塔扎尼定义中的三个漏洞。首先，"揭示"一词表示在隐藏之后的显现，这似乎意味着真主在揭示之前是无知的。第二，"知识对象"一词是从"知识"中派生来的，要定义知识对象就必须先定义知识。因此在知识的定义中如果引入知识对象，会导致循环论证。第三，既然是知识的对象，那么说明就是已经被揭示的，如果把知识的对象用在知识的定义中会造成揭示之前的揭示这样无用的重复。马良骏虽然采用了巴朱里对知识属性的定义，但他并不认

①حاشية العلامة الخيالي على شرح عقائد النسفية، المكتبة الأزهرية للتراث-القاهرة، سنة2000م، ص75.

可巴朱里对塔夫塔扎尼定义的挑剔。在马良骏看来，塔夫塔扎尼的定义也可以合理地解释。首先，“揭示”可以解释为自始至终地显现，而非隐藏之后的显现。其次，从派生角度而言的知识只是一个词根，这里所要定义的知识是一种属性，因此不是循环论证。第三，这里的“知识对象”是指不考虑知识实现于其上的那些事物，因此它们是潜在地被揭示而非现实的被揭示。

讨论知识的定义之后，马良骏指出，无论是从启示还是从理智的角度而言，都不能将真主的知识表述为获取性（كسبي）知识、必然性知识和自明的知识。首先，人不能认为真主的知识是获取性的，因为获取性的知识要么仅仅是指通过思考和推理所得的知识，不包括感性知识，要么也包括通过感官所得的必然性知识。无论按照哪种说法，真主的知识都不能被叫做获取性知识，因为这会导致“新生者以真主的本体而成立”以及“真主无知在先”这样荒谬的结论。然而，《古兰经》的有些经文从表面看来会使人认为真主的知识是获取性的，例如：“后来我使他们苏醒，以便我知道两派中的哪一派更能计算他们所停留的时间。”（18∶12）马良骏指出，这节经文一般被注解为：“以便为他们显示我所知。”根据另一种诵读法，经文中的 na’lama（نعلم，意为“我知道”）读作 nu’limu（نعلم，意为“我使人知道”）。无论根据哪种解释，这节经文都不表明真主的知识是获取性的。其次，真主的知识也不能被表述为必然性知识。尽管必然性知识可以是不依靠思考和推理的知识，但它也可以指与必然性相关的知识，所以不能被用于描述真主的知识，以防使人认为真主的知识是由必然的前提经过正确的推理得来的。而且必然性的意义也指对于有些本身需要依靠思考和推理而没有依靠思考和推理的知识，这样一来，必然性和推论性的相对关系就是无天赋和有天赋的相对关系，而不是必然性和非必然性的相对关系。第三，自明知识尽管常被用于与必然性知识同义的不依靠思考和推理的知识，但它也用于表述对于自身偶然所得的知识，即直观或灵感所得的知识，故不能被用于描述真主的知识。

教义学家之所以如此重视讨论真主的知识与其对象的关联，是因为这个问题关乎他们与哲学家之间的争论。这一争论集中体现在安萨里对伊本·西那等逍遥派哲学家的批判，因为哲学家主张真主的知识是一种普遍的知识，他只能认识共相，不能认识个别，或者只能以共相的方式认识具体事物。这缘于哲学家所持的亚里士多德主义的认识论立场，认为认识主体是跟随客体的，认识是一种同化作用（assimilation），人的理智在认识活动中与其对象（的形式或本质）变得同一，或者说知识就是客体的形式发生或印记在主体之中。所有形式本质上都是共相性的，因此理智知识所涉及的是共相和一般，而不是殊相和个体。按照这种同化理论，对具体事物这样的可朽对象进行认识的理智也会成为（被同化为）可朽的，如果真主认识可生灭的个别事物，那么他就是可朽的。在他们看来认识随着认识对象的变化而变化，但真主的独一和完美要求真主的认识必须是永恒普遍的，真主如果认识个别事物，势必会造成真主的知识不是永恒不变的，这就意味着真主本身不是全知全能的，而是不完美的。因此他们不得不宣称真主只能认识普遍（共相），对个别事物的认识也必须是以一种普遍的方式，即真主并不认识作为殊相的一个个偶然的个别事物，而仅仅是认识他们一般普遍的抽象的方面。

马良骏解释了为何安萨里等教义学家会如此激烈的反对逍遥学派哲学家的如上论断。首先，它明显违背了《古兰经》的原文："他认识陆上和海中的一切；零落的叶子，没有一片是他不认识的……"(6∶59)"任何女人的怀孕和分娩，无一不是他所知道的。"（35∶11）其次，如果真主不能认识个别，他还怎么根据每个人的行为而赏善罚恶？马良骏之所以选择教义学家巴朱里的主张，认为真主的知识与其对象的关联只是古有的现实性关联，是为了强调真主在无始中便已经既概括又详细的知道了一切事物，他既知道普遍又知道个别，既认识共相又认识殊相。在安萨里看来，逍遥学派的认识论前提是没有根据的，认识的变化未必意味着认识主体本身的变化。若哲学家认为真主认识诸多不同的种和属（共相）不导致真主本身的变化，那么对不同事物不同时刻的状态的认识也不会导致真主本身的变化。[①]

① 参见安萨里：《哲学家的矛盾》，王希译，未版。

马良骏指出，为了反驳哲学家否认真主认识个别事物，有些教义学家例如《教典诠释》的旁注者黑亚理认为在不受时间限定的无始中真主的知识与其对象（包括必然者、可能者和不可能者）之间是古有的现实性关联，在创世之后真主的知识与其对象（新生之物）则是新生的现实性关联。前者是一种无限的普遍性关联，因为其对象是无限的普遍的；后者则是一种有限的个别性关系，因为其对象是有限的新生的。然而，马良骏指出，认为对于无限事物的知识不会是详细和个别的，这种想法只是我们理性的考虑罢了。实际上，对于真主知识的关联不必做古有的和新生的区分，即便是像黑亚理这样认为存在新生的关联，这种新生性也只说的是知识所产生的关联，而并非说知识本身是新生的。新生之物随着时间的变迁而变迁不会导致作为真主本体性属性的知识的变更。变化的只是我们主观考虑的知识与其对象的关联。

总而言之，马良骏选择的主张是真主的知识只有一种关联，即古有的实现性关联。真主对一切事物（包括无始之物和新生之物）的认识都不受时间的限制，他的知识是永恒的，不像人一样存在过去知道和将来知道。这一主张是与苏非学的“恒定原型”（الأعيان الثابتة）思想相吻合的，苏非学上主张的“恒定原型”实际上就是真主对一切事物的永恒认识，这些“恒定原型”永恒无始地存在于真主的知识中，既包括共相也包括殊相，既有普遍也有个别。

二、能力

马良骏提到真主能力属性的一种定义是以他的本体而成立的无始的属性，真主以自己的意愿而使所有可能者存在或使之不存在都是通过这一属性实现的。马良骏指出，真主的能力不同于知识，知识关联所有必然者、可能者和不可能者，而能力只关联可能者，不关联必然者和不可能者。因为能力的关联无非是使之存在或使之不存在，而必然者本身就是必然存在的，不可能者本身就是必然不存在的。马良骏说："如果有人责难说：'真主能使某个必然者不存在，或使某个不可能者存在吗？'符合礼节的回答是：'能力关乎的是使某物存在或不存在，真主的能力不关联必然者和不可能者，你说的那事物是必然者或不可能者，因此真主的能力与之无关。'我们不能回答'不能'，因为这是对真主的无礼，它会让人臆测真主的无能。"[①]教义学对真主能力属性的证明：真主是古有的创造者，创造一切新生之物，凡能如此者必有能力，因此真主必然具有能力。

马良骏还提到塔夫塔扎尼在《教典诠释》中给出的能力属性的另一个定义：能力是无始的属性，当它关联能力对象时便对其产生作用。在马良骏看来，这个定义既可以为否定"本为"属性的艾什尔里学派所接受，也可以为肯定"本为"属性的马图里迪学派所接受。在马图里迪学派看来，能力的作用是使其对象的存

① 马良骏：《教义学述要》，第 49 页。

在成为可能，而使之现实的存在则是本为属性的作用，能力的关联都是古有的。因此能力属性指的是真主以之而能够使有使无，并不是指能力使其对象本身成为可能存在者，因为可能者本身就具备可有可无的属性。某物之所以是可能存在者，是因为它是能力的对象，不是能力的对象就不是可能存在者。

在艾什尔里学派看来，能力是一种使有或使无的属性，因此在创造中无需设定一个“本为”属性。他们中一部分人认为能力属性在无始中关联可能存在者，而当意志侧重于让可能存在者存在时，它便自然产生，这样一个侧重因足矣，无需其他作用，因此能力属性的关联是古有的。另一部分人主张，当意志侧重于使之存在或不存在的任何一方时，能力就与之关联，然后结果便产生了。因此能力的关联是新生的。马良骏在马图里迪学派的立场上调和了这两种主张，他认为能力同时具备以上两种关联，一种是无始的，可能存在者之所以是可能存在者是通过这种关联，这是现实上无限的古有的关联，因为可能者是无限的。第二种是新生的，可能存在者成为存在是通过这种关联，即在意志提供一个侧重因之后与其对象之间新生的关联，这种关联是现实上有限的，潜在中无限的。由于能力属性关系到艾什尔里学派和马图里迪学派在真主是否具有“本为”属性这个问题上的分歧，因此将在本章行为属性的一节中通过对比进一步讨论能力属性。

三、意志

教义学上与意志有关的词有两个，即意志（الارادة）和意愿（المشية）。马良骏指出，这两个词是异名同义的，从词源上讲都表示绝对的意向，一般表述为附加在真主本体上并以本体而成立的无始、古有的属性，不同于命令（أمر）、知识（علم）和满意（رضاء），意志分别在六组相对的可能性中限定可能者。这六组可能性分别是有无、属性、时间、空间、方向和量。相对指的是有和无相对，某些属性（如白）和某些属性（如黑）相对，不同的时间、空间和方向相对，不同的量（如长和短）相对。

首先，正统派主张意志是古有的属性，而凯拉米派则认为意志是以本体而成立的新生属性，这必然导致新生之物以真主古有的本体而成立，是荒谬的。其次，意志是以真主的本体而成立的，并非像穆尔太齐赖派的朱巴仪认为意志是不依靠任何载体而成立的属性。同时，意志是表义属性而非否定性属性，不能被解释为不疏忽、不受强迫，因为否定性属性是一种不自立的非存在。第三，意志不同于命令，也不必然导致命令。因为有时真主意欲某事并且命令之，就像善人的行善，真主意欲他们并且命令他们行善；有时真主不意欲某事也不命令之，就像善人的作恶；有时真主意欲某事却不命令之，就像恶人的作恶；有时真主命令某事却不意欲之，就像恶人的行善，真主命令他们行善却没有意欲其善行的发生，在马良骏看来这是只有真主才知道的秘密，人的理智无法触及。他指出，有些穆尔太齐赖派学者认为真主意欲他者的行为就是命令之，这里的命令是指本质上的命令，而非字面上的命令，因为就字面而言，意志和命令显然是不同的。分歧只是关于本质上的命令与意志是否相同。第四，意志不同于知识，即意志不是知识本身也不必然与知识相伴随。因为知识关联必然者、可能者和不可能者，而意志只关联可能者。这就反驳了穆尔太齐赖派中的某些人，他们认为真主意欲他者的行为就是命令之，真主意欲自己的行为就是知之。第五，意志不同于满意，满意表示接受并会给予赏赐，而意志有时会关联真主不满意的事物，如坏人所作的恶，真主意欲之却不满意。

在马良骏看来，意志既然只关联可能者，那么意志就具有古有的现实性关联，即真主无始地以他已知将要现实产生于某物上的属性来限定此物。意志还具有古有的潜在性关联，即意志在无始中符合这种在现实中确立的限定。真主的意志同能力一样不会关联必然者和不可能者，而只关联可能者，这里的可能者包括善和恶，不同于穆尔太齐赖派，他们主张真主的意志不会关联恶。

马良骏说，真主既然是自由的创造者，凡是如此者必然具有意志，那么真主必然具有意志。之前已经论证世界不是自己产生的，他只能产生自真主，那么世界产生自真主要么是一种必然的因果关系，要么是通过真主的意志和自由选择，即真主意欲并选择创造世界，他为世界限定一个产生的时间。前者是哲学家的主张，后者是教义学家的主张。在教义学家看来，前一种是不可能的，如果真主作为世界的必然原因，世界作为真主的必然结果，结果是伴随原因而存在的，那么真主的永恒性必然导致世界也是永恒的。这是教义学家所不能接受的，本书前面已有讨论，故在他们看来世界产生自真主不是以因果关系的必然性，而只能是真主的意志和选择。真主规定了世界产生的时间，他是有意志的自由的主宰，而非被迫的或作为必然原因的主宰。

四、永活

马良骏对永活属性的讨论主要是介绍了几种关于活的定义或描述。最精确的定义被认为是塔夫塔扎尼的表述，在他看来真主必然具有古有的永活属性，这一属性是无始的并且必然要求以知识而被描述，同样这一属性也被除知识外的其他一些必然属性所描述。单独提出知识属性是因为，知识是其他属性的条件，而“活”是知识的条件，因此是条件的条件。现实中的活并不必然导致知识，例如人虽然是活的，但并不必然导致人都是有知识的。因此，以上只是对永活所下的定义。至于塔夫塔扎尼及其学派为历时性的“活”所下的定义是：活是一种状态，与之必然伴随的是有感觉和意志的运动，不同于像被挪动的石头那样被迫的运动。

马良骏还提到教义学家赛努西（السنوسي）[1]对活的定义包括了古有的活和新生的活：活就是一种属性，这一属性使以之而成立者的意志有效，即可以用意志来描述以之而成立者。在马良骏看来这只是一种描述而非严格的定义，因此才能够将古有的活和新生的活同时聚合在一起。至于哲塞里（الشيخ الجسري）在其《伊斯兰的信条》（عقائد الإسلام）中对古有的活是这样定义的：以真主的本体而成立的古有的属性，在理智看来，用真主的一些伟大的属性如能力、意志、知识等来描述活是正确的。真主本体的活绝不是凭借灵魂，人的活则是通过灵魂。这就像明末学者王岱舆所说的“原活不以命，总是活，故无不活”[2]。

五、语言

真主的语言属性，是一个在教义学史上产生过激烈争论的话题。阿巴斯王朝哈里发马蒙（Ma'mūn，813—833 年在位）青睐并扶持穆尔太齐赖派，分别于 827 年和 833 年宣布穆尔太齐赖派思想为官方教义，并实行宗教审查（Mihna），以是否承认穆尔太齐赖派的“《古兰经》受造说”为标志，对各地教法学家和宗教学者进行信仰审查，迫害持不同意见者。以伊本・罕百里为首的一些学者拒绝接受这一信条，双方展开激烈的辩论，罕百里等许多

① 赛努西（1426-1490），全名艾布・阿卜杜拉・穆罕默德・本・优素福・赛努西（أبو عبدالله محمد ابن يوسف السنوسي），因生于摩洛哥的苏努斯而得名，著名的艾什尔里教义学派教义学家，教法上遵循马立克教法学派。

② （明）王岱舆：《清真大学・本分》，载《清真大典》第 16 册，第 9 页。

学者遭受迫害。罕百里主义认为，理性主义倾向导致了自古以来淳朴而朴素的信仰的败坏，号召“回到《古兰经》中去”“回到先知的行为中去”。9 世纪下半叶，哈里发穆泰瓦基勒（Mutawakkil）在位时期，穆尔太齐赖派失去官方支持，而罕百里主义一度跃居统治地位，在这个问题上同样以不容异己的态度对待其他学派。

穆斯林教义学者们之所以对这个问题如此敏感，很大程度上源自他们于基督徒的早期教义争论。公元 661 年，大马士革成为倭马亚王朝首都，伊斯兰文化中心开始转移至叙利亚地区，这里成为基督教与伊斯兰教思想最早碰撞和交汇的主要地带。以穆尔太齐赖派为代表的教义学家为了宣扬伊斯兰教，不得不研究袄教、犹太教和基督教等其他宗教。犹太教和基督教已经有了希腊哲学和逻辑学的武器，因此教义学家也努力掌握同样的思想武器。于是，他们成为最早将希腊哲学引入伊斯兰教的人。以大马士革的约翰（John of Damascus，约卒于 748 年）为代表的基督教神学家坚持耶稣基督作为上帝之言（the Word of God）是永恒的，而穆尔太齐赖派教义学家为了反驳“三位一体”这种被视为违背了真主独一性的教义，必然要反对耶稣基督作为上帝之言的永恒性［《古兰经》中也称尔萨（耶稣）为真主之言］。如前所述，穆尔太齐赖派认为如果承认真主具有许多永恒属性，就等于承认有多个永恒者的存在，这就违背了他的独一性。因此，真主不可能具有依附于他的本体而成立的一切永恒属性，当然不可能具有“语言”这一永恒属性，基督作为上帝之言是被造的（不是永恒的上帝或位格），《古兰经》作为真主之言也是被造的，而非真主永恒的语言属性。

马良骏细致区分了对真主的语言属性持不同主张的人，并以他们各自的理解阐明分歧的根源所在。马良骏指出，在艾什尔里和马图里迪学派看来真主具有永恒的语言属性，那语言属性是无始的、以真主的本体而成立的，并非字母和声音，更没有语法上的前置和后置、变格和定格等情况，绝不存在能言却因心中思虑而沉默，绝不像哑巴和幼童一样存在无法言说的内在缺陷。真主的语言是一个属性而非多个，但这一属性按照理智的理解可以分为不同的种类。就其关乎对礼拜、斋戒等行为的要求而言，就是命令；就其关乎对放弃罪恶行为的要求而言，就是禁令；就其关乎先知、法老等的事迹而言，它就是叙事；就其关乎行善者将进入天堂而言，就是许约；就其关乎作恶者将进入火狱而言，就是警告。在马良骏看来，真主的语言属性是通过启示而确定的，并非通过理性证据。其启示性的证据是《古兰经》说："真主曾与穆萨对话。"（4∶164）不同的人对经文的理解不同，也就导致他们有关真主语言属性的主张不同。穆尔太齐赖派认为语言只是通过文字和声音而存在的，真主的语言也是同样。因此真主的语言并不是以真主的本体而成立的，因此不是永恒的，真主的谈话意味着他在某个载体中创造了语言。他们对经文的解释是，真主在穆萨（摩西）所面对的那棵树上创造了语言而与穆萨进行交谈。因此，他们主张《古兰经》是被造的，即真主首先在“天牌”中创造了它，然后以迦百列天使和穆罕默德之口为载体和媒介而传达给世人，最后以笔墨和经卷为载体被书写出来。但艾什尔里和马图里迪学派并不同意这一主张，他们将真主的语言分为两种：第一种是古有的本质性语言（الكلام النفسي القديم），它是以真主的本体而成立的属性，是永恒的意义，而非文字和声音；第二种是文字性的语言（الكلام اللفظي），即真主创造了它，它与人的语言之间的区别在于这种语言只是真主的创造和安排，没有人的参与，就像对《古兰经》文字的编排，而人的语言本质上虽是真主的创造，但是由人自己组织的。第二种语言实际上就是穆尔太齐赖派所主张的语言。

马良骏说，用“真主的语言”指古有的本质性语言是实指，而指文字性语言则是借喻。因此，不可笼统地否认被写在经卷中的经文是真主的语言，需要区分看待。经卷中的文字和墨迹以及人诵经的声音是被造的，但《古兰经》本身（即它所表达的永恒的意义）是真主古有的语言属性，并非被造的。因此，不可因人所念的文字是新生的而断言《古兰经》是新生的、被造的。对于前面所举的经文，艾什尔里主张先知穆萨听到的是真主的第一种语言，即古有的本质性意义，在他看来人听到第一种语言是可能的，听到它恰恰显示了穆萨的奇迹。而马图里迪则主张先知穆萨听到的是第二种语言，即作为声音的语言，那声音不借助任何媒介，直接传到穆萨耳中。穆尔太齐赖派则主张那声音通过穆萨见到的那棵树的媒介而发出。因此，对历史上的争论要客观看待，穆尔太齐赖派的“《古兰经》被造说”在他们的原理的解释之下并未达到悖信的程度，但是借助政权的力量进行强行推广则往往使他们的反对者矫枉过正。实际上，早期的论战缓和平息之后，后辈的学者才能够对双方的观点进行冷静客观的思考，对语言属性作出更加细致的解读。

六、听和观

教义学家认为，真主的听是以真主的本体而成立的无始的属性，它关联一切存在者，一切声音和实体，即它们都是为真主所揭示的，以听而揭示的不同于以观而揭示的，以听和观而揭示的不同于以知识而揭示的，只有真主知道不同揭示的本质。马良骏说，这并不是像我们认为的观是以亲眼所见而在知的基础上起到使明确的作用。以上所讨论的是真主永恒的听，至于人的新生性的听只是寓于耳蜗神经中可以获得一些声音的功能。有时候也可以获得非声音的事物，如艾什尔里主张先知穆萨听见了真主古有的语言，那语言是超越于文字和声音的。

真主的“观”被认为是以真主的本体而成立的无始的属性，它关联一切存在者，即实体和非实体。按照经训的描述，真主是全观一切存在者的，尽管是黑夜中的黑蚂蚁，甚至是像声音这样的偶性。但真主的“观”不同于人和动物的新生性的观，新生性的观是眼睛中被造的功能，人以此而获得光、颜色和图案等。马良骏指出，听和观两个属性是由启示确定的，而非理性论证所得。《古兰经》多处提到“他是全听的、全观的”。经文中既然肯定了真主作为全听者和作为全观者这样的意义性属性，那么在正统派看来必然要确定听和观这两个表义属性。

第六节 行为性属性

一、本为

如前所述，真主的属性分为本体性属性和行为性属性，本体性否定性属性并不是附加在本体上的某个意义，而是一种非现实存在的描述，这些属性是无限多的。本体性肯定性属性即表义属性，表示依附于真主本体而成立的现实存在的意义，在艾什尔里学派看来，这些属性共有七个，即知识、能力、听、观、言、意志、活。在他们看来，行为性属性则是人主观考虑的存在，并非现实的存在，因为行为性属性仅仅表示真主的能力发出的作用，即能力（与其对象之间）新生的现实性关联。但在马图里迪学派看来，行为属性也是现实存在的属性，并且也是依附于真主的本体而成立的，因为一切行为性属性根本上都是“本为”（التكوين）这一本体性属性，只不过这一属性与不同的作用对象产生了不同的关系，从而表现出真主不同的行为性属性。因此马图里迪学派确定了第八个表义属性，即本为。

“本为”一词的阿拉伯语是 al-takwīn（التكوين），其字面意思是“使有”“创造”“制造”，但在教义学的术语中它并不简单等同于真主的创造（التخليق）、制造（الصنع）、使有（الإيجاد）等具体的行为性属性，而是一切行为属性的根源，因此笔者借用明代穆斯林学者王岱舆的术语将其翻译为“本为”。在马图里迪学派看来，一切行为性属性本质上都归根于本为属性，作为它的表现形式。换言之，一切行为性属性从本质上讲是一个。马良骏指出，当本为属性与存在相关联，则称之为“使有”（الإيجاد）；当与虚无相关联，则称之为“使无”（الإعدام）；当与活相关联，则称之为“使活”（الإحياء）；当与形象相关联，则称之为“赋形”（التصوير）；当与给养相关联，则称之为“供给”（الترزيق），等等。

关于真主是否具有本为属性，是艾什尔里和马图里迪学派最重要的分歧，也是标志性的区别。在艾什尔里学派看来，能力和意志这两个属性足以产生一切行为，不必再设定一个本为属性。双方分歧的焦点就在于对本为和能力这两个属性的作用理解不同，在马良骏看来这并不是原则性的分歧。首先，按照马图里迪学派的观点，能力的作用是在无始之中为可能存在者赋予接受存在或非存在的可能性。可能存在者接受存在或非存在是其本质特征，但这只是可能性的接受，而非预备性的接受，而这种预备性的接受更接近现实存在。本质性的接受与预备性的接受二者的区别在于本质性的接受就像土在成为泥之前潜在地接受“成为陶器”，而预备性的接受就像土在成为泥之后潜在地接受“成为陶器”[1]，无疑后者更接近现实。本为属性与其对象之间的关联都是新生的，使事物现实地存在，而能力属性与其对象之间的关联都是古有的，在本为属性之前发挥作用。对于可能存在者而言，如果能力属性与之关联，则其成为潜在的有或无。如果真主的意志侧重于二者（有和无）之一时，本为属性即与之关联，使其最终现实地产生。而艾什尔里学派认为，能力的作用足以使可能存在者成为现实，能力古有的关联使可能存在者的落实成为可能。能力新生的关联在真主的意志产生侧重因之后使可能存在者真正现实地存在。

在马良骏的解读下，我们发现马图里迪学派主张的本为属性与苏非理论相一致。理论苏非学的本体论中将认识真主分为三个层级，即本体、属性和行为，明清穆斯林学者称为“真一三品”，即“体、用、为”。“体”是没有任何规定性的绝对存在，不能被任何语词所描述。“用”实际上就是教义学上所说的本体性肯定性属性，即绝对存在对自身的一种外显或规定。“为”是对真主与他者之关系的描述，在创世之前不存在除真主之外的“他者”（即真主行为的对象），所以这里的“为”只是一种隐喻的表述，还未产生任何外在现实的影响。故明代穆斯林学者王岱舆说：“但未发之时，其与真一不即不离，分之不开，合之有别，中藏保养之机，已显任凭之

① 马良骏：《教义学述要》，第 74 页。

兆，唯主知见。兹乃真主本为之境界也。”[①]这一苏非理论恰巧符合马图里迪教义学所主张的真主永恒的本为属性。马注在《清真指南》中将真主的属性分为“本然之品”（本体性属性）和“维持之品”（行为性属性），又将“维持之品”（行为性属性）分为两个层次：“维持亦有二品，曰本为之品，曰作为之品。本为之品，显自本然，作为之品，显自维持。”[②]其中“本为之品”实际上就是永恒的本为属性，“作为之品”则是现实的外在行为。在苏非思想中，外在的行为产生之前，本为属性的对象就是存在于真主知识当中的万物之本质或原型，称为“恒定原型”，这些原型在创世之前只是观念性的存在，并非外在实有。

二、可能的行为

在论及对真主而言可能的事项时，马良骏说：

真主可以使可能者存在，也可以使之不存在，即真主可以做可能的事项，也可以不做，无论那些可能的事物是宏大的还是微小的，因为真主是全能于创造的。其启示性的证据是他说：“真主对于万事是全能的。”一切可能存在者多而无限，无法统计，我们不可能细数所有对真主而言可能的事项，而只能述及一部分。[③]

马良骏论述了多个对真主而言可能的事项，笔者仅对这些事项进行一个大致的概括总结。第一项实际上是有关神义论的问题，

① 王岱舆：《清真大学·本为》，载《清真大典》第16册，第10页。
② 马注：《清真指南》，卷二，本用，载《清真大典》第16册，第556页。
③ 马良骏：《教义学述要》，第86-87页。

即真主可以创造善，也可以创造恶，因为真主是具有自由意志的主动者。有些事或许本质上是善的，但我们因看不到它的善而认为它是恶的，反之亦然。马良骏指出，善恶只是对人而言的，我们不能说有些事对真主而言是善的，有些事对真主而言是恶的，因为任何事对真主而言无所谓利害。本书第三章已经讨论了善恶的规定者的问题，正统派认为启示规定了善恶，规定是针对人的规定，目的在于考验人，因此人会因善而得福，因恶而受惩。

第二项是真主可以做对人无益的事，对真主而言实现人的最大利益不是必须。这是为了反驳穆尔太齐赖派的观点，他们主张最大利益原则，即真主必须做在理性看来对人最有益的。历史上艾什尔里针对穆尔太齐赖派提出的著名的“三兄弟辩论”就是为了反驳这一点。第三项是赏善罚恶对真主而言并不是必然义务。犯罪者如果至死都未忏悔，真主也可能原谅其罪而不惩罚，做了忏悔的人真主也不一定不惩罚，一切都是来自真主的自由施予的恩典。对正统派而言，真主必然不会违反他在《古兰经》中对赏善罚恶的许诺，因为《古兰经》多次提到“真主确是不爽约的”（3∶9）。即真主必然不会违背他的许诺。但是这种必然是恩典性的必然，而非义务性的必然。而且赏善和罚恶有所不同，真主因其恩典而不会放弃赏善，但真主可以选择罚恶，这是出于公正，也可以选择放弃罚恶，因为真主是至赦的、至慈的。

第四项实际上是在第三项基础上进一步延伸，即真主可以惩罚小罪而原谅大罪。犯大罪的人不会导致丧失信仰，只要他未把罪恶之事当做真主许可之事。如果真主意欲，会原谅犯大罪者，尽管他未加忏悔，这是来自真主的恩典。第五项是真主可以接受也可以不接受人的忏悔，接受与否都不是真主的义务。以上两条都不同于穆尔太齐赖派，他们认为未加忏悔的大罪不能被原谅，如果犯罪的人进行了忏悔，真主则必须接受。第六项在意志属性中已经提到过，即真主自由地对世界产生作用，而不是像哲学家所说的真主是世界产生的必然原因。在正统派看来，真主具有自由意志，他可以选择创造世界也可以选择不创造。

第七项，看见真主在理性上是可能的，在启示上是必然的。这里所谓的看见，指的是用眼睛看见，而不是在梦中见到或修行者在精神世界那种意义性的见，后者是学者公认的。眼见真主的问题在教义学著作中有长篇大论，笔者在此仅就马良骏的论述作一大致概括总结。马良骏指出，一方面用理性无法证明眼见真主不可能，另一方面有大量的启示证据说明眼见真主的必然性。《古兰经》云："在那日，许多面目是光华的，是仰视他们的主的。"（75：22-23）穆尔太齐赖派中的朱巴仪派将经文解释为"是期盼他们的主的恩典的"。《古兰经》云："行善者将受善报，且有增加。"（10：26）[①]根据大多数经注学家解释，经文中的"善报"指的是

① 马坚译本为"且有余庆"。

天堂，而“增加”则是在天堂中看见真主，这被穆斯林视为最大的恩典。此外有大量圣训证明，例如：“你们将看见你们的主，就像你们看见明月一般。”[①]根据圣门弟子的公议，有些人将在后世看见真主。至于看见真主的方式，正统派主张，看见真主不像看到除真主之外的物体那样需要方向、距离、光线等条件，而且真主超越于一切形式和物质性，真主届时为人创造一种能够观看超越者的能力。至于在今世能否看见真主，正统派主张，在今世看见真主也是可能的，只是对于除穆罕默德之外的人不会发生。大多数学者主张，穆罕默德在登霄之夜超越了极境后见到了真主，这是穆罕默德的奇迹，其他任何人没有享有这份恩泽。教义学家从一节经文中剖析出两个三段论形式以证明在今世见主的可能性，这节经文是：“他（穆萨）说：‘我的主啊！求你昭示我，以便我看见你。’他（真主）说：‘你看不见我，但你看那座山吧。如果它能在它的本位上稳定，那么，你就能看见我。”（7∶143）据马良骏总结，这节经文可剖析出的第一种三段论推理是直言推理（قياس اقتراني），其形式是：看见真主是与可能事物相关的，凡与可能事物相关的都是可能的，所以看见真主是可能的。因为山的稳定是可能的。第二种是假言推理（قياس استثنائي），其形式是：假设见主不可能，穆萨就不会有此请求，因为他是先知，他知道对于真主什么是必然的，什么是可能的，什么是不可能的，先知绝不

① 《伊本·马哲圣训集》，175。

会无知其中任何一个事项。然而，穆萨却请求见主，说明见主是可能的。

第八项，在理性看来，真主可以责成人力所能及的事，也可能责成人所不能够的事，后者虽是可能的，但实际上不会发生。穆尔太齐赖派认为真主必然不可能责成人所不能够的事，因为这在理性看来是恶，恶对于真主而言是不可能的。在正统派看来，启示所规定的不可能是恶，尽管在理性看来是恶，但其中必有其哲理和裨益。“真主只依个人的能力而加以责成”（2∶286），这节经文在正统派看来只表述的是现实中责成不能够的事不会发生，而不是发生的不可能性。

第七节　马良骏认主学思想评述

在伊斯兰教的世界观中，存在者包括真主和世界。真主是必然存在，是一切存在的根源。世界是可能存在，它指的是除真主之外的一切存在者。一般而言，我们要认识一个事物是什么，就是要认识其本质。本质就是一个事物借以是其所是者，是保证这个事物能够成立的最核心的实在。从哲学上讲，本质一般用种加属差的概念进行表示。例如，人的本质就是有理性的动物。然而，在教义学家看来，对于真主的本体不能做这样的定义，因为真主不是任何种或属。无论从哲学上的定义而言，还是从认识的可能性而言，真主的本体都是绝对的不可认知，绝对无法定义。这样一来，人对真主的认识不能通过真主自身，而只能通过世界来认识真主。正如圣门弟子伊本·阿巴斯传述的一段圣训："你们不要思考真主的本体，当思考真主的创造。"[1]世界既是真主的创造，也作为真主的迹象，是人们借以认识真主的媒介。按照教义学家的说法，教义学就是要通过世界认识并证明真主。在穆斯林学者看来，人认识真主的另一个途径就是真主直接向人类告诉他自己，也就是通过先知所传达的启示，这些启示同样也被称作真主的迹象。如果说被记录下来的启示是有字的天经，那么世界本身就是一部无字的天经。在教义学家那里，人对真主的认识有的仅仅通过理性就可知道，例如真主的存在要通过世界的存在进行证明；有的只能通过启示，例如真主的听和观等属性；有的可以同时通过启示和理性，二者相互印证。无论通过启示还是理性，最终都以达到对真主真实的认识为目的。既然真主的本体是绝对的不可知，那么对真主的认识就是对他的属性的认识。因此，无论是以"本体和属性之学"而著称的早期教义学，还是引入逻辑学之后逐渐形成体系的后期哲学教义学，都以本体和属性为主题。但后期教义学对本体与属性的研究比前人更为系统，在讨论启示和理性关系、区分理性命题和启示命题的基础上逐渐形成了一套完善的方法论。

① 这段圣训被百哈格（البيهقي）辑录在《信仰的分支》（شعب الإيمان）中。

随着经堂教育的产生和发展，以《教典诠释》为代表的教义学便开始在中国伊斯兰教经学中占有一席之地。如前所述，这是对我国伊斯兰教影响深远的一部教义学名著，对于这部典籍传入中国的时间有史料明确记载的是在经堂教育产生不久的明崇祯年间[①]。然而，正如本书第二章所述，自经堂教育创立一直到清中后期，教义学科的发展相对于其他学科而言是比较滞后的，无论是经堂教育的经师还是普通穆斯林大众，都仅限于从中获得规范信仰的教义条目，而并未对教义学的方法论和理论体系有深入研究。抛开语法修辞等基础学科不论，在经堂教育中最先得到兴盛发展的是苏非学，这一学科以山东学派和金陵学派为载体，强调认主顺主，克己修身，尽人合天，这与明末清初主流社会的新儒家话语系统不无关系。清中后期，陕西学派的兴起导致了一种学术转向，面对外部社会的转型和中国穆斯林内部教派分化的刺激，它更加强调教义学的重要性。不过，陕西学派经师述而不作的传统在一定程度上不利于教义学的弘扬和发展，马良骏正是在此实现了自己的突破。他与晚清民国的许多知识分子一样，认识到明清汉文伊斯兰著译在教义学领域的不足和缺憾[②]，遂著书立说，试图

① 参见哈宝玉：《塔夫塔扎尼及其〈教典诠释〉对经堂教育的深刻影响》，载《世界宗教研究》2017 年第 1 期。

② 参见马景：《民国时期伊斯兰教汉文译著研究》，社会科学文献出版社，2014 年，第 101-102 页。

弥补这一缺憾。诚然，马良骏在这一领域的努力是最为成功的，这得益于陕西学派精研教义学的特长。

马良骏不仅系统梳理了教义学的重要问题，基本构建了一套完整的教义学体系，而且在中国伊斯兰教史上第一次从理性和启示的关系入手讨论教义学研究的方法论问题，这是十分超前的。目前学界对教义学的研究普遍缺乏系统的方法，以往大多数教义学研究基本上都是哲学研究的附庸，无论从视角上还是兴趣点上都受到哲学研究的制约，不能体现出教义学的特质和整体形态。马良骏为我们提供了某种教义学研究的视角，对于寻找教义学研究更为系统的方法具有重要的借鉴意义。

第六章 前定与自由论

人是否为自己不可控的外部或内部力量所决定？在人类思想史上，决定论是在理论上占绝对优势的，对它的各种论证由来已久，从古代的天命观、神定论，到17世纪科学革命以来强调自然物质法则的物质决定论，随后发展出的生物遗传决定论、社会经济决定论、心理决定论等等，都在不断壮大着决定论阵营的声势，而自由意志论往往只能退守道德的阵地，将自由意志视作道德、法律和审判的必要前提，如果人不能自由地选择和支配自己的行为，道德和审判就失去了根据。两种理论看似水火不容，实际上在现实生活中，大多数人一般都是相容论者，尽管在理论上他可以是个决定论者，但在实践中则必须相信自由意志存在，从而使人为自己的行为负责。“尽人事而听天命”的表述能够直观地反应出这种调和的立场。这种现象在伊斯兰教中也是同样，决定论者和自由意志论者看似在理论上针锋相对，但现实中没有几个绝对的决定论者或绝对的自由意志论者。马良骏在自己的著作中通过详细梳理双方各自的立场和论证，最终阐述了一种在理论上“分之不开，共之不合”，在现实中放弃争论、关注行动的相容论。

第一节 论前定

前定是伊斯兰教的六大基本信条之一。穆斯林相信，一切自然现象和社会历史现象，如自然界的生灭变迁、人的富贵贫贱、吉凶祸福、生死寿限，以及政权兴衰等均出自真主的前定和安排。正如《古兰经》云："它预定万物而加以引导。"(87∶3)"真主确已使万物各有定数。"（65∶3）总而言之，真主的前定贯彻于宇宙万物，包括自然、社会历史和人的命运、行为和归宿。将前定问题放在自然界有规律的运作以及人类历史和社会的发展中似乎不难理解。但是对于个人命运而言，尤其是对于前定和自由意志的关系，前定问题就成了争论的焦点，因此，教义学上有关前定与自由关系的讨论主要集中在人的行为层面。马良骏梳理了艾什尔里学派、马图里迪学派、逍遥学派哲学家和苏非学者对有关前定问题的两个概念 Qaḍā'（قضاء）和 Qadar（قدر）的不同理解。这里为了方便区分，笔者将 Qaḍā'（قضاء）译为判决，将 Qadar（قدر）译为规定，之后综合讨论时将二者统称为前定。

马图里迪学派主张，真主的规定（قدر）就是无始的预定，一切被造物总是以对它们的永恒规定而出现，包括善恶、利害、围绕它们的时间和空间，以及它们得善报或遭惩罚等结局。真主无始地知道被造物之属性的界定及其程度、围绕它们的时间和空间的界定，以及它们得善报或遭惩罚等的程度。因此，在他们看来，规定（قدر）归于真主的知识这一本体性属性。真主的判决（قضاء）就是使万物以其精确规定而存在，因此判决（قضاء）归于“使存在”（ايجاد）这一行为性属性。他们的证据是《古兰经》文：“他在两日内判决七层天。”（41∶12）这里的判决就是创造之意[①]。总之，按照马图里迪学派解释，真主的规定（قدر）就是知识属性的关联，这是古有的关联；而真主的判决（قضاء）则是本为属性的关联，这是新生的关联。

艾什尔里学派主张，真主的判决（قضاء）表示永恒如其所是地关联万物的无始的意志，因此判决归于真主的意志这一本体性属性。真主的规定（قدر）表示使万物以真主意志所规定的程度和方式而存在，因此规定归于行为性属性，因为它表示真主使万物存在，而“使存在”是行为性属性。按照这种解释，真主的判决就是意志属性的关联，这是古有的关联，而真主的规定则是在意志属性的关联之后能力属性的关联，这是新生的关联。按照马图里迪学派的主张，真主的规定是古有的，而判决是新生的；按照艾什尔里学派的主张，正好相反。

逍遥学派哲学家主张，真主的判决表示一切存在者在理智世界中以共相的方式无始地存在，而真主的规定则表示一切存在者在其质料中恒常以殊相或个别的方式存在。正如《古兰经》说：“每一种事物，我这里都有其仓库，我只依定数降下它。”（15∶21）苏非学者主张，

① 因此马坚译本直接使用了“创造”一词。

真主的判决表示真主对一切存在者的原型所进行的共相性、统摄性的永恒无始的规定，而真主的规定则表示真主对一切存在者的原型进行的殊相性、个殊性的永恒无始的规定。

以上各种主张虽对两个概念的解释不同，但总体上对这两个概念所要表达的前定观则没有多大区别。马良骏指出，首先，信仰前定虽是必须，但任何人不得以此为借口而去做某件事，例如某个人为实现其作恶的目的，借口说:“真主为我前定了做这件事。”马良骏提出反问：前定是真主的知识，你怎么会知道你将要做的那件事是真主的前定？其次，人也不得以此为借口而逃避惩罚，因为启示已经为人规定了犯罪所应遭受的惩罚。再次，人可以以前定为由避免别人的斥责，这是无妨的。因为据圣训传述，阿丹的灵魂与穆萨的灵魂相遇，穆萨对阿丹说:“你就是那因吃禁果而导致你的子孙从天堂中被逐出的人类之父！”阿丹说：“穆萨啊！你就是那真主以他的语言而特选并亲自为之颁降《讨拉特》的人，对于真主创造我之前四十年就已经前定好的事情，你责备我吗？”先知穆罕默德说：“阿丹辩胜了穆萨。”[1]

马良骏强调，关于前定的信仰是以正确的圣训确定的，穆斯林信仰前定就要求满意前定，因此穆斯林必须满意真主的前定。但这样一来会产生一个问题，罪恶也是真主对人的前定，满意前定就会导致满意罪恶，满意罪恶就是犯罪。针对这个问题，马良

①马良骏：《教义学述要》，第163-164页。

骏提到塔夫塔扎尼在《教典诠释》中的回复，其大意是罪恶是前定的对象，而非前定本身，人满意的是前定本身，而不是作为其对象的罪恶。因此满意真主的前定不会导致满意犯罪。马良骏指出，这一回答是存在缺陷的，满意前定实际上就是满意其对象，否则满意前定本身就没有任何意义。马良骏认为，《教典诠释》的旁注者黑亚理所给出的回答更合适：罪恶有两个面向，一个是作为真主前定对象的面向，一个是作为其自身的面向。人应当满意的是其作为真主的前定对象的面向，而非作为其自身的面向。

马良骏在《清真最要志》中指出，真主对万事万物的前定正是真主公正和普慈的体现。他说：

或曰："世人贵贱、贫富、安危、妍媸、寿夭相去不啻天壤，何以谓之至公？何以谓之普慈？"答曰："若无彼此高低，不成斯世界。如天地之中，至贵者人，人身之中，至贵者心。设若天地之中，惟有人而无万物，人身之中，惟有心而无诸窍百骸，何以谓之全？所以世之人，顺违、贵贱、贫富、安危、高低、巨细，万事万物各安其位，谓之至公普慈，非一概均平也。若一概平等，则无高低、贵贱、君臣、父子、夫妇、尊卑，何以成斯世界？彼此不分，非所论矣。天有阴阳，人有贵贱，无阴不能成阳，无小人不显君子，所以石能攻玉，铅可纯金，自然之理，乃人物之所以然、真主前定中所本有者也。……以此观之，阴阳必不可缺，天地必不可同，君子小人必不可少。因其高者则高之，因其下者则下之，君子任其为君子，小人任其为小人，蜂蜜与之甜，辣子与之辣，弓眉使之弯，箭鼻使之端，当飞者则使之飞，当行者则使之行，使万物各得其所，此其至公至正至全之谓也。”①

前定被视为万事万物自然有序运行的保证，否则天地万物将不能运行。马良骏进一步指出，真主的前定是在先天对后天一切事物的判断。所谓先天即创造万有之前，万物的实在（حقيقة）蕴含在真主无始的知识中，这些被回儒称作“理”的万物原型各有其“接受性”(قابلية)，即本质上的呼求。真主的前定就是依照万物本性上的呼求而对万物的预定。马良骏引用一节经文：“真主没有亏枉他们，但他们自亏。”（3：117）这节经文正说明所有事物后天的命运都是其先天的本性造成的，真主只是落实了其本性。

第二节 论自由意志

马良骏从教义学的角度讨论了人的自由意志。他指出，自由意志这一概念在教义学的术语中被叫做普遍性意志（الإرادة الكلية)，它是人因其行为而受褒贬和赏罚的关键。关于人的自由意志，马良骏共总结出六种不同的主张。这些不同不仅体现在不同的学派中，而且体现在艾什尔里学派的不同学者中。马良骏首先将艾什尔里的主张和决定论进行了对比，艾什尔里认为真主首先为人创造了自由意志，这一自由意志同时关联做或放弃这两种选择的可

① 马良骏：《清真最要志》，载《回族典藏全书》第四十二册，第 428-430 页。

能，然后真主根据人以其自由意志对行为的获取而创造了人所选择的行为。按照这种主张，人是被迫具有自由意志的，因为真主为人创造自由意志并不是人的选择。但人在其所选择的行为中是自由的，因为他以其自由意志而获取了行为，尽管行为本身是真主所创造的。艾什尔里的这种主张被称为“中道决定论”（الجبر المتوسط）。决定论者主张人所产生的行为都是被决定的，人既没有创造自己的行为，也没有获取自己的行为，人之于自己的行为，就像无生命物之于运动和静止，完全是被迫的。因此他们主张人不应该因其善或恶的行为而受褒奖或贬责，这被叫做“纯粹决定论”（الجبر المحض），在马良骏看来这是健全的理智所不能接受的。他指出，艾什尔里的主张和纯粹决定论之间的区别在于，他强调人只是被迫具有自由意志的，而人以其自由意志选择某种行为并不是被迫的，而是自由的。正如真主必然具有意志等一切古有属性，他以其意志而自由选择自己的一切行为，他的意志属性不是自己的选择，而是其本体之必然。决定论者的主张则是一种纯粹的前定，即人被迫做某种行为犹如无生命物被迫运动或静止一样，因此不应该受到褒奖或贬责。

艾什尔里学派中的艾布·伊斯哈格·伊斯法拉尼（أبو إسحاق الاسفرائني）[①]的主张与艾什尔里的主张有所区别，伊斯法拉尼虽也

① 艾布·伊斯哈格·伊斯法拉尼（卒于1027/1028年），出生于中亚呼罗珊地区的伊斯法拉尼镇，著名教义学家、法学家、经注学家和圣训学家，教法上遵行沙斐仪学派，教义上一般被归于艾什尔里学派。曾求学于巴格达，任教于伊斯法拉尼和尼沙普尔。

主张人在获取其所选择的行为之前，其自由意志本身是真主的创造，但二者的区别在于，艾什尔里主张，行为的作用者（创造者）是真主，获取者是人。而伊斯法拉尼则主张作用于（创造）行为的是两种能力的聚合，即（真主的）永恒的能力和（人的）历时的能力，真主和人在其中共同产生作用。马图里迪与伊斯法拉尼持同样的主张。于此不同的是，艾什尔里学派的巴基拉尼（أبو بكر الباقلاني）则主张行为本身是真主创造的，但行为的善恶性质是人的创造。例如打孩子的行为是为了教育他或是为了伤害他，打这一行为本身是真主的创造，出于教育的目的而打孩子的这种行为的善以及出于伤害的目的而打孩子的这种行为的恶都是人的创造。穆尔太齐赖派主张人所选择的行为是人以其能力独自创造的，因此他们被称作自由意志论者。而逍遥学派哲学家主张真主的本体是人的能力和意志的必然原因，人的能力和意志是其行为的必然原因。

综上，可区分出六种不同的主张，分别是艾什尔里的主张、伊斯法拉尼和马图里迪的主张、巴基拉尼的主张、穆尔太齐赖派的主张、逍遥学派的主张、决定论者的主张。马良骏指出，正统派中最为著名的是艾什尔里所主张的中道决定论，即在人获取自己所选择的行为之前，真主为人创造了自由意志，并创造了人将要选择的行为。人通过自己的自由意志选择并获取行为。之所以称这种主张为中道决定论，因为人只能自由选择自己的行为，而不能选择自己是否具有自由意志，因为人是被迫具有自由意志的。但在伊斯法拉尼和马图里迪看来，这并不算被迫，因为作为真主被造物的自由意志本身是一种属性，它同时关联做和放弃两种可能而不侧重于任何一方。因此尽管它是真主施加给人的，但不能说是强迫的，因为强迫只是针对行为而言的，接受一种属性并不是强迫。与其说人被迫接受了自由意志这一属性，不如说人因这种被迫接受而必然具有自由意志。例如，真主必然具有自由意志，这种必然性并不导致真主不是自由的主动者，同样人具备自由意志这种必然性也不导致人是被迫而不是自由的。只不过真主是本身必然具有自由意志，而人是因真主而必然具有自由意志，这两种必然性都不是其具备者的选择，既然前者不是被迫，后者自然也不是被迫。在马良骏看来，主张是一致的，只是解释上不同。双方都不否认自由意志来自于真主的创造，并且这个自由意志本身是普遍性意志，它不侧重于任何一方。这不同于特殊性意志（الإرادة الجزئية），它侧重于某一方。马良骏指出，后来的注释家进一步将两种主张细化而进行区分。艾什尔里的主张是，特殊性意志像普遍性意志一样都是来自于真主的创造，因此在一定程度上是被迫的。至于在普遍性意志中的被迫（即人被迫具有普遍的自由意志），穆尔太齐赖派也如此主张，甚至所有派别都如此主张，问题无关于它。问题在于特殊性意志是否是被迫的。伊斯法拉尼和巴基拉尼认为普遍性意志并非来自人本身，特殊性意志则是来自人本身，这不会导致人创造了某些存在者的结论，因为特殊性意志只表示普遍性意志与指定一方的关联，这种关联只是思维中所考虑的存在，并非外在现实的存在，它居于存在和非存在之间。

第三节 论行为与因果

在自由意志之后，马良骏讨论了人的行为。他说，正统派将人的行为分为被迫的行为和自由的行为，认为真主是一切行为的创造者。但穆尔太齐赖派将人的行为分为三种：被迫的行为、自由的行为和间接生成的行为。被迫的行为如生死美丑等等，这些行为都是由真主创造的；自由的行为如动静、打杀等等，这都是人以直接的方式而创造的；间接生成的行为如被打的人产生的疼痛以及被杀之人的死亡，这是从打人者和杀人者那里间接生成的，例如从摔杯子的人那里直接产生的行为是摔，间接生成的行为是杯子的破碎。穆尔太齐赖派认为间接生成的行为是由人以间接的方式而创造的，实际上就是主张因果关系的必然性。

正统派主张一切行为都是真主创造的，人获取了自己所选择的行为（自由的行为），但被迫的行为不是被获取的。正统派将穆尔太齐赖派所谓间接生成的行为归入被迫的行为中，因此并不主张间接生成论（衍生论，التوالد）。正统派主张，真主创造了被杀者的死亡作为杀人者的杀这一行为的结果，这种创造是以习惯（常道）的方式，并非以必然的方式，因为世间任何事物对真主而言都不是必须的，因果关系不是必然的。

然而，如果一切行为都是真主创造的，那么对人进行责成的基础即命令和禁止就是无效的，因为如果人不是自己行为的创造者，不能自主的产生行为，他被要求做什么或不做什么就都是无效的。这样一来褒奖和贬责就不可能了，因为人在行为的产生中没有任何作用，怎能因此而赏罚他呢？马良骏解释道，人所选择的行为如行善还是做恶，尽管都是由真主创造的，但人在行为的产生中也是起作用的，人通过自由意志而获取了这些行为。人通过其自由意志而获取了真主为他创造的善行或恶行，那善行或恶行是依赖于人的自由意志的，这一点对于人应受责成和赏罚而言足矣。他详细解释道，真主首先为人创造了自由意志，即普遍性意志，人以之可以选择善，也可以选择恶，可以选择做某事，也可以选择不做某事，它对于善恶双方是等同的，没有侧重于任何一方。然后当自由意志选择善的时候，真主就为他创造善，他会因自己以自由意志获取了善而得到赏赐。同样，人因自己对恶行的获取而要受到惩罚。人既然是自己所选行为的获取者，那就不免要有做那种行为的能力，当人有了获取某种行为的意向并且产生这种行为的因素和工具都齐备时，真主就为他创造那种能力。如果人倾向行善，真主就为他创造行善的能力，为恶也是同样[①]。

① 马良骏：《教义学述要》，第 182-185 页。

正统派认为，能力和行为的同在是时间上的同在，而非本质上的同在。因为能力本质上是先于行为的，因为原因必然要先于结果。穆尔太齐赖派认为能力在本质上和时间上都先于行为。

马良骏进一步讨论了由这一问题所引出的因果关系问题。他指出，穆尔太齐赖派认为杀人者直接创造了杀的行为，而杀的行为生成（导致）了被杀者的死亡；打人者创造了打的行为，而打的行为生成了被打者的疼痛。同样真主创造了第一层天的运动，然后第一层天的运动生成了第二层天的运动，然后第二层天的运动生成第三层天的运动，依次类推直到最后一层天。但逍遥学派哲学家认为真主创造杀人者的杀、打人者的打、第一层天的运动等等，而杀人者的杀是被杀者死亡的直接原因，打人者的打是被打者疼痛的直接原因，第一层天的运动是第二层天运动的直接原因。总之，穆尔太齐赖派持一种间接的因果论，他们称之为间接生成论（衍生论），而哲学家则持直接的因果论。

马良骏说，正统派教义学家既不主张间接生成论，也不主张直接的因果论。他们依据《古兰经》文“真主创造了你和你们的行为”（37∶96），主张一切都是真主的创造，即上界和下界的一切都是真主以其能力而创造的。如前所述，正统派反对真主与世界之间的必然因果关系，反对将真主描述为世界的必然原因，因为世界的产生是真主按照其自由意志的创造，真主不必受限于因果关系。而在世界的产生问题上，穆斯林哲学家却将真主视作一切原因的第一因。其次，哲学家认为世间的事物包括人的行为之间都存在普遍的因果关系，原因在形式和内容上都是结果的充分条件，是原因导致结果的产生。马良骏指出，这一点是正统教义学家所不能接受的。按照艾什尔里学派的一般主张，人们通常所认为的原因和结果都是真主的创造，只有真主才是唯一的原因，只是真主常常继所谓的原因之后创造了所谓的结果，就像触火和燃烧的关系，导致燃烧的原因只有真主，只不过他常常将燃烧创造在触火之后，在人的习惯上看来好像触火是导致燃烧的原因。我们之前所举的打人者的打和被打者的疼之间也是同样。与艾什尔里稍有区别的马图里迪学派认为，原因和结果都是真主直接创造的，二者之间的因果关系也是真主的创造，但创造因果关系对真主而言不是必须的，如果真主意欲，他也可以使通常作为原因的事物和作为结果的事物之间不产生因果关系。在马良骏看来，实际上这两种主张差别不大。

马良骏共总结出四种关于因果关系的主张：第一种主张认为仅仅是原因本身导致了结果，例如火导致了燃烧、水导致了湿、杀导致了死，持这种主张的人不符合信仰；第二种主张相信某个原因是通过真主为其所创造的本性或能力而导致结果的，例如火因真主为其创造的功能或本性而导致烫等等，这种主张虽不是悖信，但也不是正统的主张，就像穆尔太齐赖派主张人通过真主为其创造的能力而创造了自己的行为一样；第三种主张相信真正的作用者是真主，他在原因和结果之间创造了一种在我们理性认识中的必然关系，这种必然关系是不能违反的，例如普遍的自然规律不能违反的那样。马良骏说，持这种主张的人往往会否认圣贤的奇迹，奇迹就是打破自然规律的事。第四种是正统派的主张，相信真正的作用者是真主，他在原因和结果之间创造了一种在理性看来的必然关系，这种必然关系就是真主的“常道”，但这种关系是可能被打破的，例如先知显现的诸多奇迹就是打破常道的行为。但是，穆斯林习惯上对因果关系的表述可以被视作一种修辞方式，例如某个穆斯林说：“药治好了我的病。”他所要表达的是真主通过药的媒介而治好了他的病，真正的治愈者是真主，药只是在世间真主让人普遍寻求的媒介，因为今世是媒介的世界，真主在其中的一切创造都是通过媒介，因此人不免要借助媒介。这类表述是一种借代的修辞手法，不能被指为违背信仰。

第四节 前定与自由的关系

如果真主在无始中前定了即将发生的一切事情，那么人如何自由选择其行为，如行善和犯罪？换言之，凡真主在无始中所前定的，对于人必定会发生；凡真主在无始中未前定的，对于人必定不会发生，否则就会导致前定的对象违背永恒的前定，这是荒谬的。这似乎意味着人没有任何自由选择其行为的余地。前定和自由的关系该当如何解决？马良骏在分析前定和自由概念的基础上，将前定和自由的关系界定为“分之不开，共之不合”。[1]正如本章开篇所言，这是伊斯兰教的主流学者所持的一种典型的相容论或调和论。

在《教义学述要》中他解释说，前定问题要归属于真主的知识属性，真主知道他要为某个人创造自由意志，人以之而选择做某事或不做某事，选择善或选择恶，这种选择的可能性对于双方都是相等的。并且真主以其永恒的知识而全知这个人将要以其被赋予的自由意志选择某个行为，因此他就在无始中为他前定了那个行为；或者真主以其无始的知识而全知这个人将要以其被赋予的自由意志选择放弃某个行为，因此他就在无始中为他前定了放弃那个行为。因此，无始的前定是真实的，但却是以人的自由选择而定的。人的自由选择也是真实的，但要依靠无始的前定，即人必定以其自由选择而做真主在无始中所前定的，放弃没有前定的。无始的前定离不开（真主所预知的）人的自由选择，人的（现实中的）自由选择也不会超出无始的前定。总而言之，无始的前定和人的自由选择都是真实的，二者相互依赖而不会相互阻碍。[2]

在《清真最要志》中，马良骏又从一个传统中国穆斯林学者的角度进行了概述：

① 马良骏：《清真最要志》，载《回族典藏全书》第四十二册，第433页。
② 马良骏：《教义学述要》，第165-166页。

前定譬如吾人目能视，耳能听，舌能言，手能舞，足能走，此真主敕命，前定之定度。故目视、耳听、舌言、手舞、足走乃天然之理。天然之理者，乃自然之理也，无勉强，无差谬，不然而自然者也，反为不易。自由譬如视与不视，听与不听，言与不言，舞与不舞，走与不走，任人自择也，此为人志自愿。自由为根芽，真主前定判断为种子，无种子自无根芽，无根芽不显种子。所以前定不离自由，而自由不出前定，二者分之不开，共之不合。[①]

前定乃先天之分派，自由乃后天之发露。所谓欲识先天的真种子，眼前一一发根芽是也。所以成立善恶者前定，此乃先天之理也。作用善恶者自由，此乃人情也。或云：既有前定，何论自由？曰：前定之外无有自由，自由之志囿于前定。盖前定不离自由，自由不出前定。无前定亦无自由，非自由不显前定。然自由不碍前定，前定亦不碍自由，似并立而非并立也。总而言之，凡有表里者，当以表里同论。自由为表，前定为里，论善恶之表，似乎全然由己，论其里，似乎全然在主。所谓半以前定，半以自由也。此即前定不离自由，自由不离前定之义也。[②]

总之在马良骏看来，对前定的信仰是由启示和理性同时确定的，因此仅仅依靠启示去阐述前定，或仅仅依靠理性去理解前定，都会沦于过与不及两端，各执偏见。太过者，只论真主之前定而

① 马良骏：《清真最要志》，载《回族典藏全书》第四十二册，第 434 页。
② 马良骏：《清真最要志》，载《回族典藏全书》第四十二册，第 432 页。

不论人之自由，知天命而不知人为，是宿命论；不及者只论自由而不论前定，知有人事而不知天道，是自由论。只有前定、自由两论者，才是中庸之道。对于前定问题，理性能够辨析的部分需要辨明，理性无法辨析的部分则不是理性的领域，而是启示的领域。因此，在伊斯兰教义中，前定问题往往披着其神秘的外衣，按照安萨里的话说，这是因为它的完美本质是汲取自认一之海以外的汪洋巨浪，而失足者仅凭研究和争论去寻求它。这就是为什么先知穆罕默德见到人们争论前定问题时会生气的原因，据著名圣门弟子艾布·胡莱勒传述：真主的使者来到我们当中，当时我们正在争论前定问题。于是他生气了，以至于他尊贵的面容都变红了。他说："难道我仅给你们命令了此事吗？还是我仅因为此事而被派遣于你们？你们之前的人就是当他们在此事中争论不休的时候而毁灭的。我已为你们决意，你们莫要在此事中争论。"第二任哈里发欧麦尔时常对询问者说："前定是深奥的海洋，你不要深入其中。"当询问者再次询问时，他说："前定是一条黑暗的道路，你不要行走它。"当询问者第三次询问时，他说："前定是真主的秘密，对你而言是隐秘的，你不要探究它。"[1]

按照苏非学者的解释，前定问题看似一个理论问题，其最终却要落在行为和实践上。正如穆罕默德曾通过前定问题鼓励

① ا امام الغزالى، أربعون في اصول الدين، دار القلم-دمشق، سنة 2003م، ص23-24.

他的弟子们那样，据《布哈里圣训实录》记载，他说：“你们每个人在火狱或乐园中的位置已被注定。”这时人群中有人说：“真主的使者啊！既然如此，我们为什么不依赖（前定而放弃功修）呢？”穆圣说：“不！你们当行善，一切都会变得容易。”然后念了如下经文：“至于赈济贫民，敬畏真主，且承认至善者，我将使他易于达到最易的结局。”（92：5-7）据艾布·哲阿法勒传述，优努斯·本·阿比德经过一群正在争论前定的人。他说：“假如你们的罪恶让你们担忧的话，你们就不会争论前定了。”在苏非学者看来，前定是真主的机密，谁想要认识真主的机密，就必须通过追随圣人之道而服从真主之命，远离真主之禁，通过各个阶段的自我修行，磨炼性格、培育美德、完美人格、提升境界、洞悉宇宙和人性的本质，从而达到对真主完美的认识。如此一来，前定的奥秘才会为他揭开。这对于普通大众来说是难以做到的，因此马良骏认为普通信众就应当对前定笼统地相信正统教义学家的中道主张，这样才能保证在前定的问题上不致于失足。

第七章 先知论

信使者是伊斯兰教的六大信条之一，即相信真主在人类历史的各个时代针对不同的族群都派遣了使者，他们传达真主的启示，引导人于真主之道，传警告、报喜讯，教人止恶扬善，获得永恒幸福。在教义学家看来，派遣使者正是真主“引领”和“慈悯”之属性的彰显，《古兰经》云：“每个民族都有引导者。”（13：7）“我派遣你只为慈悯众世界的人。”（21：107）中国穆斯林习惯上将伊斯兰教描述为“开天古教”，意在强调他们所信奉的宗教是自人类祖先阿丹开始便存在并一直延续到穆罕默德时代，只不过中间出现了许多使者来不断刷新之前的宗教以保证其信仰的纯洁性。如前所述，对使者身份的确认是启示被人所接受的前提，因此如何确认使者以及使者应该具有哪些特质等问题成为教义学在这个问题中所讨论的关键。马良骏不仅从教义学角度讨论了真主派遣使者的可能性、使者的身份和特质，以及与信仰使者这一信条相关的启示经典和圣训问题，还从历史的角度详细记述了伊斯兰教先知穆罕默德的宗族、家世、家庭和生平重要事件，更从苏非学的角度表达了对使者毫不保留的颂扬和热爱。

第一节 先知与圣品

一、圣人的类别

中国穆斯林学者普遍使用的“圣人”一词是对阿拉伯文先知（نبي）[1]和使者（رسول）等不同概念的统称，他们习惯上将圣人分为至圣（خاتم النبيين）、大圣（اولو العزم）、钦圣（مرسلون）和列圣（انبياء）等四个层级，下面的层级包含上面的层级。其中“钦圣”现在一般翻译为使者，“列圣”则翻译为先知，“大圣”是使者中的少数人，“至圣”是穆罕默德，这只是一种说法。在教义学上，有关先知和使者等不同品级和数目的分类意见不一，但在本章所要讨论的问题当中，一般是将先知和使者两个概念混同使用的，为方便起见，本书一般采用中国穆斯林的传统称呼，使用“圣人”一词。

马良骏梳理了圣人的不同类别。首先，最高等级的圣人是至圣（خاتم النبيين），意为“众先知的封印”。在穆斯林看来，至圣就是指穆罕默德。其次是大圣（اولو العزم），本意为“有决意者”，学者对于大圣的数目有不同主张，有人主张九位（即努哈、伊布拉欣、叶尔孤白、优素福、达吾德、安优卜、穆萨、尔萨、穆罕默德）；有人主张四位（即伊布拉欣、穆萨、尔萨和穆罕默德）；有人主张十三位；有人主张大圣就是《古兰经》第六章83—86节经文中连

① “纳比”（نبي）一词现在普遍被翻译为“先知”，实际上其词根的本意是告知、传达，因此所谓“纳比”就是传达真主的讯息的人，并不是我们从“先知”一词中所理解的预言家。

续提到的十八位（即伊布拉欣、易司哈格、叶尔孤白、努哈、达吾德、素莱曼、安优卜、优素福、穆萨、哈伦、宰凯里雅、叶哈雅、尔萨、易勒雅斯、伊斯玛仪、艾勒叶赛、优努斯和鲁特）。《古兰经》46:35 提到了“大圣”（اولو العزم）这个词，百达维在其注释中指出，这节经文有两种解释：如果其中的介词 min（من）表示阐明，则使者等同于大圣。百达维倾向于这种解释，按照这种解释，经文可翻译为“你应当坚忍，如同作为大圣的众使者那样坚忍”[1]；如果介词 min（من）表示部分，则使者包括大圣，大圣的范围小于使者，所有的大圣都是使者，但并非所有的使者都是大圣。按照这种解释，经文可翻译为：“你应当坚忍，如同使者中的大圣那样坚忍。”

按照最著名的说法，所有的使者都是先知，但并非所有的先知都是使者。使者就是被降示了天启经典或新的教律并要向大众去传达的人，他们的数目是 313 位，天启经典的数目是 104 部，这样一来，二者的数目不相符。对此马良骏解释道，同一部天启经典可以重复降示，就像《古兰经》开端章重复降示两次。不是使者的先知，他们没有天启的经典，没有新的教律，真主启示了他们，但并未命令他们为众人传达启示，只命令他们向众人传达他们自己的先知身份，以便人尊崇他们，他们遵行自己被启示的

① 马坚译本应当采用了这种解释，译文为：“你应当坚忍，如有决心的众使者那样坚忍……”

内容。有圣训传述，他们的数目是十二万四千余位或二十二万四千余位。马良骏按照教义学家的惯例，不确定他们的具体数目，以免出现少算或多算的错误。因为《古兰经》说："他们中有我已告诉你的，有我未告诉你的。"（40∶78）按照以上主张，使者比先知更特殊。但有时使者和先知被当作同义词使用，即所有的使者都是先知，所有的先知都是使者，例如塔夫塔扎尼在《教典诠释》中就是在最普遍的意义上混同使用这两个概念的，因此本书也按照这种做法将所有的先知或使者统称圣人。

二、遣圣的可能性和必要性

马良骏指出，在马图里迪学派看来派遣圣人属于真主可能的行为，即派遣圣人在理性看来是可能的，而不是必须的或不可能的，但在实际上是必然的。穆尔太齐赖派和什叶派认为派遣圣人对于真主是必须的，因为穆尔太齐赖派主张最大利益原则，而派遣圣人符合人的最大利益，因此真主必须派遣圣人。马良骏指出，按照正统教义学家的主张，既然派遣圣人必然发生，那么信圣人就是必须的信条，这里所说的信圣人指的是一切先知，按照塔夫塔扎尼的主张也就是一切使者。

紧接着，马良骏谈到了派遣先知的哲理和利益。他说："其中有无法统计的伟大利益和深奥哲理，但此处我以自己的能力而提及其中部分利益和哲理。"[1]他共谈到了四点。第一，真主为人创

① 马良骏：《教义学述要》，第 114 页。

造了有分辨力的灵魂，即人性灵魂，人能确定灵魂的存在，但不知道灵魂的本质及其认知方式。因此真主为人打造了一个现实的例子，通过这个例子人可以了解灵魂如何在现象世界认知万物的本质。真主创造了可以感知世界的眼睛，眼睛感知世界就是灵魂认知万物本质的类比，可以从以下几个方面进行类比：1.眼睛因具有观看功能而可观看事物，因丧失观看功能而无法观看，尽管眼睛仍是存在的；同样灵魂以理智功能而认知，因丧失理智而无法认知，尽管灵魂仍是存在的。2.眼睛能够看到事物的条件是观看对象与之相对，距离适中，并且观看对象不能是像空气一样不可见的事物；同样灵魂不能认识超出理智限度之外的事物的本质，不能认识其自身的本质，不能认识理智所不能认识的，如真主的本质。3.有的眼睛天生就不具备视觉功能或后天其功能减弱，同样有的人灵魂天生就不具备认知功能或后天认知功能减弱，如疯子、弱智或私欲对理智的侵扰。4.不同人的视觉功能也有差异，有的人看得远，有的人适中，有的人近视，同样灵魂也是有差异的，有的人可以认识明确的、较隐微的和最隐微的事物，有的人只能认识明确的和较隐微的事物，有的人只能认识明确的事物。5.眼睛只有通过光才能看到事物，同样灵魂只有通过众使者传授之光的显照才能认识事物的本质。当灵魂通过使者的传授之光的照耀而认识了事物的本质时，它便能够以此而求证真主的存在和独一，属性和行为，以便大世界中的一切迹象不要被忽略或被视作玩戏，因为真主并未徒劳地创造世界。因此，真主为众生派遣了使者。

第二，有些药物可以保护眼睛免于失明或弱视等症状，有些药物有益于明目，有些药物能够治疗眼睛已经产生的病症。同样，也有一些药物可以保护灵魂免于丧失其认识能力或防止认识能力的减弱，有一些药物可增强灵魂的认识能力，有一些药物可以治疗灵魂所产生的如上病症。只有精通医术的医生才知道保护、增强视力或治疗眼疾的药物，区分这些药物的类别，认识不同药物的疗效、疗法和用量。有理智的人必须遵从医嘱，不要以自己先入为主的认知而与医生争论，否则受害的只是自己。同样，人不能发现灵魂的病症，不能区分其病症的种类，不能认识有益的药物，除非是只有全知灵魂及其病症之本质和对症之药物者，那便是真主。《古兰经》云："难道他不知道他所创造的人吗？他是仁厚的、明哲的。"（67∶14）[①]因此真主派遣了圣人，他们带来了他的启示，以便教导并引领众生，阐明灵魂的病症及对症的药物。

第三，懂医学的人是形式性的医生，他们从事于医治身体的病症。圣人是意义性的医生，他们从事于医治心灵和灵魂的病症。那些病症就是歪邪的信仰、恶劣的品性和丑恶的行为。世俗的医生先要消除病症然后调理并滋补身体，同样灵魂的医生首先要警

① 按照马良骏此处引用的语境，这节经文当按字面翻译。马坚译本对此节经文采用意译："创造者既是玄妙而且彻知的，难道他不知道你们所隐匿的言语吗？"

告人们远离意义性的伤害，即这些事情的恶果，然后通过报喜和鼓励而帮助人完成善行。因此真主派遣了圣人，他们传警告、报喜讯，并且以传警告开始。正如《古兰经》说：“盖被的人啊！你应当起来，你应当警告！”（74：1-2）

第四，真幻不同，妙浊有别，圣人正是沟通真幻的媒介，连接妙浊的桥梁：

有天地，不可以无日月；有世界，不可以无圣人；如有身不可以无心也。盖真宰为真，世界为幻。二者不能相接，犹灵性为妙，身体为浊，二者不能相通。是以真主集通体之粹，而造形心，以为其间相接之由，则身以心而得其性之灵觉。以此足见真主世界之间，不可以无圣人而为真幻相接之道，则世界以圣人而得真主之大道之通，是以圣人亦犹世界之心也。夫圣人心对真主为代理而领明命，身对天下为圣人而传明命。彰明大道，贯彻天下，永远不易，此乃世界不可离圣人之至理。[1]

马良骏还举例说，使者处于众生和真主之间，犹如灯火和灯油之间的灯芯，君王和百姓之间的大臣，肉和骨之间的软骨。因此圣人都具有两个面向，一个被称作贤品（الولاية），一个被称作圣品（النبوة）。贤品（الولاية）也译作朋友性，指的是圣人超脱万物而朝向真主、与真主为友的一面；圣品（النبوة）也译作先知性，指的是圣人面向众生、与众生相伴的一面。对圣人而言，其贤品是

① 马良骏：《考证回教历史》，载《回族典藏全书》第 128 册，第 368-369 页。

圣品的内在，圣品是贤品的外在。圣人以贤品而接受真主的垂恩，以圣品而对众生进行传达。实际上，贤品是就超越的个体层面而言，要求超脱于万有而完全地面向真主，这也是苏非修行者的追求；圣品则是就社会性而言的，圣人传达启示的过程就是与他人交往的过程，他必须作为宗教导师、父亲、丈夫、政治领袖、市场上的买方和卖方、朋友、伙伴等角色就各种人际关系进行言传身教。

第二节 圣人的特质

如前所述，启示是由圣人传达的，人们接受启示的前提就是承认圣人的真实性。那么怎样知道一个圣人是真实的而不是骗子呢？教义学上笼统地回答是通过圣人所展示的奇迹。甚至包括法拉比和伊本·西那在内的哲学家也认为奇迹可以证实先知的真实性。马良骏对此有如下论述：

问：圣人之真伪有何分别乎？答曰：凡为真圣者，诞生有奇征。按经云，此谓“义热哈苏”[1]，即为圣之先兆。如吾圣人穆罕默德之母阿密乃太太未孕圣之时，圣父阿布董喇希额头皓光，然后圣母妊娠之时，此光更移母额；圣人降生之日天方国紫气冲天，瑞光绕空……以后又有白云遮顶，草木庆贺等之异兆是也。圣人

① 义热哈苏（ارهاص）本意为奠定基础，教义学上专指圣人为圣之前的奇迹和先兆。

受差有感应。按经云，此谓“穆而知斋”[1]。如吾圣人穆罕默德受差之后，真主敕降真经，天仙送旨往来，又指月开元、熟羊语圣等事是也。又如昔穆洒[2]圣人……泥哩江（即尼罗河也）闪路，又如尔萨圣人将死物吹活等之感应是也。……况且是真圣人者，聪明出乎天纵，德行超乎天下，不治而不乱，不言而自信，不化而自行。[3]

阿拉伯语“奇迹”一词的本意就是“使人无能”，即常人所不能做到的。奇迹包括感官上见到的奇迹，如以上所述打破自然规律的行为，还包括内在的奇迹，如完美的品德。《古兰经》被穆斯林认为是穆罕默德最大的奇迹，据穆斯林学者论述，穆罕默德时代是阿拉伯诗歌发展的顶峰时期，一些擅长修辞的诗人能写出鬼斧神工的诗文。穆罕默德作为一个文盲，从他的嘴里能说出《古兰经》这样让众诗人甘拜下风的句子，这便是穆罕默德所展示的奇迹。《古兰经》的修辞代表了阿拉伯文的最高成就，它对人们提出这样一个挑战：“如果你们怀疑我降示给我的仆人的经典，那么你们试拟作一章……你们绝不能做……”（2∶23-25）以此让人们明白《古兰经》并非人力所能做成，而是天启的。在马良骏看来，信仰圣人不仅要信仰他们的真实性以及接受他们所带来的启示，还要知道哪些事项对于他们是必然的，与之相反的就是对他们不

① 穆而知斋（معجزة）本意为使人无能，教义学上专指圣人所显现的奇迹。
② 即穆萨。
③ 马良骏：《清真最要志》，载《回族典藏全书》第四十二册，第435-436页。

可能的，哪些事项对于他们是可能的：

第一，圣人必然具有无罪性（العصمة），即他们的外在和内在被真主保护而不会与任何罪恶有所牵连。他们不可能做任何罪恶之事，包括外在的通奸、偷盗、谎言等，也包括内在的嫉妒、自大和沽名钓誉等。圣人身上所发生的让人误以为是罪恶的事情是需要被解释的。例如，阿丹违背真主的命令而吃了禁果不能被视作是罪，因为其中蕴含了机密。甚至有学者说，假设换做是普通人，一定连整棵禁果树都吃了。吃禁果表面上是被禁止的，实际上是被命令的，如果没有阿丹吃禁果，地球上怎会有人的繁衍生息。优素福（约瑟夫）的兄弟们的所作所为也是同样，他们对优素福的迫害也是真主的安排，这反而成就了优素福后来的飞黄腾达。总而言之，让人误以为众圣人会犯罪过的经训，在其注释中都被进行了合理解释。马良骏指出，当对经训中有关圣人的表述有所疑惑时，应该回归到学者的注释，那才是符合信仰的。圣人必然具有无罪性的证据是，假设他们犯过罪，那么大众必然是以此而被命令的。因为真主命令大众不加区分地跟随圣人的言行，而真主是不会命令人犯罪的，因此圣人必不会有任何罪恶。

第二，圣人必然是诚实可信（الصدق）的，他们不可能说谎。如果有人以这件事提出质疑：穆罕默德当时经过了一帮人，他们正在给椰枣树嫁接。然后先知对他们说：“你们要是放弃这么做就好了。”然后他们便放弃了，结果当年椰枣减产了。穆罕默德说：

“你们在尘世的事物中是比我有知识的。”马良骏对此的回答是，圣人的这句话是祈使句，其意在于对放弃嫁接的一种希望。祈使句无所谓诚实与否，诚实与否的判断只是针对陈述句的。[①]使者在两种事情中都诚实无欺：首先，他们对于替真主所传达的事项是诚实的。如果他们在传达中说谎，必然导致真主的讯息中有谎言，因为能够证实他们所传达的真实性的是他们所显现的奇迹，真主使这些奇迹发生在他们身上，以证实他们如实地传达了来自真主的讯息。对说谎者的证实是说谎，说谎对于真主来说是不可能的，因此使者在传达中说谎就是不可能的。其次，他们在替真主传达讯息以外的事项中必然诚实无欺。假设他们说谎，那么他们的说谎这一罪过与他们的无罪性是相矛盾的，之前已经证明了他们的无罪性，因此他们说谎是不可能的。

第三，圣人必然要传达真主所命令他们传达的一切，不可能有丝毫隐瞒。其证据是假设他们对真主命令传达的事项有丝毫隐瞒的话，众人必定是被命令隐瞒知识的。因为真主命人跟随圣人，而人们并没有被命令隐瞒知识，因为隐瞒知识是被诅咒的，因此圣人对所要传达的事项不可能有丝毫隐瞒，他们如实地传达所要传达的一切。据马良骏解释，如果圣人可以隐瞒的话，穆罕默德一定会隐瞒真主的这句话：“当时，你对那真主曾施以恩惠、你也曾施以恩惠的人说：‘你应该挽留你的妻子，你应当敬畏真主。’

① 马良骏：《教义学述要》，第 124 页。

你把真主所欲昭示的，隐藏在你的心中，真主是更应当为你所畏惧的，你却畏惧众人。”（33∶37）当时穆罕默德的义子宰德想要休了他的妻子宰乃百，穆罕默德对他说你应该留住她，应该敬畏真主。而启示的命令是让穆罕默德娶宰德的休妻，以便在打破旧伦理观念的事情上以身作则。但穆罕默德怕闲话说穆罕默德娶了他的义子所休的妻子，因此隐瞒了启示的命令。故才有了上述经文对他的责备。[①]

第四，圣人必然是思维敏锐的，不可能是愚蠢疏忽的。如果他们不是思维敏锐而是愚蠢疏忽的，那么他们就不能通过立行各种证据而与人们辩论，以便人信服真理，那么圣人就不能承担通过立行明证而引导众生的职务。正如《古兰经》说：“这是我的证据，我把它赏赐易卜拉欣，以便他驳斥他的宗族……。”（6∶83）“努哈啊！你确已和我们争论，并且争论得太多了。”（11∶32）“你应当以最优秀的态度与人辩论。”（16∶125）如果不是思维敏锐的人，怎能承担如此责任？

第五，凡是不会损害圣人身份的一切为人的特质对于圣人都是可以的，例如吃、喝、睡、市场买卖、过合法的性生活，以及无损于圣人身份的疾病、在社会生活中与人交往等等。至于会使人逃避或嫌恶的一些状况如疯、长期昏厥、残疾、麻风病和眼盲等对于圣人是不可能的。

① 马良骏：《教义学述要》，第125页。

第六，圣人在他们为众生所传达的讯息中不可能有任何疏忽，无论是使用修辞的讯息或未使用修辞的讯息，因为疏忽会使平庸的人对其讯息的内涵有所疑惑。至于圣人在他们行为中的疏忽则是可能的，例如礼拜中出错，这不仅不损害圣人的身份，而且具有其哲理和智慧。这可以让人们看到宗教功修中出现差错时弥补的方式，因为身教比言教更明显。

第七，圣人在传达之前不可能存在遗忘的情况，在传达之后真主使之遗忘则是可能的，以便教授人们弥补的方式。至于恶魔所导致的遗忘对于圣人是不可能的，因为恶魔对圣人是无可奈何的。恶魔对阿丹的教唆只是表面的迷惑，不可能将他的内心玩于股掌。表面上或一时的迷惑是可能的，而他们的内心则是纯洁的，时刻关联着真主。凡是让人产生误解的经文例如优什尔（يوشع）[①] 说“只是恶魔使我遗忘了它”（18：63）是需要被注解的，即他说此话是为了表示谦卑，或者说此话时他还不是一位圣人。

以上就是马良骏所总结的圣人的一些特质。

第三节 论穆罕默德

在伊斯兰教信仰中，穆罕默德作为众圣的封印，对他的家世和生平的记述自然是研究圣史学者的重中之重。马良骏指出，不

① 《古兰经》中提到的穆萨圣人的侍从。

懂历史的学者是半个学者。[1]除两部历史著作《考证回教历史》（汉文）和《伊斯兰历史纪要》（阿拉伯文）外，他在其多部著作中凡涉及穆罕默德的内容均注重强调穆圣的世系和家世，字里行间流露出一个宗教学者对穆罕默德的热爱和对其家眷的尊重。

一、世统、道统和化统

马良骏在《考证回教历史》和《大辑要》等著作中用汉文和阿拉伯文分别记述了穆罕默德的家族世系。以下引用《考证回教历史》中的记述：

穆罕默德系阿丹五十代之世孙也，圣父名而布敦喇希，而布敦喇希父名而布都力木托里不，而布都力木托里不父名哈世木，哈世木父名而布都默那福，而布都默那福父名顾索益，顾索益父名克两布，克两布父名满热提，满热提父名克尔布，克尔布父名鲁宛叶，鲁宛叶父名阿利布，阿利布父名费憨热，费憨热父名马利克，马利克父名乃最热，乃最热父名克那耐，克那耐父名呼宰默，呼宰默父名年德勒柯，年德勒柯父名伊利雅斯，伊利雅斯父名穆最热，穆最热父名呢扎热，呢扎热父名默而德，默而德父名而德纳呢，而德纳呢父名哎代德，哎代德父名穆感德木，穆感德木父名雅护勒，雅护勒父名默勒赫，默勒赫父名治尔鲁布，治尔鲁布父名治什诛布，治什诛布父名撒比特，撒比特父名仪斯马尔来，仪斯马尔来父名仪布拉希默，仪布拉希默父名亚勒知，亚勒

① 马良骏：《考证回教历史》，载《回族典藏全书》第一百二十八册，第361页。

知父名那护尔，那护尔父名洒鲁赫，洒鲁赫父名哎热鳌。哎热鳌父名法鲁赫，法鲁赫父名阿比热，阿比热父名撒利赫，撒利赫父名哎热飞哈赫德，哎热飞哈赫德父名沙木，沙目父名努海，努海父名两密克，两密克父名默吐撒利赫，默吐撒利赫父名哎郝努赫，哎郝努赫父名冶济德，冶济德父名密憨两义利，密憨两义利父名盖那呢，盖那呢父名哎努什，哎努什父名世施，世施之父，即阿丹也。[1]

除此世系之外，马良骏还重视记述自阿丹至穆罕默德历代圣人的道统："阿丹受真主之明命，传与世施，世施传与努海，努海传与易布喇希默，易布喇希默传与其子易斯马尔来及易斯哈格，易斯哈格传与叶而孤拜，叶尔孤拜传与穆洒，穆洒传与达乌德，达乌德传与尔萨……去尔萨后六百年不足，即五百二十八年，吾圣人穆罕默德生于阿喇伯大食国麦克城。"[2]实际上，中国穆斯林可能是受儒家文化的影响，历来重视"道统"，清代穆斯林学者刘智就曾在其《天方至圣实录》中论述"四统"[3]，即世统、国统、道统和化统。世统即从阿丹到穆罕默德的血缘世系传承；国统即世俗领袖意义上的传承，作为民国时期的公民，马良骏舍弃了对这一"统"的论述；道统即宗教领袖意义上的传承；化统即作为真主被造物意义上从最初到最终的衍化。

① 马良骏：《考证回教历史》，载《回族典藏全书》第一百二十八册，第 361-364 页。
② 马良骏：《考证回教历史》，载《回族典藏全书》第一百二十八册，第 307-308 页。
③ 参见（清）刘智：《天方至圣实录》，中国伊斯兰教协会印，1984 年，第 62-70 页。

在马良骏看来，穆罕默德的高贵品级不仅体现在其血统上，更体现在道统上作为万圣的封印，以及在化统上“继真主之命而开造化之始，立人道之极而成品物之终”[①]。在圣品上，穆罕默德从 40 岁为圣开始，经过几个阶段，逐渐由列圣（先知）的品级到达钦圣（使者）的品级，由使者的品级到达“喜卿”（真主之爱）的品级，再达到大圣的品级。马良骏对此记述如下：

窃尔萨殁六百年后，吾圣人穆罕默德降生，时在我中国梁大同五年，即南北朝梁武帝四十五年也[②]。后至四十岁完满，在天方国历（热必而立唵窝立）[③]月之十二日，（都闪拜）[④]夜寝之际，受主命，就列圣位，品为（乃毕）[⑤]，时在中国隋开皇六年，即陈至德四年，八月十四日夜也。后迄六月零六日，至四十一岁间，于（热默扎乃）[⑥]月，即钦斋月之十七日昼午时，圣登哈拉益山，真主差天仙哲白勒哩，送降经旨（益葛热闭斯秘）[⑦]，就钦圣位，品为（热素立）[⑧]，时在中国隋开皇七年，正月十九日昼午时，乃西飞历[⑨]四十一年也。后至五十二岁完满，在（热必而立唵窝立）月

① （清）刘智：《天方至圣实录》，中国伊斯兰教协会印，1984 年，第 66 页。

② 此处马良骏所推算的时间与现在通常的说法有所出入，具体是如何推算的不得而知。笔者不懂天文历法，也未读过马良骏的天文历法著作，不敢妄言。

③ “热必而立唵窝立”即阿拉伯语（ربيع الأول）的音译，意为“头春”，即三月。

④ “都闪拜”即波斯语（دو شبّ）的转音，意为星期一。

⑤ “乃毕”阿拉伯文先知（نبي）一词的转音。

⑥ 即“莱麦丹”（رمضان），伊斯兰教历九月。

⑦ “益葛热闭斯秘”即对《古兰经》第 96 章第一节经文的音译，意为“你应当奉你的主的命令宣读”，一般被视为最早降示的经文。

⑧ “热素立”是对阿拉伯文使者（رسول）一词的音译。

⑨ “飞历”为阿拉伯文大象的转音，公元 570 年阿比西尼亚（今埃塞俄比亚）国王艾

之十二日（都闪拜）夜登霄，（阿喇伯）文曰（米尔拉直），就喜卿位，品为（哈必布）[1]，时在隋开皇十七年二月十三日夜，或曰在五十一岁间（热者布）[2]月之二十七日夜登霄，时在隋开皇十六年六月二十九日夜，则西飞历五十二年也。后至五十三岁完满，在（热必而立唵窝立）月之十二日（都闪拜）昼午时，圣自麦克迁都麦丁那，后迄六月零六日，在五十四岁间，于（热默扎乃）月之十七日，真主差天仙与圣人送降折哈孜[3]之（阿叶提），就大圣位，品为（呜噜立而孜密），时在隋开皇十八年春三月十三日，后至六十三岁圣人逝世归真，时在隋炀帝大业四年十二月十二日，系西飞历六十三年三月十二日。[4]

马良骏指出，穆罕默德作为至圣，真主以他而封印了万圣，在他之后不再有圣人。正如《古兰经》中说他是“众先知的封印”（33：40），“先知”是一个最普遍的概念，因此他必然也是众使者的封印。在穆斯林的信仰中，末日时先知尔萨（耶稣）要降临人间，但尔萨的降临不会使穆罕默德的这一称号无效，因为尔萨降临之后仍要以穆罕默德的教律进行判决，并且跟随之。穆罕默

卜莱亥(Abrahah)统率的一支以大象为前导的军队进攻麦加，后遭惨败，据《古兰经》“象章”的说法，是被数不清的飞鸟投石所击溃。阿拉伯人为纪念这一历史事件，遂称此年为象年，并以该年作为一种历史纪元。穆罕默德正是出生在这一年。

① “哈必布”本意为爱人，这里指真主喜爱的人。

② “热者布”即阿拉伯文（رجب）一词的音译，伊历七月，为四个禁月之一。

③ 此处可能指的是“吉哈德”的经文，即“你不要顺从卡费尔，你应当以此（古兰经）而对他们进行大吉哈德。”（25：52）按照圣训解释，“小吉哈德”是战争，而“大吉哈德”则是与自己的私欲进行斗争，即克己。

④ 马良骏：《考证回教历史》，载《回族典藏全书》第一百二十八册，第308-310页。

德的尊贵还体现在真主使他的使命普世化，他被派遣给普世之人和精灵，并且这种派遣是责成性的派遣，即要求他们承担宗教义务。至于他是否被派遣给天使，其中有分歧，马良骏认为最正确的说法是他也被派遣给了天使，但这种派遣是名誉（尊崇）性的派遣，因为天使的本性就是服从真主的命令，无需使者再要求他们。

穆罕默德也被认为是派遣给之前所有的圣人及其民众的，他们被称作“前人”（أوّلين），但是这种派遣是在灵魂世界，即穆罕默德精神（第一理智）是真主创造的开端，一切万有都是通过这一开端而被造。他在一切灵魂之先，真主将他派遣给所有灵魂，为他们传达认主独一的言辞。因此，在物质世界中，穆罕默德之前的所有圣人实际上都是他的代位者。在穆罕默德降生并为圣之后，他被派遣给他的时代和他之后的时代的人，这些人被称作“后人”（آخرين），这种派遣是同时针对灵魂和物质的。因此穆罕默德的圣训说：“我是在先之后人（نحن آخرين أوّلين）。”总而言之，穆罕默德被认为是派遣给从阿丹时代一直到末日的所有人的，以便所有人包含在他的这句圣训之下：“我被派遣给全人类。”并包含在这节《古兰经》文下：“我只派遣你为全人类的报喜者和警告者，但世人大半不知道。”（34∶28）

总之，穆罕默德的品级被从三个方面进行总结。首先，真主因他而创造万有，有圣训传述：“若不是因为你（穆罕默德），我不创造这个世界。”他的精神是世界万有产生的根源，真主通过他而将万有从虚无的黑暗取出到存在的光明。其次，尘世中，他作为万圣的封印，传警告、报喜讯、扬美德，教化众生。最后，人向终极归宿的复归也要通过他。精神旅程的行道者，其修行的终点就是彰显至圣性，这一点我们将在马良骏的苏非思想中进行论述。普通大众在后世审判场上，要依赖于他的不同程度的说情。以下我们着重讨论马良骏对穆罕默德所带来的启示的一些论述以及他在后世的说情权问题。

三、启示的革新

穆斯林认为，穆罕默德作为封印的圣人，他所带来的启示是对之前启示的刷新和革止。前文已述启示的种类和诠释问题，此处讨论启示的替代和革止。马良骏指出，穆罕默德带来的启示对之前启示的革止指的是革止其大多数细节性的律例，而其中部分细节性的律例并未被革止，而是存在于伊斯兰的教律中的，因此穆斯林在某些行为的教律规范上与其他宗教存在共同之处。至于原理性、信仰性的教律，如信仰真主和他的天使、经典、使者和后世等，从阿丹的教律直到穆罕默德的教律都是确定不变的。此外，以一种教律革止另一种教律的缘由在于人的利益根据时代的不同而不同，真主全知每一个时代的人的利益，因此他在无始中就为每个时代的人安排了一种教律，并随同教律一道派遣使者，这样随着时代的改变而使后人的教律革止前人的教律。并且在同一时代由同一使者所带来的教律中，也可能根据事态的发展变化而让宗教中的某些教律革止某些教律。

马良骏论述了在穆罕默德时期用部分教律革止部分教律的情况，他将启示的相互革止分为四种。第一种是以经典革止经典，例如：“你们中弃世而遗留妻子的人，当为妻室而遗嘱，当供给她们一年的衣食，不可将她们驱逐出去。”（2∶240）这节经文是被以下经文所革止的：“你们中弃世而遗留妻子的人，他们的妻子当期待四个月零十日；待婚期满的时候，她们关于自身的合理的行为，对于你们毫无罪过。”（2∶234）后者只革止了前者的律例，并未革止其文字和诵读，因此两节经文同时存在于《古兰经》中。第二种是以圣训革止圣训，例如圣训说：“我原本禁止你们去探望坟墓，注意，现在你们去探望吧！”第三种是以经典革止圣训，例如关于礼拜朝向问题，穆罕默德最早在麦加的时候是朝向麦加天房礼拜的，人不知道这是以经典而确定的还是先知的个人行为，当迁徙到麦地那之后，他开始朝向耶路撒冷的远寺礼拜，可以肯定这是以圣行而确定的。之后“你应当把你的脸转向禁寺”（2∶144）这节经文革止了朝向远寺的圣行。第四种是以圣训革止经典，例如以“遗嘱不是针对继承人的”这段圣训革止了如下经文：“你们当中若有人在临终时还有遗产，那么应当为双亲和至亲而秉公遗嘱。”（2∶180）

以上是哈乃斐学派有关革止的主张，沙斐仪学派认为后两种革止不存在。首先，圣训不能革止经典，因为《古兰经》说：“凡是我所废除的，或使人忘记的启示，我必以更好地或同样的启示代替它。”（2∶106）又说：“你说：‘我不至于擅自修改它，我只能遵从我所受的启示。’”（10∶15）并且圣训说：“在我之后你们会发现许多圣训流传，当有人向你们传述我的某段圣训时，你们将之与真主的经典相比照，如果它符合经典，你们就接受之，如果不符合经典，你们就拒绝之。”[①]这些都说明不能用圣训革止经典。哈乃斐学派的回应如下：圣训只是革止经典所规定的律例，并不革止经典的原文（文字和编排），实际上这里所谓的革止可以理解为圣训对经典内涵的阐释和细化，这种阐释与经典的字面意思有所不同，因此被称作革止。况且圣训并非圣人擅自发言，因为《古兰经》说：“他未随私意而言，这只是他所受的启示。”（53∶3-4）如前所述，《古兰经》是被诵念的启示，其意义和文字都是真主的安排，而正确的圣训则是不被诵念的启示，其意义是启示，其文字是先知的表述。至于沙斐仪学派所引述的那段圣训应该放在上下文关系中被理解，即如果圣训泛滥，你们无法辨别某段圣训的真伪时，就与经典相比照。至于可以肯定正确无疑的圣训，则没有比照的必要。

① 《大辑要》中所引的这段圣训往往被认为是伪造的。

以上所谈对经文的革止分为三种：第一种是律例和诵念（文字）一起被革止，例如用《古兰经》刷新了真主之前对伊布拉欣、穆萨和尔萨等圣人启示的经典；第二种是只革止其律例而未革止其诵念（文字），例如要求立遗嘱的经文被遗产分配的经文所革止，只是革止了其律例，而未革止其诵念（文字），因此两节经文都存在于《古兰经》中；第三种是革止了诵念（文字）而未革止其律例，例如个别经文的诵念（文字）被革止，即不再被收入《古兰经》中，但其律例依然是被执行的。[①]以上三种情况只是少数的经文，而绝大多数的经文都是诵念（文字）和律例都未被革止的。诵念（文字）被革止的经文共有四百三十节，据说曾被写在麦加天房的墙上，而未被收入《古兰经》之中。文字未被革止的经文，即被收录在《古兰经》中的经文共六千二百三十六节。因此中国穆斯林传统上所说的六千六百六十六节经文指的是二者的总合。

四、后世的说情

马良骏谈论了正统派关于后世说情的立场，他们相信，穆罕默德在末日审判之时对众生的说情是真主给予的极大恩典，也是穆罕默德品级的证明。后世的审判场被描述为极其令人恐惧的场合，人们因恐惧而不知所措，只担心自身的结局而无暇他顾。甚至连众圣人都不停地呼喊“我（نفسي）！我（当如何）！”此时，只有穆罕默德圣人心怀悲悯，心系众生，他呼喊的是“我的民众（أمّتي）！

① 马良骏：《大辑要》，第 52-58 页。

我的民众！”穆尔太齐赖派否定说情权（الشفاعة）这一信条，他们认为选择作恶的人在火狱中受刑是理所当然的，先知不会搭救他们。他们的证据是《古兰经》云：“你们当防备将来有这样一日：一人不能替一人避免一事，并且说情不被采纳，赎金不被接受，他们也不获援助。”（2∶48）[①]“不义者将没有任何亲友，也没有奏效的说情者。”（40∶18）正统派对此的解释是，以上经文针对的是信仰问题，而非行为上的犯罪者。此外，还有其他经文证明说情的可能性：“你应当为你的过失而求饶，并应当为众信士和众信女而求饶。”（47∶19）“不经他的许可，谁能在他那里替人说情呢？”（2∶255）这些经文都说明在真主许可的情况下说情的可能性。此外，最为有力的证据是一段著名的圣训：“我的说情针对我的教民中的犯大罪者。”[②]穆尔太齐赖派坚持真主公正论，认为真主的公正要求他必须赏善罚恶，不容丝毫姑息，实际上是忽视了宗教中人的情感和心理因素。

马良骏总结了穆圣的七种说情。第一种是“最大的说情”（الشفاعة العظمى），针对后世审判场上的一切等待者，包括一切前人、后人、信仰者和非信仰者，使他们从等待的恐惧中安宁。正如《古兰经》说：“我派遣你，只为慈悯众世界的人。”（21∶107）第二种说情是使一部分人不经清算（审问）直接进入天堂。第三种是

① 马坚译本为：“你们当防备将来有这样的一日：任何人不能替任何人帮一点忙，任何人的说情，都不蒙接受，任何人的赎金，都不蒙采纳，他们也不获援助。”（2：48）
② 马良骏：《大辑要》，第 65 页。

在审判之后，为将要受火狱之刑的人说情。第四种是为已经进入火狱的人说情，旨在从火狱中拯救他们。第五种是为已进入天堂的人说情，为了升高他们在天堂的品级。第六种是为永居火狱的人说情，为了减轻他们的刑罚。有人反对这种说情，因为《古兰经》说："说情者的说情，将无益于他们。"（74∶48）马良骏说，正统派认为这节经文的意思是指为了让他们脱离火狱的说情是无益的，并非指为了减轻刑罚的说情。第七种是为埋葬在圣城麦地那的人说情。

马良骏指出，此处产生了一个问题，有圣训传述："谁废弃了我的圣行，我的说情不惠及他。"这段圣训与"我的说情针对我的教民中的犯大罪者"之间存在矛盾之处，因为犯大罪者不单单是废弃了圣行，而且还触犯了重大的禁戒。据马良骏解释，前一段圣训侧重于说情应该与否，其意是"我的说情不应该惠及他"；后一段圣训侧重于实际上是否发生，虽然废弃圣行的人按理不应该被穆圣说情，但穆圣因对犯罪之人怜悯和眷顾，实际上会为他们说情。

第四节 哈里发和伊玛目

马良骏说："世界一时不能离圣人，若离圣人，世界即朽。"那么按照这种说法，穆罕默德作为最后的圣人，他去世之后世界岂不是要毁灭了？对此马良骏解释道：

至圣德无不备，化无不通，超万圣而千古独雄，体真宰而万世独尊，统万教而该备，集万法而观成，卓万道而中正，中正必恒。故至圣之道与日月同光，与天地同久。[①]

这体现了中国穆斯林独特的教道观，正如刘智在《天方典礼》中所说："圣人之道，即天道也。圣人之教，即天道流行者也。"[②]从存在论、宇宙论的意义上讲，"道"就是穆罕默德精神，是万化之源，它作为万事万物之理（ملكوت），是支撑世界的法则和天道。从宗教伦理意义上讲，"道"具体化为"教"，圣人之道在此意义上被等同于圣人的教化，教就是行道，即人对道的具体彰显。紧接着，马良骏从圣人的继承者角度解释了圣人之道的恒久性，他提出三点原因：首先，"体圣人之言行而循规蹈矩，守圣人之典则而成己成物，是须臾不离圣人之道，犹如不离圣人也。"[③]其次，"但圣人去世直至世尽，历代有替位之（以嘛目[④]），亦即如不离圣人也。"[⑤]第三，"正教理学经云，圣人去世，教生中有一切博学贤士，其中有全受圣业、全替圣位之大贤也。此等大贤谓之（固吐布斋嘛呢）[⑥]即定世之真人，（固吐布）一一接踵，直至世尽之日。世界不离其贤人，亦即如不离圣人也。"[⑦]从以上解释可以看出，马良骏分别

① 马良骏：《清真最要志》，载《回族典藏全书》第四十二册，第436-437页。
② （清）刘智：《天方典礼·原教篇》，民国十二年马福祥刊本，第11页。
③ 马良骏：《清真最要志》，载《回族典藏全书》第四十二册，第437-438页。
④ 即伊玛目，马良骏此处所说的伊玛目与哈里发同义。
⑤ 马良骏：《考证回教历史》，载《回族典藏全书》第一百二十八册，第369页。
⑥ 固吐布斋嘛呢（قطب زمان）本意为时代的轴心，意即每个时代中世界的精神支柱。
⑦ 马良骏：《清真最要志》，载《回族典藏全书》第四十二册，第438页。

从宗教学者、政治领袖和精神轴心三方面阐述了圣人的继承者。可以说，圣人集这三种角色于一身，在他去世之后，尤其是四大正统哈里发之后，这三个角色分别由三种人所继承。

首先，伊斯兰教学者作为穆圣的继承者是由圣训所定的："我之后没有圣人，学者是我的继承者。""学者是众先知的继承者。"有解释认为，这里所说的学者就是《古兰经》中提到的"知识坚固的人"（3∶7），马坚译本为"学问精通的人"。据《百达维经注》解释，这些人是在知识中坚定并精通的人。另据《哲俩来尼经注》的旁注本《萨维经注》解释，"知识坚固的人"应具备四个特征：敬畏真主，谦恭待人，淡泊尘世，克己修身。

其次，政治领袖作为圣人的继承者即历代的哈里发或伊玛目[1]。这是在伊斯兰历史上产生重大争议的问题。"哈里发"和"伊玛目"是否同义？什么人有资格担任哈里发或伊玛目？马良骏引述了一段圣训："谁在没有认识其时代的伊玛目的情况下去世，他的死亡是蒙昧式的死亡。""在我之后正统哈里发是三十年，此后便是暴政和强权。"[2]马良骏指出，如果圣训中所说的伊玛目指的就是哈里发，那么这里的哈里发也只能是一般意义上的哈里发，而不是正统哈里发。因此，穆罕默德去世三十年之后理想的正统哈里发

① 伊斯兰教义史上讨论的哈里发问题（逊尼派）和伊玛目教义（什叶派），实际上是同一个教义问题，即谁有资格作为穆罕默德的继承者，这个继承者仅仅继承了政治领袖的角色，还是兼具精神领袖的地位。在逊尼派历史上，尤其是倭玛亚王朝建立以后，哈里发更多只成了一个政治领袖和名义上的宗教领袖；而在什叶派那里，被视为穆罕默德合法继承者的历代伊玛目集宗教领袖、政治领袖，甚至是神秘精神领袖身份于一身。

② 马良骏：《伊斯兰历史纪要》，第 1 页。

时代已经完结，但是通常意义的哈里发时代并未结束。但是这样一来同样存在一个问题，蒙古入侵之后杀死了阿巴斯王朝的哈里发，那哈里发岂不是又中断了。尽管奥斯曼帝国兴起之后，教义学家为了避免纷争，提出哈里发的条件可以不是圣训所说的“来自古莱氏族”（穆罕默德的家族），但凯末尔革命之后哈里发再次中断了。因此，这种解释很难保证每个时代都有伊玛目（哈里发）。这种解释在历史上带来的争议就是哈里发是否必须是阿里及其后裔，这是什叶派与逊尼派的重要分歧之一。按照另一种解释，伊玛目的概念比哈里发的概念广，因此哈里发的中断并非伊玛目的中断。马良骏并未对此做过多解释，据笔者推测，此种解释的现实意义在于伊玛目并非都是哈里发，至于哈里发是否都是伊玛目已经成为了历史问题，当下的穆斯林不必深究。因为教义学家所说的伊斯兰的条件之一是承认时代伊玛目的必然性。但马良骏解释，作为伊斯兰的条件，这种承认只是笼统性的，而非具体到承认每一位伊玛目。故不可因此将否认阿里的哈瓦利吉派断定为悖信者。但是艾布·伯克尔是唯一一位需要具体承认的伊玛目，因为他为伊玛目是圣门弟子公议的。此外，按照这种解释，伊玛目应该更倾向于宗教领袖而非政治领袖的角色。穆罕默德之后的四大正统哈里发是集宗教领袖和政治领袖的角色于一身的，但四大正统哈里发的三十年之后，所谓的哈里发就成了帝王，宗教领袖的角色则由宗教学者所承担。

最后，在苏非学者看来，真正继承了圣人精神领袖角色的是具有贤品的真主之友（卧里），这些贤哲作为“完人”，真正继承了圣人的精神，完美地体现真主之德，成为继圣人之后真主在大地上完美意义上的继承者，贤哲也像圣人一样具有不同的品级，马良骏提到的（固吐布）则是最高品级的贤哲，被视为每个时代的精神轴心，中国穆斯林学者借用宋儒周敦颐的概念称之为“人极”。但是他们的角色并非大众所能认识，只是精神领域的秘传。伊玛目问题作为伊斯兰教重要的教义问题，在当今时代需要得到妥善的解读，显然理想的黄金时代的正统哈里发，按照圣训所言，仅仅持续了三十年便终结了，而作为世俗领袖的哈里发似乎与伊玛目一词有些格格不入。因此伊玛目是否能够被合理地被解释为宗教知识意义上甚至是神圣精神意义上的师表而不是作为世俗领袖的哈里发，这是宗教学者需要解决的一个难题。总而言之，将伊玛目与哈里发区别看待，已经是不争的事实。在《考证回教历史》中，理想时代之后的哈里发和苏丹们已经被描述为君王或皇帝。马良骏在民国的历史背景下，将土耳其的凯末尔革命描述为“救国家危亡”，其结果是“成立民国”，足见哈里发制度的废除就像辛亥革命推翻封建统治，新时代的人民需要新的政治制度。另一方面，宗教知识和内在精神的传承不会中断，“而竟主跟前，实不乏为（海哩法）之人也”[①]。

①马良骏：《考证回教历史》，载《回族典藏全书》第一百二十八册，第437页。

第八章 马良骏与苏非学

第一节 非体制化苏非

苏非思想和实践在中国早已有之，据可靠记载，公元九百年前后，便有苏非传入西域高昌等地。而苏非在内地的传播明确可知在宋代就很普遍了，无论是葬于北京牛街清真寺的两位筛海，还是葬于扬州的普哈丁均是苏非修士，明清之际苏非的传播则更为普遍。如前所述，自古来华的苏非有“遵法派”和“非遵法派”，在胡登洲开创的经堂教育系统中，前者被认定为是遵守教义教法的正统苏非，后者是违背教义教法的异端苏非。经过胡登洲及其历代弟子的努力，不仅在中国确立了哈乃斐—马图里迪学派的正统地位，在苏非层面也确立了遵法派的苏非学理。经堂教育的很多经师都与苏非有着密切关联，据文献记载，海文轩和马德清都已达到了苏非导师（穆勒世德）的等级，据宁夏同心韦州“清真教述圣功碑记”载，海文轩“学问渊博，精通圣教，并接受和研究苏非派的哲学，从正确的教乘（阿麦立他立）和道乘（他立色立）升至引人为荣的第三道乘的指导者（穆日世德）。”[1]此译文不

① 余振贵、雷晓静主编：《中国回族金石录》，宁夏人民出版社，2001年，第55页。

甚明了，据笔者猜测，所谓“第三道乘的指导者”可能为“第三代道乘的导师”。这种苏非传承仅仅是个人修行，而非组织化的苏非。

经堂教育的历代经师，即便大多数无苏非修行者也要学习苏非学理，理论苏非学是中国伊斯兰经堂教育中的一个重要学科，“如《密迩索德》《勒瓦一合》《额史尔》等经，既行于天方，又传之中国，凡吾教学人皆知诵习之矣。”[①]此外，《默格索德》《麦加的揭示》《智慧的珍宝》等苏非典籍也在经师中不同程度地研读。如前所述，在门宦体制形成之前，苏非修行只是少数经师个人的私事，并未形成组织或制度。他们只是个人在某个精神导师的指导下进行，日常的宗教功课与大众无异，苏非的功修只是在私下进行。清中期门宦产生以后，西北地区一些阿訇和信众加入不同的门宦中，但早期个体形式的苏非修行依然是存在的，格底目派中的苏非修行者并未加入门宦，坚持个人修行。这一传统在我国中原、华北、西南等地表现得尤为明显，而离门宦兴盛的河湟地区较近的陕西学派，在门宦的刺激下一些阿訇也开始反对苏非学，放弃讲授苏非经典，另一些阿訇一如既往地只讲授正统苏非学理，而不进行苏非修行，也有坚持个人苏非修行的。马良骏的老师马德清、昌吉“苟太爷”就是个体苏非的典型代表。马良骏虽出生在张家川的一个哲赫林耶门宦家庭，但他接受的却

① （清）刘智：《天方性理·袁序》，载《清真大典》第十七册。

是格底目的宗教教育，一生坚持不入门宦，奉行格底目传统。但马良骏本人是有苏非修为的，他的古风高义、泽被大爱、不蓄财产、仁慈和蔼人所共知，他也是个体苏非的代表人物之一。

对马良骏影响较大的第一位老师是人称“凤翔嘎最”的马德清阿訇（1831—1907年），陕西凤翔府人，曾师从陕西学派奠基人周老爷的著名弟子“米三爷”，经汉两通，马良骏年轻时在张家川跟随他学习。以往对马良骏生平的研究皆认为马德清对马良骏的影响主要是使他打下了扎实的汉文功底和阿文功底。但笔者通过阅读马良骏晚年用阿拉伯文写给兰秀斋阿訇的信，发现马德清对马良骏的影响不仅在知识方面，他更是马良骏的第一位苏非导师。马良骏在信中写道：

我尊贵的恩师，以“凤翔嘎最”而闻名的学者、修士，愿真主慈悯他。他以长期的斋戒而度过白天，以侍者的礼拜而复活夜晚。甚至在大多数时候，他带着宵礼（时）的小净礼了晨礼拜。他是真主的众卧里（朋友）中一位隐藏的卧里，不然，他是他们中明显的卧里。他的祈祷是受应答的，他是两世的说情者。他从今世中三次可怕的灾难中拯救了我：第一次是光绪二十七年在张家川的危难，第二次是民国二十二年伊犁的战乱，第三次是民国三十一年我在迪化身陷囹圄。在第一次灾难中是物质性、外在性的拯救，我遇到了他老人家的身体。第二次拯救是灵魂性、内在性的拯救，我在梦中遇到了他老人家的灵魂。第三次拯救也是灵魂性、内在性的拯救，我在梦中遇到了他老人家的灵魂。这都是他在今世为我的说情，我还指望他在后世为我说情，因为他是穆圣（愿真主赐予平安）的追随者。[①]

据此可知，在马良骏看来，马德清阿訇就是一位真正的苏非修士，而且还达到了卧里（贤哲）的品级。更重要的是，马良骏在信中称马德清阿訇是“我尊贵的老师、筛海和依靠”，后两种称呼皆是苏非行道者对导师的称呼。

在马良骏的一生中，还有一位重要的精神导师，就是昌吉“苟太爷”。1914年，马良骏首次进迪化时被杨增新阻止，只能辗转到昌吉陕西大寺任职，期间又遇挫折。马良骏正准备辞去阿訇之职返回甘肃时，有人请他去参加“耳麦里”，宗教仪式结束后，当地一位名叫余化化的阿訇坚持要留他住一晚。第二天起床，马良骏就急忙询问余化化阿訇当地坟院里所埋的上人（即苟太爷）。马良骏的梦我们已无从得知，只知道他日后常对身边的弟子和友人说：“困顿的光阴里，是苟老太爷给了我启示，虽然不曾见过面，但他是我两世的老师。”[②] 此事的神秘之处在于，这位被马良骏称作宗教“两世之导师”的“苟太爷”辞世于1850年，那时马良骏还未出生。

① 马良骏阿訇写给兰秀斋阿訇的信，原件为阿拉伯文，译文为笔者翻译。
② 樊前锋：《马良骏传》，第38页。

“苟太爷”经名穆罕默德•胡赛尼，原为甘肃河州阿訇，于清朝道光年间来到新疆，投入巴里坤道堂，潜心修行十一年后又到南疆叶尔羌道堂求道。后赴麦加朝觐，三年后“回国途经昌吉县六工梁梭梭湾（今昌吉市二六工乡二六工村），看重这块地方落了脚，他在土梁南头，南北大沟西边，就沟坎挖了一个小窑房安身静修。后在二六工寺执教。”[1] “苟太爷”的苏非身份是肯定的，昌吉文史资料中记载，他的尊号是“穆罕默德•胡赛尼•散依孜曼肯依•开比热干代散拉乎•希热毫里尔则祖”。实际上，其中“干代散拉乎•希热毫里尔则祖”（قدسَ الله سرّه العزيز）是伊斯兰传统上加在苏非贤哲（卧里）名字之后的祈祷词，意为“愿真主纯洁他尊贵的性灵”。苟太爷是一位非体制化的苏非，在他的时代，门宦已经大兴于西部地区。但他求道之后并未创立自己的门宦成为万人敬仰的教主，而是作为一名普通的阿訇度过余生。

马良骏也是如此，他仅仅将苏非作为克尽己私、培育美德、在坚持宗教的正信和正行基础上力求尽善尽美的一条至诚之道。在他那里，苏非不是教派。他在多部著作的前言中都这样介绍自己：“从甘肃清水县上磨里迁居新疆的最微末的仆人默罕默德•优素福（愿主遮盖他的缺点，饶恕他的罪过），他追随哈乃斐学派教法、马突里迪学派教义、哈福赛古兰诵读法。”他也从不向大众显露自己的苏非修行，在他看来，大众得救的基础是最基本的正信

① 昌吉市文史资料第八辑《昌吉回族》，第13-15页。

正行，一旦走上错误的苏非之道是危险的。笔者在调研期间，据一位老阿訇所谈，马良骏阿訇曾回复一位询问苏非的普通乡老曰“假苏非不要沾”。他坚持格底目传统，不入门宦，不搞个人崇拜，一生清贫，以寺为家，不蓄财产，教育后代自食其力。并且生前立下遗嘱，去世后葬于自己的精神导师“苟太爷”墓旁，坟上不立碑，不建拱北。

马良骏与苏非的关系并不仅仅在于他具有虔诚的修为，更在于他在理论苏非学领域的研究和著述。马良骏并没有专门的苏非学著作，而是在对许多问题的阐述中，将教义学与苏非学理论熔于一炉，使之既具有教义学的思辨，又具有苏非的灵性深度。教义学和理论苏非学的融合是马良骏思想的一大特色。明清穆斯林学者对苏非学思想体系的阐发已经相当完备，马良骏著作中有关苏非学的内容主要是在他们的基础上对苏非学的一些关键问题详加解释，使之更加清楚明了，同时弥补明清学者的一些不足之处，阐述前人之所未发或未明之处。笔者从马良骏著作所涉及的苏非学问题中重点讨论三个问题，分别是苏非认主学、“同在”问题以及灵魂与心性问题。

第二节 苏非认主学

对真主的认知是理论苏非学最核心的论题，因此也成为马良骏著作中不可缺少的内容。马良骏不仅以大部头的著作详加阐述教义学意义上的认主之学，还在著作中许多地方阐述了苏非的认主学。既然都是认主，教义学与苏非学这两种路径自然要在这一领域产生交叉、共鸣或冲突。一般认为，安萨里在伊斯兰历史上的重要贡献之一在于他使正统苏非之学得到学者群体和普通大众的认可和接受，尽管他们中的大部分人并没有苏非修持。在安萨里之前，虽然苏非之学作为一种修行的实践指南，但许多修行者在自身精神旅程中的“所见”也或多或少会用语言表达出来，形成零散的苏非言论，而且圣训中也不乏一些引人遐想的幽玄表述，如何解读这些表述，也成为苏非学者的任务。早期的苏非学者如哈桑•巴士里、比斯塔米（بسطامي）、朱奈德（جنيد）、哈拉智（حلاج）和古筛勒（قشيري）等皆有各自的言论或言论集流传下来，为系统的苏非理论的建立奠定了基础。但他们其中也有人（如哈拉智）因自己的言论而引起与大众学者的冲突，以致惹来杀身之祸。马良骏指出，这一悲剧发生的原因在于个别苏非贤哲将修行过程中“寂灭”（فناء）和陶醉状态下的体验公之于众，大众没有神秘体验，往往会产生误解。他说：

部分贤哲说出让人误解为“合一论”和“化身论”的言辞，就像哈拉智的“我是真实”之说所表示的“我是真主”之意，还有人说“在这个袍子里的只有真主”。这些言论在教乘的层面是不容许的，因为它容易造成误解。但从另一方面讲，说这些话的人正处在特殊的境界中，所以他们说出的言辞应该予以合理的解释。同时对于处死哈拉智的判决也应该予以合理的解释。[①]

的确，在苏非之学还未得到广泛接受的时代，个别苏非在“陶醉”状态下的言论容易使人误解他们的意思而无法接受。致使教义学家和教法学家中相当一部分人存在反苏非倾向。安萨里迈出了将苏非之学体系化的第一步，他使用的术语和解释奠定了苏非之学体系化的基础。他一方面批驳并剔除了不合教义教法的异端苏非言论，另一方面将苏非之学进行了一次普及，使之逐渐成为“显学”。在他的解释和努力下苏非之学成为被普遍认可和接受的。安萨里之后，历代苏非仍在他开辟的道路上继续推进苏非学的体系化，如著名的苏非阿卜杜·嘎迪尔·吉拉尼（عبد القادر الجلاني）和纳吉姆丁·库布拉（نجم الدين الكبرى）等。直到苏非学的集大成者伊本·阿拉比的出现，苏非学的庞大体系得以完成。马良骏在著作中凡引用伊本·阿拉比的著作时，都对这位伟大的苏非给予高度的赞扬和尊重。在他看来，误解和批判缘于对伊本·阿拉比著作的误读。在融合教义学和苏非理论的工作中，马良骏无疑是一位智慧的学者。在他的阐述之下，二者常常能够相得益彰。

一、认识真主的两种途径

在伊斯兰传统看来，真主本身是绝对的幽玄，无法被认知。认识真主只能通过真主所显现的一切“迹象”（آيات），这些迹象被

① 马良骏：《教义学述要》，第 25 页。

分为三种：第一种是启示的经典；第二种是外在的宇宙万物，被称作大世界；第三种是人自身，被称作小世界。正如《古兰经》所说："我将在四方和在他们自身中，把我的许多迹象昭示他们，直到他们明白他确是真实。"（41：53）[1]在马良骏看来，这节经文实际上已经指出了除启示的经典以外认识真主的两种途径：一种是向外参天地之化育，这是思辨教义学家的路径，另一种是向内直观揭示，这是苏非修行者的路径。因此，理性和修行两种路径是已经被启示加以肯定的，二者并行不悖：

认识真主有两种路径：第一种是凭借真主所显现出的迹象和行为而研究和求证他的存在、他的独一、他的一切完美属性和一切超越属性；第二种是克己、修行和见证之道。行认主之道的人在道路的优越方面有分歧。教义学家主张认识真主最好的途径是思辨和推理，因为苏非修行的道路是艰难的，通达之人很少。而苏非学者则认为思辨和推理获得的知识多半不免于揣测和想象，多是根据已知的推理未知的，所以会误入歧途，而且在思辨中还不免跟随己私。而苏非之道却不同，因为它使灵魂和心灵摆脱于想象和揣测的混杂而得到净化，它不留存任何东西，只等待神圣知识的垂降。[2]

① 马坚译本将经文最后的代词"他"解释为《古兰经》，这是一种解读方式。此处因上下文需要，采用了另一种解读方式，"他"指的是真主，这节经文用了《古兰经》中常用的人称转换的修辞方式，先用第一人称"我"，然后变为第三人称"他"。
② 马良骏：《简明哲学》，伊犁 1928 年油印本，第 11 页。

从这段话中可以看出，马良骏在认识的确定性方面显然偏向苏非的道路，但并不意味着他否定教义学的道路。相反，他对教义学的研究和著述要远远超过苏非学。在他看来，教义学的方法和理性的基本知识是必不可少的，他确保了大多数人坚持正确的信仰而不致误入歧途。但认识的终极目的是确定性的知识，这是真主垂降在纯洁心灵上的，只能靠修行获得。他说：

第一种道路以思辨能力而成就，在理智的四个等级即质料理智、现实理智、习惯性理智和获得理智中不断提升，最后是遥远的终点，即灵魂所获得的思辨性的见证，以至于没有任何事物对它是未知的。因此，有人说：在今世没有一个人具备获得理智，甚至在后世也没有，除非是那些摆脱了肉体的牵绊并沉浸于修行的人。第二种道路以实践能力而成就，在四个等级中不断提升，第一等级是通过遵行沙里亚和真主的密友而修养外在，第二等级是通过消除被贬斥的性格而修养内在，第三等级是用摆脱了怀疑和揣测的圣洁的形式装饰灵魂。第四等级是专注于真主的优美和威严以及理智的缺陷。[1]

最后，马良骏又从宗教的立场上将哲学史上实践以上两条道路的人分别进行了划分，他指出：

走每一种道路的人各分为两类。走理性道路的人如果坚持众先知的宗教，即某个先知的教律，那么他们就是宗教的教义学家，

① 马良骏：《简明哲学》，第 11 页。

就像艾什尔里和马图里迪及其追随者。否则，就是逍遥学派的哲学家，就像亚里士多德和追随他的哲学家。走修行道路的人如果他们的修行符合教律，他们就是遵守并坚持正统派信仰的苏非贤哲，就像谢赫比斯塔米、谢赫吉拉尼、谢赫哈拉智等。否则，就是照明学派的哲学家，就像柏拉图和追随他的哲学家。[1]

显然，马良骏将启示的教律作为区分的标准。在他看来，以亚里士多德为代表的逍遥学派哲学家与教义学的区别仅仅在于伊斯兰的教条。而以柏拉图为代表的照明学派哲学家的思想则类似于苏非学，但是两者的差异也在于启示的教律。启示的经典在这里作为第三条道路，成为区分前两条道路的一个标准。

二、三乘与认一

马良骏指出，认识真主的人处于修行的不同阶段，对真主的认识具有不同等级。他论述了处于教乘、道乘和真乘三个层次上的人在认主独一（توحيد）中的不同层次，他们分别是普通大众的认一，特殊者的认一，最特殊者的认一：

普通大众的认一是承认一个受崇拜者，对于他们来说，“万物非主，唯有真主”的意思是除真主外没有任何应受崇拜的。特殊者的认一是承认一个所爱，对于他们来说，“万物非主，唯有真主”的意思是除真主外没有任何所爱，没有任何目的。最特殊者的认一是招认一个存在者，对于他们来说，“万物非主，唯有真主”的

① 马良骏：《教义学述要》，第28-29页。

意思是除真主外没有任何存在者。普通大众是教乘之士，特殊者是道乘之士，最特殊者是真乘之士。[①]

紧接着，马良骏阐述了三乘之间的区别。他指出，教乘表示学习穆罕默德之德行的外在。道乘表示斩断通向真主的一切牵绊和阻碍，摆脱除真主外的一切，学习穆罕默德之德行的内在。道乘比教乘特殊的原因在于道乘之士必须遵守教乘所应遵循的，而教乘之士则不必遵守道乘所应遵循的。由此可见，教乘和道乘密不可分，教乘是道乘的基础和原则，离开教乘就无所谓道乘。真乘是修行者所达到的终点，即真主及其尊名和属性。通过以上论述，马良骏指出，教乘针对所有人，包括普通大众、特殊者和最特殊者。道乘针对特殊者，真乘针对最特殊者。作为本质性目的的真乘是道乘的内在，而道乘又是教乘的内在。反之，教乘是道乘的外在，道乘是真乘的外在。马良骏用了一个比喻，如果将教乘比作舟楫，那么道乘就是海，真乘就是海洋中真正的宝藏。谁想要得到真乘的宝藏，必须要进入道乘的海洋，而想要进入道乘的海洋，必须乘坐教乘的舟楫。因此，对于行至真乘终点的完人（كامل）而言，三乘是不可分离的。马良骏解释了完人的品级，他说：

完人（كامل）是行至真主的人，他寂灭于真主之中（فاني في الله），这是聚合（جمع）的阶段。完他之人（مكمل）是为了完美其他人而

① 马良骏：《大辑要》，第 78 页。

从真主那里返回至众生的，他以真主而永存（باقي بالله），这是聚合后的分离（فرق）阶段，即作为谢赫、培养者和指引者的阶段。作为苏非导师就意味着在他的培养中具备行道的寻求者所需求的一切，直至其到达适合作导师的品级。真正的完人（الكامل الحقيقي）独处在低下和高贵的位置，因为他没有任何能力，除非来自真主的能力。因此，人们说："没有比古图布（قطب）更无能的，也没有比古图布更强大的。"①

在苏非思想中，整个宇宙的创造被认为是由真（真主）到幻（万有）的一种分离，而修行者的精神旅程则是由幻再复归于真的一种聚合。那么，完人就是行至终点而达到聚合的人。据圣训的描述："我的仆人不断以各种副功接近我，直到我喜欢他。当我喜欢了他时，我就是他用以听闻的耳，是他用以观看的眼，是他用以抓拿的手，是他用以行路的脚……"这段圣训描述了修行者通过不断地修行而学习真主的德性，直到真主的完美德性展现在他身上。苏非导师是达到完人的阶段后再返回培养其他人的完人，即聚合之后再分离，寂灭之后再清醒回到众人之中。"古图布"一词字面意思是轴心，在苏非语境下是指每个时代的完人中最大的"卧里"（真主之友），被视为宇宙的轴心。有关完人的其他方面的阐述，我们将在马良骏的灵魂思想中详述。此处有必要叙述一

① 马良骏：《大辑要》，第 79 页。

下马良骏对苏非学的显化理论的解释，这也是苏非认主学的重要内容。

三、显化理论

在苏非理论中，有限的人类理智是不能认识无限之真主的，因为他是绝对的存在，是最隐藏的珍宝，是幽玄之幽玄。就此马良骏引述了苏非学者都喜欢引用的一段圣训，在这段圣训中穆罕默德描述了真主的话："我是隐藏的珍宝，我喜爱被认知，故我造化万物，以便我被认知。"因此，人要认识真主，只能藉由真主自身的一种限定或规定才能实现，有了绝对存在者的自我规定，便有了真主之一切迹象的外显，这便是苏非学的显化理论。明清穆斯林学者对这一理论已经阐述得十分详细，尤其是王岱舆的《清真大学》和刘智的《天方性理》颇具系统性。但是，二者用儒家话语阐述的显化理论在有些细节问题的处理上毕竟很难表述清楚。比如显化的各个层级之间的相互关系问题，这就是马良骏所要补充的内容。前人已述之内容，马良骏并未再做阐述，因此读马良骏对显化理论的诠释，必须事先具备必要的基础知识和前提，否则难以理解。

在显化理论中，由绝对存在的"一"开始，经过不同的显化层级逐渐显化出万有，这是一个由真一到万有的存在等级递降的逻辑过程，因此在苏非的术语中被称作"下降"(نزول)。而修行者经过不同的境界和阶段的精神旅程，则被视作再复归于真一的过程，被称作“上升”（عروج）。下降之弓和上升之弓最终完成一个圆形，被称作“两弓一弦”（قاب قوسين）之境。清代学者刘智在《天方性理》中详细讲述了下降的不同层级，将其分为“六品”，分别是：1.体，即真主的本体，是无规定性。2.用，即真主的属性，是初次规定性。3.为，即真主的行为，是第二次规定性。4.命，即一切被造物之源。5.性理，即万事万物的内在本质或灵魂。6.形气，即万事万物的外在形式和质料。[1]

马良骏则将显现、下降的层级总结为四个，即本体、尊名和属性、行为、行为对象（万事万物）。在此基础上又进一步将其概括为两个，首先是本体性的显现，然后是属性性的显现，前者是“最神圣的流溢”（الفيض الأقدس），后者是“神圣的流溢”（الفيض المقدّس）。这一论述明晰了我们对伊本·阿拉比的这两个术语的理解，根据明清学者的著作，“最神圣的流溢”被理解为真主在其知识中的自我认知和自我规定，“神圣的流溢”则被理解为真主的认知和规定的内容奉命成为外在实有。然而，马良骏指出，真主的显现分为两种：第一种是知识性的显现，即真主在自身知识当中的显现。知识性的显现又分为两个阶段，先是统摄性、共相性的，即真主对自己统总性的认知，后是析分性、殊相的，即真主对自己细分性的认知。知识性显现无论统总性的还是细分性的都是真主本体性的显现，即“最神圣的流溢”。只不过前者被称作统总性、聚合

① 参见（清）刘智：《天方性理》，乾隆乙卯重梓，考城金氏安愚堂藏版。

性的最神圣的流溢。后者被称作析分性、分离性的最神圣的流溢。真主的第二种显现是属性性的显现，也分为两个阶段：先是本体性属性之显现，然后是行为性属性之显现。本体性属性之显现是指真主的存在流溢于行为上，即神圣行为的阶段。而行为性属性之显现是指真主的存在流溢于一切行为对象上，即一切被造物产生的阶段，包括灵魂和肉体、实体和偶性。属性性显现的这两个阶段都被称作“神圣的流溢”[①]。最后，需要明确的是，真主绝对的存在是在这两种显现之上的，是绝对的无规定，绝对的不可认知。我们可以用下表作一总结：

绝对存在	
最神圣的流溢/本体性显现	统总性的知识性显现（本体）
	析分性的知识性显现（尊名和属性）
神圣的流溢/属性性显现	本体性属性之显现（神圣行为）
	行为性属性之显现（行为对象）

马良骏还总结了依次递降的四个显化层级之间的关系，他指出，每一个层级的下一级都是上一级的幔帐，“所谓幔帐是显现的媒介，而非显现的阻隔。”[②]就像事物的外在遮蔽其内在那样，外在同时又是内在的外显。马良骏指出，超越于一切关系和观念的绝对存在是被观念性的首次规定性（本体）的幔帐遮蔽的，统总

① 参见马良骏：《大辑要》，第 213 页。
② 马良骏：《大辑要》，第 214 页。

性、聚合性的真一本体是被析分性、分离性的尊名和属性（数一，واحدية）的幔帐遮蔽的，尊名和属性是被神圣行为的幔帐遮蔽的，行为是被一切行为对象（即万事万物）的幔帐遮蔽的。反过来，真正的绝对性（绝对存在）通过相对的绝对性（即聚合性的真一本体）之幔帐而显现，聚合性的真一本体通过数一性的尊名和属性的幔帐而显现，数一性的尊名和属性通过神圣行为而显现，神圣行为通过万物（即行为对象）而显现。马良骏这一解释让我们对苏非显化理论有了更加清晰的认识。

第三节 论“同在”与天人合一

一、“同在”问题的历史背景

“同在”问题是中国伊斯兰教思想史上最重要的问题之一，尤其是经堂教育产生以来，穆斯林学者对这一问题的讨论经久不息，分歧不断。此问题主要是围绕真主与万物如何同在的讨论而展开的。前文已述，早在清初，山东学派经师内部就《默格索德》一经中所论“同在”问题就已产生了分歧。常志美弟子中以舍蕴善为首的“新行”主张此经没有问题，而“古行”的经师则认为此经所讲“同在”问题并非正统思想，反对讲传此经。《李正元阿衡之遗文》对这一分歧大致进行了概括，并赞扬了经师刘懋修对这一问题的阐述：

正教之分于新古者，惟在认主之一端也。古者言主不属于气质而与万物不同，新者说主虽外乎色像亦与诸品相在。古者言若是同物即有处所，新者说倘其不同何以围彻，是虽同其实未同，虽不在其实亦在。二家之说彼此相违，由来已久，无人折正。及沧邑（刘）懋修先生出，始能辨别是非，考定经旨，会诸说而折其衷。尝云：二家之说皆非矣！古者性狷而未及正途，新者志狂又过于偏倚，盖天地万物未有之先，莫不皆隐迹于主之本，形容于主之知。是时，万物虽无气质亦成豫定，虽有经营又未发露，盖有名而无形也。及其将发之时，主与其所当有者密有相契，而造化与焉，斯之造化曰同在、曰沾连。若非斯之同在万物缘何而有，且万物之常在亦赖同在之不更。由此观之，经中所云之同在即是同于无形之豫定，即是造化之源。非谓万物已形之后，主与其气质有所沾连耳。所以古者未明同在之义而遂落于半途之下，新者虽知同在之说而未得其详是亦顺于歧途之上，所以强辩巧喻、种种发明。①

在刘懋修看来，经训中所说的主物同在的“物”是指“隐迹于主之本，形容于主之知”的“豫定”，即万物的恒定原型永恒地隐存于真主的知识当中，并不是指真主与万物已形之后的气质有沾连。这一解释仅仅将同在问题局限在了回儒所说的“本为”层面上，实际上是回避了本体和属性层面是否同在的问题。同时，

① 《李正元阿衡之遗文》，原载于《月华》第八期。

王岱舆、马注、马复初等学者的著作中也常常有对某些违背正信正行的异端苏非言论的批驳，同时也在阐述被认为正确的苏非学理。在他们看来，《默格索德》（مقصد الأقصى）、《莱瓦一哈》（لوائح）、《莱穆尔特》（أشعة اللمعات）等波斯文苏非典籍并没有问题，问题在于一些人的妄加理解。

马复初在《正异考述》中说："况理学之深微，粗浅者悉得而识也。今之学人知见不足，且好新喜奇而远骛理学，不得其益，反受其害。非经之害人，乃自误而自害也。如《昭微经》《费隐经》有云：'世界乃真一之表，真一乃世界之里，世界未显，即是真一，真一既显，即为世界。'又曰：'一物一真，万物万真，无算无数之物，即无算无数之真。'……肤浅之辈，执诸等语，遂拟其真一之本然，散为万象，如制金而成器，毁金而成金，是为悖谬之谈也。"[①]马复初斥责异一部分异端言论"不知主物同然之义，而以为真主散而为万物，万物合而为真主，谬之天壤矣！"同时另一部分人不能理解苏非经典中的表述，而盲目否认经典。此外他还指出，苏非修道者走完精神的旅程之后所达到的"天人合一"或"我与主共"的境界，"肤浅之辈"不理解其义，对此妄加猜测，认为"修真者至此，则人即主也，主即人也。呜呼！何愚之甚也"[②]。

① （清）马复初：《四典要会·正异考述》，载《回族典藏全书》第三十二册，第198-199页。

② （清）马复初：《四典要会·正异考述》，载《回族典藏全书》第三十二册，第209页。

马复初用了日和影的关系阐明此“同在”问题：“譬如日下之影，影在之位必无日，日照之位必无影，二者不两离也。幻在真不显，真现幻必亡，日照必无影，非影变为日，或日化为影。虽言我与主共，其实非并立也，乃影无也，幻尽而无我也，不可谓影与日相共也。”[①]在马复初看来，无论利用这些苏非经典阐发自己异端言论的人，还是盲目反对这些苏非经典的人，都是对其中所述之理的无知。

陕西学派在周良浚兴学之后，“凯俩姆”（教义学）兴盛，同时也可能是受到教派门宦分化的刺激，格底目派一些阿訇开始认为苏非学理与教义学有冲突，放弃讲授苏非经典，问题的关键还是在对《莱穆尔特》（اشعة اللمعات）等苏非典籍中“同在”问题的理解。马良骏的老师、陕学泰斗马寿清为此而专门著有《明理居正》（بيان المعية）一书，从经注学、教义学和苏非学角度系统梳理“同在”问题。该书付梓之后，有一位叫刘辑五的阿訇看到此书，又著一书进行批驳，近代著名阿訇王静斋在其《中国近代回教文化史料》一文中提到此事。王静斋在阅读了双方的著作之后，认为刘辑五“对马老的原经所批驳的话，归了包堆只有一句中肯(关于文法方面的)。此见老阿衡们注意学问。在刘老虽批驳得不对，亦不失为好学的先达。”[②]刘辑五所著之书现已无缘得见，只见王静

① （清）马复初：《四典要会・正异考述》，载《回族典藏全书》第三十二册，第210页。

② 王静斋：《中国近代回教文化史料》，载《回教论坛半月刊》第2卷，1939年第2、3、4、5期。

斋阿訇的这句评论。马寿清的《明理居正》可谓阐述“同在”问题最系统的专著，作为马寿清的高徒，马良骏深受其影响，后来他在伊犁再版了该书并做了简要序言和评论。这里有必要对马寿清的《明理居正》的内容作一大致介绍。该书开篇大致说明了作者著述此书的初衷，翻译如下：

这本书的目的是根据天经和圣训以及经注学、教义学、苏非学的相关知识阐明“同在”问题。我们阐明、分析这个问题，只因其中具有严重的灾难和巨大的危险。中国一些阿訇失足并跌落于其中，他们迷路并且使人迷路，只有真主以正道和从谬误中的保护而使其成功之人除外。事情是这样的，他们自古以来就有分歧，有人主张真主的本体是与世界同在的，有人断定真主的属性是和万物同在的。持这两种观点的每一方都认为对方是错误的，甚至是悖信。双方的争执持续了很长时间，一直到人称“普洱马”的微末无能、功修不足的仆人萨赫布·凯玛里（愿主饶恕他及其双亲）的时代。他努力寻求了精细的知识，并致力于获得其结果和精华，尤其是这个问题。在“真主本体的同在”问题中，他与他精细严谨的恩师甚至是娴熟渊博的恩师（愿主慈悯他俩）观点相牴牾，尽管（他们都承认）绝非降临与合一。提及恩师，只是为了表明对中国穆斯林学者而言，这一问题的难度和深奥，并不是为了揭露两位恩师的缺陷和不足。因为他俩已属中国（穆斯林）最卓越、最有知识的学者，鲜有出其右者。为了证实这一问题，我研究了《古兰经》、圣训、经注学、理性学科（教义学）和灵性学科（苏非学）。[1]

马寿清研究了《古兰经》中每一处出现“同在”的经文，并选取了最典型的一节展开阐述。他指出，有关“同在”问题最典型的经文莫过于：“无论你们在哪里，他（真主）是与你们同在的。”（57：4）首先，像这样的经文属于隐微的经文，不能按照其文字的表面将真主与人的“同在”理解为人与人的同在，否则就是将真主物体化和拟人化，这是违背宗教原理的。故而，许多注释家都将这节经文注释为“真主的知识和能力与你们不分离”。马寿清又根据《教典诠释》对这种注释做了进一步解释，任何事物不能出离于真主的知识和能力，也就是说任何事物都摆脱不了与真主的知识和能力相关联，否则它们便不会存在。前文已述，正统派对于隐微的经文有两种注释倾向，一种是否定字面意思但不做注释，一种是否定字面意思并注释其可能的含义。在马寿清看来，针对不同理智层次的人，要采取不同的方式。此外，马寿清对相关圣训也进行了研究和讨论，并将先知穆罕默德与艾布·伯克尔在山洞中躲避追杀时对艾布·伯克尔所说的“真主与我们同在”一语解释为真主的援助与他俩同在。综上，真主的本体是不可知的、绝对超越的，他不可能在位置、方向或空间上与人同在，这

① 马寿清：《明理居正》，开封云庆堂版，1886 年，第 1-2 页。

一点是伊斯兰教的公议。故对相关经训都不能理解为真主的本体与事物同在，否则便出离于伊斯兰信仰的范围。

紧接着，马寿清从教义学的角度论述“同在”问题。他以“世界”的定义为切入点，在教义学中“世界”就是除真主之外的一切存在者。由此可见，真主是和世界有别的，真主不依附于世界，因为永恒古有者不可能依附于新生有始者，产生于某个时间点的世界也不可能依附于真主，否则就会导致真主成为新生者的载体。穆尔太齐赖派在此问题上也如此主张。马寿清反驳了有人所持的本体同在论，他们用真主“无止境”这一否定性的属性证明真主的本体与万物同在。他们认为，如果真主不与万物同在的话，他必然止境于万物而与之并立，这是违背“无止境”这一属性的。马寿清反驳道，如此进行论证的人已经落入了粗鄙的形体论和相似论的窠臼，他们将真主的本体想象为可以像物质世界一样有边界并且能相互接触或分离，这是以形而下的眼光看待形而上者。如果按照他们的主张，整个世界的任何空间都会充满真主的本体，而真主又是无限的，世界是有限的，这样造成真主的一部分充满在世界中，这是明显粗鄙的信仰，是公开的悖信。马寿清还反驳了一些人所主张的属性同在论，即认为真主是以其属性与万物同在的。在他看来，他们的立场是站不住脚的，因为正统教义学认为真主的属性是依附于本体而成立的，与本体不可分离。断言真主的本体不与万物同在而属性与万物同在，势必导致属性从本体上分离的结论。并且万物是不断变化的，势必导致真主的属性随着万物的变化而变化，这是荒谬的。但是，马寿清主张，如果持属性同在论的人所说的属性与万物同在的意思并非属性本身与万物同在，而是属性与万物之间产生的关系，属性本身是不变的，这些关系随着万物的变化而变化。这种主张符合教义学的正统信仰。因此，穆斯林常说“真主无处不在”指的是真主属性的作用和影响无处不在，并非指真主的本体或属性本身。①

马寿清还讨论了苏非学上关于同在问题的论述。首先，他引用《纳吉姆经注》(تأويلات النجمية)的解释，他指出“同在”并不是普通人或特殊之人所理解的时间或空间的“同在”，而是苏非的见证和揭示所体验或品尝到的“同在”，即他们所“见证”到的真主本体性的显现。这种“同在”并不是用理智所设想的，真主本体超越于一切思考、想象和臆测。这种“同在”是只有真主和一些完人才知道的秘密，这一秘密被禁止显露给无法感知它的理智。总之，真主的同在只是他在具有神秘“见证”的人眼中的显现，实际上并无本体的同在，只是显现性的同在。马寿清分四个层级讨论真主的显现：(真主)知识的层级中不可见的、知识性的显现；外在世界的层级中可见的、存在性的显现；神圣“见证”的层级中直观性的显现；思考和跟随的层级中信仰性和认知性的显现。他指出，苏非学上所说的第一种和第三种显现实际上就是教义学

① 参见马寿清：《明理居正》，开封云庆堂版，1886 年。

所谓的知识和能力（与其对象之间）的关联，知识和能力的对象就是万有，即真主的一切显现。紧接着，马寿清详细阐述了苏非学名著《莱穆尔特》中所述的同在问题，此不赘述。

最后，马寿清指出，苏非对“同在”的洞见是通过自己的修行和真主的提拔，而普通大众则要依靠教义学思考和推理进行认知，这才是他们最终得救的基础。人们容易犯的一个错误就是在思考和推理的层级上说直观揭示者的话，误解是不可避免的，就像没有真正品尝过糖的人去品评糖如何香甜一样。苏非学者写作苏非经典的作用在于将人教化于行真主之道，使人摆脱对尘世和私欲的崇拜，转而成为至诚、纯一和契真之人。其目的并非仅仅为了阐明他们的事情、记载他们的言论。马寿清强调，对待苏非学而出现错误的人在于没有分清楚见证、揭示的知识和理性、传述的知识，没有搞清楚这两种知识的方法及各自的目的。苏非典籍中确实有本体同在论，但是并不是他们用教义学的方法所理解的本体同在。苏非的隐喻性表达是很多的，这些隐喻性表述是对一些明见和有体验的人所说，理智和目光短浅的人无法理解，从而深入于重大的危险之中。马寿清警示穆斯林大众，不要仅仅为了记住苏非的一些言论和术语而学习苏非学，那并不是信仰和行为的依靠。据笔者猜测，之后有些陕西学派的阿訇反对讲授苏非经典可能在于对这句话的误解。实际上，马寿清本人就是一位对苏非学有深入研究的学者，他著述的目的不可能是反对苏非学，而是让人正确认识苏非学，以免因错误遵从或盲目反对而误入歧途。在这一点上马寿清与马复初、马联元等学者如出一辙。在马寿清看来，只有精通经注学、教义学和苏非学的学者才能细致地理解“同在”问题，一般人只需了解其要旨和精神即可，即真主超越的本体和属性绝不是与万物同在的，而他的属性（知能）的关联在任何状态下都不会与万物分离。

二、马良骏论“同在”

马良骏在前人的基础上对“同在”问题进行了清晰的总结。他在论述真主的独一性证明时，引出了对“同在”问题的论述。《古兰经》中对真主的独一性给出了在教义学上非常著名的“对抗论证”，即如果天地间有多个主宰，那么他们必然意见不一，相互对抗，则世界不能久存。《古兰经》云：“除真主外，假若天地间还有许多神明，那么它俩必定破坏了。”（21∶22）马良骏指出，经文所述“天地间”并非意味着真主居于天地之中，实际上真主是超越于此的。同样，有许多经文和圣训都提到了“在天上的主”，例如另一节《古兰经》云：“难道你们不怕在天上的主……”（67∶16）还有圣训传述，穆罕默德当时向一个黑人女奴询问真主在哪里，她说在天上。先知肯定了她的回答。诸如此类的经训并不能按照其字面去理解为真主的本体居于天地中，而是指真主在天地中施加的作用或影响。这样一来，便会产生一个问题，即对事物产生作用是真主的行为属性，而属性不可能离开本体，所以作用或影响在天地中，必然导致本体在天地中这一结论。马良骏论述道，作用处于世界中指的是行为属性的作用和结果，并非行为属性本身。真主的本体、属性和行为超越于世界，正如《古兰经》说："任何物不似像他。"即任何物都不与他的本体、属性和行为相似。[1]马良骏论述"同在"问题，大致从以下几个方面：

第一，对本体同在的理解。马良骏援引著名苏非阿卜杜·拉赫曼·贾米的原话："真主以其本体而与万物的同在并非是从存在方面而言，而是从是其所是（هى هى）的方面而言，即从万物的本质（ماهية）和实在（حقائق）方面而言。"由此可见，本体同在仅仅指的是真主以本体而与万物的本质同在，在苏非学中所谓万物的本质就是在真主的知识中被规定并且恒定存在的知识性形式，万物的这些知识性形式被称作"恒定原型"。故真主的本体没有任何降临、玷污或污染，因为那些知识性形式是通过真主无始的知识这一媒介才依本体而成立的，不可能设想真主的本体流行于其中，它们只是真主知识的内容。这些恒定原型是妙中至妙的，用伊本·阿拉比的话说，它们还未嗅到存在的气味。

第二，对属性同在的理解。马良骏指出，有一些苏非学者的确主张真主与万物的同在是通过其尊名和属性（与万物所发生）的关系。他解释说，断言尊名和属性与万物之关系的这种同在，其实就是在断言尊名和属性的影响、作用和结果（与万物）的同

① 马良骏：《大辑要》，第238页。

在，两种观点的归落是一样的。总之，真主与外在事物的同在，只考虑的是尊名和属性的影响、作用和结果，并不是以真主的本体，要不然就会导致本体的降临或迁移这样荒谬的论断。

第三，对修道者所达到的天人合一之境界的理解。同马复初一样，马良骏指出，只有无知的人才认为天人合一的境界就是真主的本体与修行者的本体合二为一。实际上，它表述的是修道者最终达到的“无我”境界，即他的自我完全被消解，在他意识中存在的只有绝对存在本身。修道者将自己“打磨”成一尘不染的镜子，完美地接受神圣之光的照明，即在他身上反映出真主的完美属性。这就是圣训要求人以真主的德性为德性的最终境界。马良骏揭示，修道者在完成了克己和修行后并不是具备了真主的属性。所谓“人具备了真主的属性”只是考虑属性的影响和结果，即真主的尊名和属性产生的影响和结果，并不是说当人完满了修行时，真主的本体或某个属性就像水居于玫瑰花中那样而居于人之中，只有外道才会持此明显荒谬的主张。正确的主张是：当人完美了功修时，真主便以其尊名和属性显现在他们之中就像月映大海，有理智的人不会说月亮本身或者它的某个属性下到了海里，而是月亮的影响，即它的影像和映迹产生于海中。真主以其尊名和属性显现于人之中也是同样，即真主的尊名和属性在他们中产生影响，并非真主的本体或某个尊名和属性居于他们中。马良骏用尔萨（耶稣）的例子进行了说明，他说，先知尔萨能复活死人，他是真主的“使活”（إحياء）这一属性的结果，并不是真主的“使活”这一属性本身产生于尔萨之中。因为这一属性从根本上是属于真主的，从形式上才是属于尔萨的。真主的“使人活”是本，尔萨的“使人活”是末。将这一属性归于真主是从显现者而言，归于尔萨是从显现之处而言。

最后，为了将同在问题阐述得更加清楚，马良骏用了两个比喻加以形象地说明，他说：

尊贵的兄弟啊！如果你还不明白鄙人所述，即“主同万物”是以尊名和属性的结果，而不是以其超越的本体，也不是以尊名和属性本身时，请你想想与镜子相对的太阳。太阳并未降临到镜子中，镜中只有它的光，即它的影响和结果。既然如此，太阳与镜子的同在明显只是以其影响和作用，并不是太阳本身或者太阳的某个属性降临于镜子中，因为那是显然不可能的。真主与被造物的同在也是如此。例如，当真主以其知识这一属性和全知者这一尊名显现在有知识的人中，人身上所成就的知识只是真主的知识属性的影响和结果，并非真主的知识属性本身。由此可以明确的是，说真主与有知识的人同在，只是考虑真主的知识属性的结果，并不是考虑他的必然之本体，也不是考虑他的知识属性本身。因为尽管有知识的人是真主的知识属性和全知者这一尊名的显现之所，但作为显现之所并不导致他们具有真主的知识属性本身，就像太阳显照于其中的镜子，并不具备太阳的某个属性本身。公正的兄弟啊！如果你想进一步明白这个问题，你思考一下春天与植物的同在，在植物中所成就的只是春天的结果和影响。真主与万物的同在也是同样。例如，当真主将自己的“引导者”（الهادى）这一尊名显现在先知身上的时候，先知身上产生的“引导”属性只是真主的“引导”属性的结果和影子。真主显现在一切显现之所中的其他一切尊名和属性都是同样，即便那显现之所小如蚂蚁或微尘。①

在结束对“同在”问题的讨论时，马良骏提醒学生应当思考并理解这一问题，并仅限于如上所谈，不要多言其他。因为“这是许多脚步的失足之处，是（正异）两方的分界线，当你明白了这一要紧的大事，你在对这一问题的探究中应当仅限于以上所提的限度，并对在此限度之外的事不要多言，以便你从毁灭的漩涡中平安。这一问题是比发丝更细微、比剑刃更锋利的桥，只有永恒的成功与之相伴的人才能通过它。”②

第四节 论灵魂

灵魂问题在伊斯兰传统中具有十分重要的地位，是伊斯兰哲学、教义学和苏非学共同探讨的一个重要问题。它不仅仅关乎人的生命和死后复活的教义，还与伊斯兰教的存在论、宇宙论、认

① 马良骏：《大辑要》，第 240 页。
② 马良骏：《大辑要》，第 241 页。

主学等思想关系密切。正因如此，在明清穆斯林学者的著作中与灵魂问题相关的心性理论占据了大半的篇幅。他们参考并整合了《格致全经》（شرح الموقف）、《研真经》（مقصد الأقصى）、《道行推原经》（مرصادالعباد）、《昭微经》 《费隐经》和《百达维古兰经注》等伊斯兰原典有关灵魂的学说，同时使用儒家心性论的概念对这些内容加以论述，形成了蔚为壮观的中国伊斯兰教心性理论。然而，伊斯兰哲学、教义学和苏非学原典在讨论灵魂问题时所使用的概念纷繁复杂，表述上存在颇多不一致之处。再加上儒家学者对心性概念的理解和使用也存在分歧，这就导致明清穆斯林学者在他们的汉文著述中对一些概念的翻译和使用很不统一，读不同学者的著作往往给人造成理解上的混乱。再加上文化的差异，术语转换的困难也是在所难免的，学者在术语转换过程中势必要舍去原典的部分意涵[1]。

马良骏看到了以上缺憾，因此他在有关灵魂问题的汉文著述中凡汉译术语皆标注其阿拉伯文，以便读者将阿、汉术语进行对应。更重要的是，马良骏围绕《古兰经》经文的诠释，用阿拉伯文详细梳理了教义学家和苏非学者有关灵魂问题的不同主张，并对灵魂问题进行了简明总结。概括地说，马良骏对灵魂问题的讨论主要是围绕两节《古兰经》文展开的，一节是“他们向你询问

① 关于这一问题，马复初在他的《天方理性》阿文译注本《本经五章译解》的前言中已经明确提到。

精神，你说，精神是来自我的主的艾目尔（أمر），你们只被给予了很少的知识。”（17∶85）另一节经文在《古兰经》中出现好几处，都是表述真主将精神吹入人之中，其中一处表述是：“我把我的精神吹入其中。”（15∶29）通过对第一节经文的阐释，马良骏讨论了灵魂的本质和种类；通过对第二节经文的阐释，讨论了灵魂对身体的统驭和灵魂单一论。

一、灵魂的本质

从词源上讲，在阿拉伯语中与灵魂相关的两个词鲁哈（روح）和纳夫斯（نفس）具有相近的含义。鲁哈（روح）与风（ريح）是同根词，因为鲁哈就像风一样只有通过其外在影响才能知道其存在。在《古兰经》中“鲁哈”一词有时指天使，有时指启示，有时则专指来自真主的精神实体。我们这里讨论的则是其最后一种意义，马良骏将其翻译作命或灵命[1]。纳夫斯（نفس）本意是气息，在宗教上一般用于指形而上的精神与形而下的身体结合之后所产生的精神性与物质性相混合的灵魂，马良骏将其翻译作性。纳夫斯（نفس）在宗教中有时也专指人的私欲，这层意义不是此处所要讨论的。马良骏指出，命（精神）和性（自我/灵魂）这两个词常常被连用或混用，因为二者之间存在非常密切的关系，“精神”就是超越了质料形式的灵魂，而一般意义上所说的灵魂则是与质料或肉体相结合的灵魂。严格来说，二者是不同的，将二者相混用的情况都

① 参见《考证回教历史》，《回族典藏全书》第128册，第384页。

对原词进行了限定，例如用“纳夫斯•纳推格”（能言之性）表示“鲁哈•印萨尼”（人性灵魂）。否则，未加限定地用纳夫斯（性）表述鲁哈（命）是错误的。笔者在讨论相关问题时，如果不是为了刻意做出区分之处，则模糊地使用“灵魂”一词。

马良骏讨论灵魂的本质，主要围绕这节经文展开：“他们向你询问精神，你说，精神是来自我的主的艾目尔，你们只被给予了很少的知识。”（17：85）[1]马良骏指出，学者根据“艾目尔”（أمر）一词的不同含义，对于这节经文有不同的解释。经文中的“他们”指古莱氏族的首领，当时他们接受麦地那犹太人的建议，向先知穆罕默德询问灵魂问题以证实其先知身份。按照安萨里的老师朱维尼（امام الجوين）的解释，“艾目尔”一词取“事情”之意，那么经文可译为“精神是来自我的主的事情”，即只有真主自己知道的机密，人无法全知其究竟。另一种解释来自《百达维经注》，“艾目尔”一词取“命令”之意，则经文可译为“精神是来自我的主的命令”，即精神是从真主的“你有！”这一命令中产生的。马良骏指出，以上两种解释都意在表明，只有真主知道灵魂的本质是什么，这样一来，“你们只被给予了很少的知识”一句中的“你们”包括所有人。我们可以将其概括为灵魂本质的不可知论。

① 马坚译本中采纳了其中一种注释方式将“艾目尔”一词译为“机密”，实际上这个词具有不同的意涵和解释，故此处不译。

然而，在马良骏看来，如果按照《古兰注释之精华》(روح البيان)的说法，这节经文正是为了说明灵魂的意义，阐明其本质。马良骏使用了百达维的主张，将一切被造物分为创生物（مبدعات）和新生物（محدثات）。前者是指其产生不以任何质料并且不在时间之中的事物，这些事物是可能存在者中的精神性存在；后者是指由质料生成并且在时间之中的事物，包括四元素及其复合物。凡在时间之中生成的事物皆由质料生成，因此在时间之中而不由质料生成的事物是不存在的。那么按照《古兰注释之精华》的解释，灵魂正是属于创生物，它来自于真主纯粹的命令，并非通过质料所造。因此，经文旨在说明灵魂属于命令世界，而不是属于创造世界。

所谓命令世界（عالم الأمر）也被称作后世（عالم الآخرة）、理世（عالم الملكوت）、幽玄世界（عالم الغيب）、意义世界（عالم المعنى）、永恒世界（عالم البقاء）、内在世界（عالم الباطن）和精神世界（عالم الأرواح）。而创造世界（عالم الخلق）也被称作今世（عالم الدنيا）、象世（عالم الملك）、可见世界（عالم الشهادة）、形式世界（عالم الصورة）、可朽世界（عالم الفناء）、外在世界（عالم الظاهر）和形体世界（عالم الأجسام）。作为理世的命令世界是世界的内在，作为象世的创造世界是世界的外在。[①]

据此，世界被划分为创造和命令两个领域，正如《古兰经》中说："创造和命令只属于他（真主）。"（7：54）命令世界被用以

① 马良骏：《大辑要》，第184页。

表述先天事物，包括灵魂、理智、大笔、仙牌、阿而什、库而西、天堂、火狱等。之所以被称作命令，因为这一世界是奉真主的“有”这一命令而从虚无中产生的：“当他欲造化事物的时候，他的事情只是说声‘有’，它就有了。”（36∶82）并不通过任何媒介：“我创造了你，而你原本是虚无。”（19∶9）马良骏指出，真主的命令是永恒的，以永恒的命令而创造的事物尽管是新生的，但是持存不灭。创造的世界之所以被称作创造，因为这一世界是通过事物的媒介而产生的。正如《古兰经》说：“难道他们没有思考天地之理以及真主从事物中的创造吗？”（7∶185）[1]媒介就是从被造的事物中所创造的，是非永恒的。

马良骏指出，灵魂既然属于命令世界或内在领域，而内在的世界只有先知和卧里等内在之士才能了解，因此外在之士无法通晓灵魂的意义及其本质。尽管经文已经明示，但询问者依然无法理解其意，他们只着眼于今世和感官，而忽视后世和意义。最后，马良骏对比了教义学家和苏非学者关于灵魂本质的不同主张。教义学家普遍认为，灵魂是在本质和样态上不同于其他物体的一种特别的、光明的、清纯的物质，它流行于人的身体之中，就像橄榄油居住于橄榄果中，玫瑰汁液流动在玫瑰花中。灵魂是身体的管理和支配者，当它分离身体之后，人就会死亡。苏非学者和道

① 本段所引四处经文的译法，与马坚译本所选择的解读方式不同，为符合马良骏文中原意，故皆未采用马坚译本。

遥学派哲学家认为，灵魂是一种超越于形体、质料、形式、样态、位置等物体性特征的非物质实体，它既不是物体，也不会居于物体之中。

马良骏明显倾向于苏非学者和哲学家的主张。实际上，后期教义学家中的安萨里、拉齐等学者都持这种主张。他们同伊本·西那等哲学家一样[①]，反对灵魂是物体或形式。在亚里士多德那里，作为实体的个体事物是形式和质料的结合，形式作为每一个事物的个别特征，将我们的认识器官和事物相连，没有形式我们将无法认知事物，形式与质料不可分离。[②]在伊本·西那那里，灵魂却是一种没有质料的纯形式，并且他吸收了新柏拉图主义的流溢论，主张上界理智的流溢在逻辑上先于下界的元素世界的产生。然而，作为教义学家和苏非学者的安萨里，虽同样主张灵魂是无质料的精神性存在，但安萨里却主张物质与灵魂同时产生，并非在物质世界之前存在一个单独的精神世界。安萨里指出，对于诸如“真主在创造身体之前两千年创造了精神”这样的圣训，应该给予合理的解释。他认为此圣训中的“精神”并非指灵魂，而是指天使，就像《古兰经》中将迦百利天使称为精神一样。[③]从马良骏著作中

① 参见戚强飞：《伊本·西那论灵魂的定义》，载《宗教与哲学》（第六辑），社会科学文献出版社，2017 年。

② 参见[古希腊]亚里士多德：《形而上学》，苗力田译，中国人民大学出版社，2003 年 12 月。

③ 参见：安萨里《求道者的花园及修道者的根基》第六门第三节，马正峰译，未版。

我们只能看出他关于灵魂非物质性的思想倾向，而并未涉及物质与灵魂的先后关系。

二、灵魂的种类

有关灵魂的种类问题，伊斯兰教的个别学者主张灵魂有三种：人性灵魂（روح الإنساني）、动物性灵魂（روح الحيواني）和流动性灵魂（روح روان），最后一种灵魂在人睡觉时离开身体，醒来时回归身体。教义学家奈赛菲主张，人有五种灵魂：自然性灵魂（روح الطبيعي），其载体是肝；动物性灵魂（روح الحيواني），其载体是心；气性灵魂（روح النفساني），其载体是脑；人性灵魂（روح الانساني），其载体是气性灵魂；神圣性灵魂（روح القدسي），其载体是人性灵魂。神圣性灵魂如灯，人性灵魂如灯油，气性灵魂如灯芯，动物性灵魂如灯罩，自然性灵魂如灯龛。自然性灵魂、动物性灵魂和气性灵魂为人和动物所共具，人性灵魂是人所专有，神圣性灵魂是达到完全寂灭状态的完人所专有。以安萨里和拉齐为代表的学者主张灵魂有两种：动物性灵魂（روح الحيواني）和人性灵魂（روح الانساني）。动物性灵魂为人和动物所共有，人性灵魂是人所专有。人当中普通大众和特殊之人的区别在于神圣性灵魂。在马良骏看来，以上说法其实是共通的，只是在划分时侧重不同而已。

首先，马良骏按照穆斯林学者最普遍的主张将灵魂分为两种。一种是动物性灵魂（روح الحيواني），在医学上称为“气质”或“体液”（مزاج），它是一种气血性的、均匀运行于身体中并承担身体的外五感和内五感等一切功能的清妙物质。另一种是灵性灵魂（روح الروحاني），也被称作理性灵魂（النفس الناطقة）、人性灵魂（روح الانساني）、统驭性灵魂（روح السلطاني）、理智（العقل）、心灵（القلب）等。在《考证回教历史》的序言中，马良骏将灵性灵魂或人性灵魂翻译为“真性”，将动物性灵魂翻译为“秉性”或“气秉之性”。[①]为避免概念使用的混乱，本书在概念的使用中皆照此标出。马良骏指出，动物性灵魂（秉性）的存在是有始有终的，它以身体的产生而产生，以身体的死亡而消失。人性灵魂（真性）的存在是有始无终的，在身体死亡之后它依然持存不灭。因为动物性灵魂（秉性）作为物质性灵魂，是通过质料而产生的，即胎儿在四个月完满时内外一切肢窍发育完备后通过肚脐吸收母体气血的精华而产生的。那么可以确定，动物性灵魂属于象世，因此它是以身体的生灭而生灭的。而人性灵魂（真性）是无质料的，仅仅通过真主纯粹的命令而产生，它属于理世，因此不会因身体的生灭而生灭。

其次，马良骏指出，教义学者和苏非学者一致认为动物性灵魂（秉性）是运行在身体之中的，他们的分歧仅仅在于人性灵魂（真性）是否运行于身体之中。教义学家主张，人性灵魂（真性）和动物性灵魂（秉性）一样也是运行于身体中的，人性灵魂（真性）对动物性灵魂（秉性）产生作用，动物性灵魂（秉性）再对

① 参见马良骏：《考证回教历史》，《回族典藏全书》第 128 册，第 384 页。

身体产生作用。人性灵魂是身体的最终统驭者，因此被称作统驭性灵魂。人性灵魂与动物性灵魂的关系就像动物性灵魂与身体的关系一样，他是灵魂的灵魂，因此被称作灵性灵魂。苏非学者主张，人性灵魂运行在身体中是显现式、照明式的运行，并不像动物性灵魂那样居于身体中。马良骏在此问题上显然倾向于苏非学的主张，他说："如果灵魂是非物质实体，那么我们可以肯定，它和身体的关系是管理和控制的关系，而非下降并运行于其中的关系，它和身体的关系不能比喻为玫瑰汁液和玫瑰花的关系。"[①]他依照苏非学的解释，认为显现性的运行方式就像真主的绝对存在贯彻于万有那样。人性灵魂是身体的维持者，真主的存在也是万物的维持者，故二者的关系是相似的。身体作为人性灵魂在可感世界中的形式，是人性灵魂的完美和潜能的显现之所。他说：

谁若认识了真主显现在万物中的方式，万物从哪一方面而言是他（与真主同一），从哪一方面而言不是他（与真主不同），谁就会知道灵魂显现在身体中的方式，身体从哪一方面而言与灵魂同一，从哪一方面而言不同于灵魂。[②]

从显现方面而言，万物与真主同一，这并非是从本体和本质方面而言。在本质上，万物是万物，真主是真主。就如同从显现方面而言，派生词与词根同一，并非从本质上而言，因为在本质

① 马良骏：《大辑要》，第196页。
② 马良骏：《大辑要》，第196页。

上派生词是派生词，词根是词根。同样，从显现方面而言，身体与灵魂同一，从本质上而言，灵魂是灵魂，身体是身体，两者不是同一的。①

最后，动物性灵魂（秉性）根据身体部位和层次的不同而具有不同的特性，根据它的不同程度的特性和功能而具有不同层次的名称。在马良骏看来，这就是刘智《天方性理》中所述不同层次人性的原因。当动物性灵魂（秉性）从肚脐传送到胃时，凝定的特性就形成了，它就被称作矿物性灵魂（金石性或坚定性）；当它从胃到达肝时，生长的特性就形成了，它就被称作植物性灵魂（长性）；当它从肝进入到心时，动物特性就形成了，它就被称作动物性灵魂（活性）；当它从心达到脑时，知觉的特性就形成了，它就被称作气性灵魂（知觉性）。以上所有的名称只是着眼于特性和阶段的不同，它们所指的都是同一个灵魂，即动物性灵魂。人性灵魂（真性）和动物性灵魂（秉性）的区分，实际上大致对应于阿拉伯语中“鲁哈”（精神）和“纳夫斯”（自我）的区分，在明清回儒那里分别对应于“天命之性”和“气质之性”。

三、灵魂与身体

马良骏所阐述的第二节经文是有关灵魂吹入身体的，这在《古兰经》中有多处表述。马良骏引用了最具代表性的两处：“我必定要用泥土创造一个人，当我把他造出来，并将我的精神吹入他体

① 马良骏：《大辑要》，第193页。

内……”（38∶71-72）“他最初用泥土创造人，然后用贱水的精华创造他的子孙。然后使他健全，并将他的精神吹在他的身体中……”（32∶7-9）马良骏强调，以上经文中包含着诸多问题。

第一个问题，吹入的意思是使气到达、留存并充满物体的中空部。这对于真主而言是不可能的，因为真主是绝对超越的，不能用人的吹来描述真主。因此，经文中所说的“吹”是一种修辞性的描述，而不是像人一样的吹。至于具体是什么修辞方式，马良骏列出了学者解释的多种可能。其中最具代表性的有三种，第一种观点认为经文中所说的“吹”是用了依附性借喻（استعارة التبعية）的修辞方式，将真主使灵魂进入身体比喻为人在中空之物中的吹，身体有了灵魂就像被吹得饱满了，而没有灵魂的身体就像失去水分的木材一样干瘪。“吹”作为喻体只能是一个词根名词，吹的动词依附于其词根，因此是依附性借喻。第二种观点认为经文中的“吹”是借代（المجاز المرسل）的修辞方式。真主使人性灵魂之光照亮身体，就像太阳显现在被擦亮的镜子中。“吹”表述的是使照亮，吹是原因，照亮是结果，经文用原因借代结果。第三种观点认为，经文中的吹指的是天使的吹，天使是奉真主之命而吹的，就像是真主所吹的一样，这是一种省略式的引申。

第二个问题是关于灵魂“吹”入身体的时间。按照马良骏的总结，有的学者认为人性灵魂是在胎儿四个月完满时被吹入的。人性灵魂关联身体之后，动物性灵魂作为其在身体中的影响便自然显现出来。其证据是，由伊本·麦斯欧德传述，当精液进入子宫时，如果真主意欲从中创造人，就使之在女性的皮下扩散，直至每一个指甲和毛发之下。然后再下降并聚集到子宫中，因此要等待四十天，然后它成为一个凝结的血块。然后再等待四十天，它成为一个肉团，即就像被咀嚼之量的一块肉。然后再等待四十天，真主派遣一位天使，将灵魂吹入其中。由此可知，人性灵魂是在第三个四十天完美后被吹入身体的，即在一百二十天中，真主为人赋予了外在形态，然后他将灵魂吹入身体。有学者认为，吹人性灵魂只是在出生的时候。其依据是按照教法规定，活着出生随即夭折的孩子，要为他举行殡礼。因为人出生后是以人性灵魂而活的，这才算真正的人，因此为他举行殡礼。而没有活着出生的孩子，则不为他举行殡礼，因为他没有得到人性灵魂，所以不是本质意义上的人。在此问题中，马良骏更侧重于第一种说法。然后，他描述了人性灵魂贯通身体的方式，即逐渐下降的方式，从先天理世降到囟门，即头顶的中前部，从囟门进入脑，然后从脑降到双眼，然后到达鼻腔，然后到达口，然后到达其他肢窍。这种下降按照教义学和苏非学的主张不同，前者认为是降临，后者认为是照明。

大多数穆斯林学者主张，动物性灵魂是在胎儿满四个月时形成的，首先由肚脐进入胎儿身体中，然后逐次上升，即由肚脐上升到胃，再由胃升到肝，再由肝升到心，再由心升到脑，脑是其最终位置。当胎儿满四个月时，人性灵魂被“吹”入身体，动物性灵魂不同层次的特性便在身体中逐渐显现出来。五个月时筋骨的形成是坚定性（矿物性灵魂）的显现，六个月时毛发的生长是长性（植物性灵魂）的显现，七个月时胎儿有意识地运动是活性（动物性灵魂）的显现。这一点，马良骏与刘智《天方性理》的描述是一致的，因为他们都参考了教义学巨著《格致全经》（شرح المواقف）。马良骏同马联元一样，都解释了虽然动物性灵魂的全部特性在七个月时就已经全部显现出来了，但胎儿一般要等到九个月才能出生的原因。他们认为这是因为从怀孕开始到一切特性的显现再到胎儿出生的整个过程都是受上界（العلويات）作用的影响[①]。所谓上界，即伊斯兰传统中所认为的九层天，最临近地面的是月天，向上依次为水星天、金星天、太阳天、火星天、木星天、土星天，这七层天之上就是库而西和阿而什，阿而什被认为是最高的天。怀孕第一个月是受土星天的影响，从无到有；第二个月受木星天影响，开始发育；第三个月受火星天影响，从小变大；第四个月受太阳天影响，有胎动；第五个月受金星天影响，筋骨强壮；第六个月受水星天影响，毛发生长；第七个月受月天影响，发育完成；第八和第九个月分别受库而西和阿而什影响。出生四十天后，孩子会产生各种情绪和知觉，即气性灵魂（知觉性）的显现。等到成年后能够区分真伪善恶，遵从圣人的教化，从卑劣

① 参见马良骏：《教义学述要》，第 196 页。

性、邪恶性、浑浊性中净化灵魂，这样人性灵魂的踪迹才会显现出来。

四、灵魂单一论

在马良骏看来，上述经文还关乎一个重要问题，就是对“我的精神”的解释。按照伊斯兰教的主流观点，真主永活不以命（灵魂），他的活来自于他的本体，活是他的本体性属性。正如他全听不以耳，他的听来自他的本体，听是他的本体性属性。他全观不以眼，他的观来自他的本体，观是他的本体性属性。全知不以心，他的知来自他的本体，知是他的本体性属性。因此，经文中“我的精神”这样的表述显然不是说真主有灵魂。马良骏指出，首先，经文中真主称“我的精神”这种正偏组合形式是为了体现灵魂的荣耀和尊贵，并不是说真主有灵魂。就像经文中真主称天房为“我的房屋”一样，为了体现它的尊贵，并不是真主住在里面。其次，这一正偏组合的意义在于显示人性灵魂是奇妙的、尊贵的被造物，它超越于方向、位置、形体和质料等物质性属性，在这方面是类似于真主的属性的。因此有一节著名的圣训说:“认识了自己的人，便认识了他的主。”人对自己的认知主要是对人性灵魂的认知。

经文中“精神”一词用的是单数形式，表明灵魂从根本上是一而非多。灵魂虽然被划分为人性灵魂和动物性灵魂两种，但本质上是“一”。动物性灵魂是在人性灵魂支配人可感的外在形式之后产生的，实际上就是人性灵魂之光的照射，是人性灵魂所产生的外在影响，就像本体所显现出的属性。生命是一种不可见的、隐藏在生命物中的东西，人只有通过其感觉、运动、认知和意志等作用才能知道它。马良骏指出，正如真主的行为基于本体和属性的聚合那样，人的行为产生自人性灵魂和动物性灵魂的聚合。正如真主的一切完美属性在发出行为和作用之前本就存在于其独一本体之幽玄的内在那样，动物性灵魂在支配身体之前就潜在于人性灵魂的内在之中。因此，灵魂从本质上只是人性灵魂，就是经文中所说的“精神”。

所有人的人性灵魂，甚至一切存在物的灵魂（本质）从根源上讲是一而非多。其根源就是大命（روح أعظم），在苏非学上也被称作“穆罕默德精神”（روح محمد）、大笔（قلم الأعلى）、第一理智（عقل أوّل），它是（创造）下降的起点，是（精神）上升的终点。用刘智的表述，它是“千古群命之一总命”。[①]前文已述，在苏非学显化理论中，宇宙的创造过程被表征为一个由一到多逐渐显化、下降的弧，而修行者的精神旅程，则被表征为一个由多复归于一的上升之弧。下降之弓和上升之弓最终完成一个圆形，被称作“两弓一弦”。

就下降而言，穆罕默德精神被称作继性灵魂（روح الإضافي），也就是明清穆斯林学者所说的“继性”，他们将其等同于儒家所说的天道、天理或无极。它是真主的第一创造，宇宙的内在和外在

① （清）刘智：《天方性理》，考城金氏安愚堂藏版，乾隆二十四年。

皆产生于此。马良骏指出，所有关于真主之第一创造的圣训都是指此。例如圣训说："真主的第一创造是实体。""真主的第一创造是我的灵魂。""真主的第一创造是理智。""真主的第一创造是笔。"还有学者说，第一被造物是一个被称作理智的天使，他是掌握大笔者，将他称作笔是一种借代。这种说法中的天使指的就是穆罕默德精神。以上所有关于第一创造的表述之所指是一样的，只是根据它的不同属性有不同的名称。马良骏说，经文中真主"吹"入人的精神只是一个，那便是穆罕默德精神。阿丹的灵魂是来自穆罕默德精神，阿丹子孙的灵魂皆是来自此精神。

就上升而言，穆罕默德精神被称作神圣性灵魂（روح القدسي）、真性（نفس الحقيقية）或真心（قلب الحقيقي），即修行者精神旅程的终点，正如刘智所说"来自此心，复于此心"。如前所述，人在成年后如果能够区分真伪和善恶，遵从圣人的教化，从卑劣性、邪恶性、浑浊性中净化灵魂，人性灵魂的踪迹便能显现，这是对于普通人而言的。对于特殊之人，当他们完成了行为、品性和境界等各阶段修行的时候，他更加完美地认识了真主。按照圣训的描述，他将以真主而听，以真主而观，以真主而言，以真主而行[1]，即真主的属性之光显照在修行者（完人）身上，也就是刘智所说的"神

① 参见马良骏：《教义学述要》，第197页。这里是马良骏对圣训大意的描述。这段圣训的完整形式由《布哈里圣训实录》记载，先知穆罕默德传述真主的话："我的仆人以各种善功来接近我，但在我看来没有一种比完成我为他规定的主命功课更受喜爱。我的仆人不断以各种副功接近我直到我喜悦他。当我喜悦了他时，我就是他用以听闻的耳，是他用以观看的眼，是他用以抓拿的手，是他用以走路的脚。如果他向我乞求我必赏赐他，如果他求我保佑我必保佑他。"

应周遍”[1]。在完人眼里，自己以及除真主之外的万有都寂灭了，存在的只有真主。达到这种完全的寂灭境界，神圣性灵魂就显现出来，即刘智所说的“为德性显”，实际上就是人性灵魂的完美状态。

另外，据马良骏的描述，相对于之前所述真主显化的四个阶段，修行者在认识真主的旅程中也有四个层次。初心（الاخفى）是绝对存在的显现之所，这里的绝对存在是以客观实在的绝对性而超越于一切否定性和肯定性限定的，并不是以主观思维的绝对性；心妙（الخفى）是聚合性、真一性、本体性的第一规定性的显现之所；人性灵魂是分离性、数一性、属性性的第二规定性的显现之所。动物性灵魂是行为性的第三规定性的显现之所。关于修行者认主的层次，马良骏描述道：

当修行者越过自我（النفس）及其属性而到达心灵（القلب）的禁地时，他们以心灵之光而认识自我；当他们越过心灵及其属性而到达心机（السر）的阶段时，他们以心机认识心灵；当他们越过心机而到达精神世界时，他们用精神之光认识心机；当他们越过精神而到达心妙（الخفى）的境界时，他们用真主的见证认识精神。当他们越过心妙的境界而到达实在之海的岸边时，他们以真主柔美的属性之光认识心妙；当他们以威严属性的显现之媒介泯灭了自我的存在而到达实在之海的浪头时，真主的“他性”（هوية）之

① 刘智：《天方性理》本经第三章。

幽玄就为他们揭开。当他们深入到“他性”之海，以神圣的持存而持存时，他们就以真主认识了真主。[①]

最后，马良骏澄清了对灵魂单一论的一种误解。他指出，大命是从完人角度而言的穆罕默德精神，即穆罕默德之完美等级的灵魂，是一种共性灵魂，并不是先知穆罕默德的个体性灵魂。穆罕默德本人也是两个层次灵魂：动物性灵魂和人性灵魂。他的人性灵魂是在他诞生之初所具有的个体性灵魂，大命则是他达到完美品级后所具备的共性灵魂。其他一切圣贤的也是同样，在他们近主的精神旅程完美之后，都具备这一共性灵魂。在此境界中，共性灵魂（大命）与个体性灵魂（人性灵魂）相汇合，个体性的人性灵魂消失在共性的大命之中，就像星光消失在阳光中。之所以将大命用穆罕默德精神命名，而不用其他先知的名字，是因为穆罕默德的人性灵魂在与大命汇合时是无限的汇合，而其他先知则是有限的汇合，即从某个特定的方面汇合。马良骏指出，这是苏非学的集大成者伊本·阿拉比的《智慧的珍宝》（فصوص الحكم）和《启示的火焰》（نقد النصوص）等典籍的主张。按照这些经典的主张，穆罕默德对真主表现出完美的为仆性，而其他先知并非如此，因此《古兰经》中只将穆罕默德称为无限定意义上的“他（真主）的仆人”，而没有这样称呼其他先知。穆罕默德在上升中达到了终点之终点的品位，而众先知则达到了相对性终点的品位。前

① 马良骏：《大辑要》，第 187-188 页。

者是实在性的终点，后者是主观性的终点。前者是聚合性真一性本体性的品位，后者是分离性数一性属性性的品位。前者是神圣之爱在整体性的第一规定性中所牵挂的爱人的品位，后者是神圣之爱在析分性的第二规定性中所牵挂的间接性的爱人的品位。

由此我们看到，马良骏所主张的灵魂单一论与显化理论中的一多关系十分相近，在他那里灵魂并不像亚里士多德的形式那样仅仅是一种类概念，或“多”。因为灵魂同时又是超越的“一”，“多”只是它在不同的人中的一种显相，可谓是一本万殊，其根本上还是“一”。尽管苏非学的宇宙显化理论与新柏拉图主义的流溢说之间存在某些相似之处，但二者之间也存在根本的区别。苏非学者与教义学家在这一问题上看法一致，他们反驳哲学家“一”只能流溢出“一”的原理①。因此，灵魂单一论实际上是一种一多关系的辩证模式，类似于中国哲学中的理一分殊思想。

第五节 余论

马良骏在苏非学领域的著述并不像他的前辈王岱舆和刘智那样系统，他采取的是以点带面的论述方式。通过对苏非学几个最核心问题的阐发，马良骏基本涉足了整个苏非学体系。在对这些

① 可参见法赫鲁丁·拉齐《前后辈学者、哲学家和教义学家的思想精要》（محصل افكار المتقدمين و المتأخرين）神学部分第三篇中对流溢理论中十大理智生成的反驳。

核心问题的论述过程中，马良骏立足经训，以其简洁的文风和深入浅出的例子表现出自己鲜明的立场和特色：

第一，在对待苏非学的立场和态度上持守中道。实际上，这是经堂教育创立以来中国穆斯林学者的主流立场和态度，只不过马良骏通过其字里行间将其凸显出来。这种立场一方面视苏非为伊斯兰教必不可少甚至是至关重要的一部分，另一方面坚持符合伊斯兰正统的苏非之学。伊斯兰作为一个宗教，不仅包括一整套信仰体系和行为实践，还包括苏非这样一个重要维度。按照著名的圣训，伊斯兰学者将宗教分为三个维度或要素：功修和行为、信仰和知识、虔诚和尽善，他们分别涉及的宗教学科是教法学、教义学和苏非学。在中国穆斯林学者看来，这三个维度分别涉及人的身、心、性三个层次。我们可以简单表示如下：

行——实践——以五大功修为代表——善——身

知——信仰——以六大信仰为核心——真——心

诚——至善——以尽善尽美为目标——美——性

近代著名阿訇达浦生在其《伊斯兰六书》中详细论述了以上三个要素，称作“伊斯兰中心”，并将这三个“中心”分别称作为“信”“行”和“诚”。值得指出的是，他将“诚”分为两个层面，一个是普遍意义上的“诚”，即宗教信仰和行为中的虔诚，他说：“‘信’非诚则不笃，不笃之信不真也！‘行’非诚则不果，不果之行不真也！‘诚’之为德，确是‘信’与‘行’成功之原素也。”

[1]达浦生还论述了特殊意义上的“诚”，即苏非意义上的近主之道。他说：“诚能格天者，乃人之通乎主也。夫人能通乎主，主则近乎人，人之所以通乎主者以诚，主之所以近乎人者以慈，因人具有精诚之德，方能获真主至仁之慈。《古兰经》云：‘他近前，于是他垂引。’（53∶8）言穆圣以真诚求近乎主，主格其诚，垂恩引导，以致极近之境。”[2]文中所论及的先知穆罕默德达到“诚”的极境，这在苏非学上称作“贤品”（الولاية），即先知的内在精神不断升华朝向真主的层面。而他面向普通大众的层面则被称作“圣品”（النبوة），即作为使者向民众传达真主的教导。

伊斯兰教之三要素中的信仰、行为和普遍意义上的“诚”构成了“沙里亚”（الشريعة），即先知之教化的基本内容，因此我国明清穆斯林学者一般将“沙里亚”翻译为“教”而不是“法”，因为广义上的“沙里亚”并不仅仅局限于教法或行为方面，而是天启的全部内容。狭义上的“沙里亚”才专指教法或行为方面。达浦生所说特殊意义上的“诚”则是苏非学所涉及的领域。著名苏非学者希尔信迪所说：“知和行是来自于沙里亚的，而获得诚——知和行的灵魂，则关乎苏非之道的修行。在行道者尚未走完‘向主之行’（Sayr ila Allah）的旅程，‘主中之行’（Sayr fi Allah）[3]对他

① 达浦生：《伊斯兰六书》，宗教文化出版社，2003 年，第 105 页。
② 达浦生：《伊斯兰六书》，宗教文化出版社，2003 年，第 107 页。
③ 清代舍蕴善所译的《研真经》中分别译为“向主之行”和“玩主体用”。现将波斯文《研真经》原文翻译如下：认一之人说，向主之行是指仆人修行，直到他确定地认识到存在唯一，只是真主的存在，他之外没有存在，这时向主之行就完成了，开始了

还未落实之际，他离诚的本质还很遥远，无缘于诚者之诚的完美。不错，有时在一些功修当中通过刻意和勉强，诚对于普通信众也能实现，尽管是一部分也罢。但我们所要阐明的诚是一切言行举止中的诚，其中没有刻意和勉强。此诚的实现关乎排除大世界和小世界的一切主宰，这关系到寂灭、永存和特殊的贤品（朋友性）。”[①]这种意义上的“诚”，强调坚守圣道，通过各个阶段的修行，磨炼性格、培育美德、完美人格、提升境界、洞悉宇宙和人性的本质，竭尽全力在信仰和行为中趋向尽善尽美，最终目的是达到对真主更加完美的认识和顺从。这一道路被称作“道”（طريقة）或“道乘”，即我国明清穆斯林学者所说的“尽人合天之道”。在马良骏等学者看来，苏非的“道”并非独立于“教”（沙里亚）之外或高于“教”之上，其目的只是对“教”（即信、行和诚）的完善，是在实践“教”的过程中的为趋向至诚和至善而做的种种努力。

第二，认为苏非修行是个人的私事，同时也为苏非思想正名。前文已述，中国伊斯兰教历史上不乏像马良骏这样的非体制化苏非，在他们看来，并非所有的穆斯林都要行苏非之道，普通穆斯林大众只是基本教义和礼法的遵守者和虔诚的趋向者，这是“教”的基本内容。苏非的认知和实践只是穆斯林中少数人的私事，按照著名苏非学者希尔信迪（السعهدي）的说法，千万人之一人方能

主中之行，直到修行者认识万物的本质和智慧，如其所是一样，并且他亲眼大见它们。

① 希尔信迪：《书信集》（*al-Maktūbāt*）阿文版，第一册，第五十九封信。

达到至诚之境[1]。在马良骏看来，普通穆斯林大众虽然不行苏非之道，但也应该保持一颗崇敬之心，“虽不能至，心向往之”，这样才能在信仰和行为中尽自己的能力趋向至诚和至善，而不应该是苏非之道和圣贤所追求之至诚境界的肆意污蔑者。

安萨里的苏非思想对马良骏的影响是巨大的，这一点从他对安萨里著作的引用便可知晓。此外，马良骏对苏非学著作引用较多的还有伊本·阿拉比的《智慧的珍宝》和《麦加的揭示》，在他看来，伊本·阿拉比是一位伟大的苏非，批判其存在单一论的人实际上并未读懂伊本·阿拉比，他们无法理解存在单一论的真谛。通过对“同在”问题和灵魂问题的阐述，马良骏在一定程度上用浅显通俗的话语向人们解释了存在单一论的基本意涵。在马良骏的解释下，存在的单一和灵魂的单一在原理上是相似的，如果连灵魂的单一都无法理解，就更遑论理解存在的单一了。他强调，无论存在的单一还是灵魂的单一都只是从显现方面而言，并不是从本质方面而言。在本质上，真主绝不同于万有，大命绝不同于个体灵魂；但在显现上，万有实际上就是真主的显现，真主的存在贯彻万有，就像个体灵魂实际上都是大命的显现。所谓显现，只是其影子或属性的外显，并不是其本身（本体），月印万川就是一个形象的例子。就灵魂而言，实际上存在的只有大命，其他不同层级的灵魂只不过是大命的显现。就存在而言，存在的只

① امام احمد السعهدى، المكتوبات للإمام ربانى، القاهر، سنة 2010م.

有真主，其他一切存在只不过是真主存在的显现。在马良骏看来，甚至像哈拉智那样被处死的苏非贤哲都不应该受到人们的非议，同样判决处死他的法官也不应受到严厉谴责。他们所说出的话或所下的判决只是出于他们各自的立场和层级，只不过层级的错位导致了悲剧的发生，哈拉智所说的话在大众层面应该得到合理的解释。

马良骏明晰了中国穆斯林主流观点对待苏非学的态度，在马良骏的影响下，许多阿訇对苏非之学有了清晰的定位，对待苏非的态度上持守中道。既不会绝对地否定苏非这一伊斯兰教的重要构成部分和内在维度，也不会不辨真伪地盲目追随任何苏非言论而卷入教争中不能自拔。实际上，偏执于前者势必会导致死板僵化的教条主义，偏执于后者势必会导致离经叛道的荒诞主义。只有持守中道，才是真正的坚持圣人之道。

第三，融合教义学与苏非学是马良骏思想的一大特色。伊斯兰思想史上有一种倾向，认为教义学和苏非学是矛盾的，从理性学科和灵性学科基本的方法论而言，似乎确然如此。这致使有人误以为教义学者身份与苏非学者身份在同一人身上不会兼容。实际上，安萨里、拉齐和百达维等兼具教义学家和苏非学家的身份已经证明这是一种绝对的误解。甚至在伊斯兰史上以理性主义著称的穆尔太齐赖派中也有苏非的存在[①]。在中国伊斯兰教历史上，

① Tim Winter, *The Cambridge Companion to Classical Islamic Theology*, Cambridge University Press, 2008.

尤其是周良浚开辟注重教义学的学风以来，经师们逐渐注意到了教义学和苏非学在某些问题上的分歧。这就导致有些持教义学立场的学者，往往会回避苏非学，甚至否定苏非学。但是，这种表面的矛盾或对立在一些更具包容的学者那里，却并非是必然的，而仅仅只是“表面的”。在马良骏之前，刘智和马联元等学者就已经开始注重教义学和苏非学的融合。刘智在著述中不仅采用了以《格致全经》和《教典诠释》为代表的教义学典籍，更采用了以《昭元秘诀》《归真要道》《真境昭微》和《研真经》为代表的苏非学典籍。马联元在用阿拉伯文注释刘智的《天方性理》时，更加注重两个学科的融合。他以教义学的论证规范并解释苏非学的观点，防止了大众对苏非学中有些论断的误解。与马联元同时代的马寿清在其《明理居正》中讨论“同在”问题时，同样也注重用教义学的理论去解释苏非学的观点，使之更加浅显，易于理解。他们为苏非学和教义学更深入的融合提供了基础。

到马良骏这里，这种思路更加明晰。在他看来，教义学的思辨之路和苏非学的修行之路是通向真理的两条并行不悖的道路，二者本质上是和谐共融的。如前所述，对于二者表面的分歧要从认识的境界论上去看待，而且这两种道路是同时被《古兰经》所提出并认可的。在他看来，教义学的方法和理性的基本知识是必不可少的，他确保了大多数人坚持基本的正确信仰。理性学科的现实意义在于防止极端字面主义、本本主义，坚持启示与理性相平衡的中道原则。历史上的灾难来自于对启示学科的偏废，如今极端主义的灾难在于对理性学科的偏废。苏非之道是认主的深入和目的，理智最终所要达到的极限是确定性的知识，是真主垂降在纯洁心灵上的，而这却只能靠修行获得。马良骏为我们进一步去发掘教义学和苏非学之间的互动、更加全面地理解二者的关系提供了一种路径。

第九章 结 语

在前面几章，分别述及马良骏的生平和时代背景，以及他在教义学、哲学和苏非学方面的主要思想。此处对上述问题予以归纳和概括，并对其贡献做简要评述。

马良骏的一生经历了晚清、民国和新中国三个时期，正是在一系列历史变迁和人生际遇中，马良骏对民族宗教的命运进行着思考。颠沛的一生和世俗事物的纠缠并未影响马良骏作为一个学者和经师在宗教经学领域作出自己的建树，他对宗教的思考并未停留在具体的实践层面，而是上升到了思想和精神层面，对宗教从一个更高的视角和更深的领域进行审视和研究。马良骏的经学思想始终贯彻着一条主线，即伊斯兰教的正统观。他对教派问题的亲身经历和深入思考，以及担任总教长期间处理教派问题的实践经验造就了他持原则而又不失包容的教派观。笔者认为，马良骏著述的初衷有二：一是为经堂教育的学子编著可供参考阅读、开阔眼界的有用教材；二是为穆斯林大众阐释伊斯兰思想之主流和正宗，呼吁穆斯林大众坚持正信和正行。因此，他细致阐释了信仰与行为的关系问题，指出什么是信仰的本质，中国穆斯林争论已久的信仰要素问题究竟是怎么回事。面对当时的境况，马良骏对“卡费尔”一词依据传统作出合理的解读，倡导人类同源一体的博爱精神。马良骏是中国伊斯兰史上内地伊斯兰教影响新疆的一个重要例子，他使理性、温和、包容的格底目传统在新疆回族穆斯林中得到普遍发扬。

在教义学领域，马良骏系统梳理了这一学科的许多重要问题，展现了教义学史上丰富的思想资源，基本构建了一套完整的教义学体系，弥补了明清汉文伊斯兰著译在教义学领域的不足和缺憾，为中国伊斯兰经学思想体系的发展和完善作出了重要贡献。而且，马良骏在中国伊斯兰教史上第一次从理智和启示的关系入手讨论教义学研究的方法论问题，并注重运用比较经学的方法，对于教义学的研究具有一定借鉴意义。

在晚清民国这样一个急剧变革的时代，穆斯林也随着主流社会的变革而作出调整。面对时代变局，在甘宁青地区以马万福为代表的宗教家一定程度上受到伊斯兰世界宗教革新运动的影响[①]，提出“遵经革俗”的口号，试图通过创立新教派而打破形成于封建时代的旧有宗教格局和实践方式。在东部地区，以王宽等为代表的阿訇和知识分子则在一定程度上受到伊斯兰现代主义思潮的影响，主张改良宗教教育，创立集宗教教育和世俗教育于一身的新式学堂，以培养新型宗教人才和民族知识分子。与以上两种道

① 有学者认为是受到沙特瓦哈比运动的影响，但值得注意的是，中国伊赫瓦尼教派产生后，却成为瓦哈比思想的极力反对者。

路不同，马良骏所走的路同样具有自身的特色。首先，马良骏始终坚持格底目传统，不入门宦，不立新派。我们可以将他的宗教主张大致概括为“遵经随俗”，这一主张源于马良骏关于宗教之原理与细则关系的思想，不同于 “遵经革俗”。在马良骏看来，在信仰原理问题上必须坚持“遵经”，坚持正统派的基本原则。而在关乎行为的细则问题上，容许多样性的存在，而不是要求千篇一律。不同地区、不同传统的“俗”，只要不违背原理问题，不悖于 “经”，就应当入乡随俗。在马良骏这里，“经”与“俗”并非二元对立，而是原则与细则的关系。前者是固定不变的，后者是多样的、可变的。处理好这样的关系是一个宗教面对不同的时空而依然保持活力的关键。正如清初穆斯林学者刘智所说：“凡于视听语默、食息起居、大小细巨皆有经常之法，以为矩矱，则不致有干分越礼之行。又有变通之法，以适权宜，则不致有胶泥固滞之病。用权而不失其正，虽变而不失其常也。”① 对马良骏思想进行细致梳理之后我们发现，他努力在不同思想和传统中进行调和，在明确自身立场的同时又能积极主动地理解他者，在最大程度上包容他者，这是马良骏思想的一大闪光点。这一思想倾向不仅有利于教派团结，也有利于伊斯兰教的本土化发展。其次，在宗教教育上，马良骏并不急于反对或改革传统经堂教育，而是立足传统，并试图通过一系列努力，赋予其新的生命力。在传统普遍衰

① （清）刘智：《天方典礼》，天津古籍出版社，1988 年 8 月第 1 版，第 33 页。

落的时代，在马良骏的坚持和发扬下，传统经学在一定程度和地域上得到发展和延续。马良骏在坚持传统的同时又能注重创新，他同自己的前辈马复初和马联元一样，试图在传统经堂教育的“原典教学”模式基础上引入“教材教学”的新模式，使二者相辅相成，以符合当时经堂教育发展的需要，成为快速培养人才的一条权宜之计。作为继周良浚之后经堂教育陕西学派的又一核心人物，马良骏为经堂教育陕西学派在晚清民国的发展注入了新的活力，使经堂教育在甘肃、新疆等地重整旗鼓，获得了长足的发展，甚至辐射到内蒙古、四川和中原等地。最后，在文化教育上，马良骏又是新式学堂的积极创办者。坚持传统经学并未使马良骏成为一个古板的墨守成规者，他在文化教育方面积极回应新时代提出的挑战，毅然加入到创办新学堂的队伍当中。在民国穆斯林有识之士创办各种新式学校的同时，马良骏与苏联留学归来的回族有志青年积极倡导开办回民学校，推动民族文化教育事业的发展。

纵观经堂教育创立以来的中国伊斯兰教思想史，首先兴起并得到繁荣发展的山东学派和金陵学派，在重视宗教各学科建设的基础上尤其注重苏非学，这有利于山东学派和金陵学派的“以儒诠经”传统。在当时以宋明儒学为主要话语系统的社会文化背景下，苏非理论成为经堂教育盛极一时的显学，以便在伊斯兰传统与儒家传统相融合的过程中起到纽带作用。相比之下，以教义学为代表的理性学科的建设则显得较为薄弱。在汉文伊斯兰著译活动的发展中涌现出张中、王岱舆、马注、伍遵契、马伯良、舍蕴善、刘智等一大批杰出代表，这些被称作“回儒”的学者尤其擅长苏非之学，其中以刘智为集大成者，他将经堂教育苏非之学的发展推向一个顶峰。及至晚清民国，社会变革引发思想的变革，理性与科学成为当时的主流思潮。在此背景下，以陕西为核心地区的经堂教育在经历了长期的酝酿发展后，由周良浚发起了一场注重思辨教义学的学术转向活动，随后与马复初和马联元所开创的云南学派遥相呼应，一定程度上对整个中国的经堂教育都产生了影响。马良骏正是这一思潮发展过程中的一位典型代表，他一反陕西学派经师“述而不作”的传统，通过著书立说，系统总结了这一思潮的成果，基本构建了一套理性学科体系，将经堂教育理性学科的发展推向一个顶峰，并试图与之前兴盛的苏非学相调和，极大地促进了中国伊斯兰教经学思想体系的发展和完善。但由于时代背景和著述目的所限，也存在一些不足之处。尽管如此，马良骏依然取得了中国伊斯兰教思辨教义学研究领域的最高成就。

马良骏作为20世纪中国伊斯兰教发展史上有德、有功、有言的一代宗师，其影响一直持续至今。随着时光的流逝，有的历史人物也许仅仅是昙花一现，被定格在历史的长河中。而马良骏的功绩至今仍是鲜活的，他同“明清四大家”一样为中国穆斯林留下了许多思想上的宝贵遗产，他在宗教、教育、文化和政治等方面的成就和贡献不断被后人重提。毋庸置疑，马良骏在中国伊斯兰教和回族近代史上所作出的贡献具有深远的历史意义。

本书仅仅是研究马良骏思想的一个开端，无论是从研究资料的广度上，还是从思想的深度上还都存在很多不足。随着更多的资料积累和理论水平的进一步提升，期望在马良骏思想的研究上会有新的发现和更大的突破。

附 录

一、马良骏年表

1867年　马良骏出生于甘肃清水县（今张家川回族自治县）上磨庄。

1883年　“凤翔嘎最”马德清阿訇到张家川任教，马良骏投奔于其门下学习经文和汉文，“凤翔嘎最”成为对马良骏影响最大的第一位恩师。

1885年　马良骏在家乡首次“穿衣”成为一名年轻阿訇。

1887年　马良骏离乡赴平凉求学，先后投于禹月明、兰秉文和“普洱马”（马寿清）等著名经师门下。“普洱马”成为对马良骏影响最大的第二位恩师。

1893年　马良骏由老师“普洱马”二次“穿衣”成为阿訇，先后掌教开学于平凉、华平（今宁夏泾源县）等地，从此名噪一方。

1904年　在哈密王的授意下，马良骏首次受邀前往新疆哈密，讲学于哈密陕西清真大寺。

1907年　马良骏辞学返回故里省亲，后又在甘肃华亭县十二堡清真寺任教。

1911 年　马良骏再度受邀携父母妻儿入疆，自此诀别故乡。任哈密陕西清真大寺教长，后又讲学于哈密王府。

1914 年　马良骏应迪化（今乌鲁木齐）东坊寺之邀，前往省城开学，遭新疆省长兼督军杨增新阻止，改道赴昌吉陕西大寺任教一年，后又赴南疆焉耆任教。

1918 年　马良骏进入省城迪化任东坊寺教长。

1919 年　马良骏被迫出迪化，赴边城伊犁任教，开始了他大兴经堂教育的二十年，广招门徒，弟子逐渐遍布全疆，并辐射到周边各省区，伊犁一时成为经堂教育陕西学派的又一中心。此时也是马良骏学术生涯最辉煌的时期，他的大多数著作在伊犁完成。

1934 年　马良骏与留学苏联的青年刘长科在伊犁陕西大寺创办汉文学校。

1938 年　马良骏受万人相迎进入省城迪化，担任宽巷寺教长，同年，在新疆第三次民众代表大会上发言，号召穆斯林坚持抗战。11 月，担任迪化陕西大寺教长。

1940 年　新疆督办盛世才大兴“白色恐怖”，马良骏身陷冤狱，狱中写就《考证回教历史》，其长子马德新阿訇遭戕害。

1944 年　由新任新疆省政府主席吴忠信释放，结束了四年的牢狱生活，出狱后重新掌教。

1946 年　当选为国民党新疆省执行委员会副主任委员，是年，在迪化陕西大寺宴请于右任、张治中等大员，自此与张治中建立了友谊。

1947 年　马良骏被新疆回族穆斯林群众拥戴为总教长。同年，任新疆监察史。

1949 年　马良骏接张治中电，协助争取新疆和平解放，只身前往劝说国民党骑五军军长马呈祥罢兵。10 月 21 日，代表全疆二十万回族同胞致电毛主席、朱德总司令，祝贺中华人民共和国成立。毛主席、朱德总司令通过《人民日报》予以复电。

1951 年　毛主席签名任命马良骏为西北军政委员会民族事务委员会委员。

1955 年　马良骏与来访的埃及宗教事务部部长举行会谈。

1957 年　马良骏在乌鲁木齐陕西大寺辞世。

二、马良骏的著作（分类列表）

（一）阿拉伯文词法、语法和修辞类

1.《阿拉伯语字母》（الحروف الهجائية）

2.《动词派生法》（رسالة الاشتقاق）

3.《词型变化规则》（رسالة القواعد الهجائية الصرفية）

4.《支配词》（كتاب العوامل）

5.《语法明灯纲要》（كتاب الحواصل المصباحية）

6.《语法明灯注解》（كتاب الحاشية المصباحية　）

7.《希吉拉宁语法纲要》（رسالة التقسيمات الهجرانية）

8.《修辞学》（علم البيان）

（二）伊斯兰教基础知识类

9.《清真最要志》（اهمّ مهمّات المسائل الإسلاميّة）汉阿双语版

10.《清真简明摘要》（رسالة تلخيص الحواصل الملخصة）

11.《小杂学》（سراج الدين）

12.《大杂学》（سراج الدين الكبير）

13.《全核提目》（ختمة كاملة）

（三）教义学、苏非学和哲学类

14.《明理居正集》（رسالة بيان المعيّة）

15.《简明哲学》（بيان علم الفلسفيات）

16.《凯俩姆注疏》（الكلام الحاشية又名تلخيص الكلام/）

17.《大辑要》（كتاب التلخيص الكبير）

18.《小辑要》（كتاب التلخيص الأسرار）

19.《教义学述要》（المضبط العظيم）

20.《阐明内志新派之源流》（رسالة بيان سلسلة الحديثة النجدية）

（四）伊斯兰教法类

21.《礼法尽善录》（المضبط الكامل）

22.《礼法保障录》（المضبط الكفيل）

（五）伊斯兰历史类

23.《伊斯兰历史纪要》（كتاب تلخيص التواريخ الإسلامية）

24.《考证回教历史》（原名《考证清真历史志》）汉文版

（六）天文历法地理类

25.《天文地理志》（مسائل علم الأفلاك）汉阿双语版

26.《圣裔月论志》（تحقيق الشهور والجداول）

（七）诗歌和书信类

27.《清真诗经译讲》（مخمس شريف مع درس المعاني）阿、汉（经堂语+七言歌）、“消经”三语对照版

28.阿拉伯文、汉文书信若干

（八）已遗失的著作

29.《爱慕者的珍品》（تحفة المحبين）

30.《寻觅者的礼物》（هديّة المريدين）

31.《伊犁图考》汉文

32.《〈天方性理〉译注》（خمسة فصول）

（九）被误认作马良骏的著作

33.《西北民族史料》

34.《七篇要道》

三、本书所涉及的伊斯兰哲学、教义学和苏非学术语

永恒无始	abadī	أبدي
合一	ittiḥād	اتحاد
宗教的公认事项	al-ittifāqyyāt al-dīniyyah	الإتفاقيات الدينية
演绎	ijtihād	إجتهاد
宗教的推理性事项	al-ijtihādyyāt al-dīniyyah	الإجتهاديات الدينية
单一	aḥad	أحد
真一	aḥadiyyah	أحدية
使新生（时间中的创造）	iḥadāth	إحداث
至善	iḥasān	إحسان
状态	aḥawāl	أحوال
感知（获得）	idrāk	إدراك
意志	al-irādah	الإرادة
普遍性意志	al-irādah al-kulliyyah	الإرادة الكلية
特殊性意志	al-irādah al-juz'iyyah	الإرادة الجزئية
永恒无终	azaliī	ازلي
完人/人极	insān al-kāmil	انسان الكامل
推理	istidlāl	استدلال
奥秘	asrār	أسرار

预备	isti‘adād	استعداد
归纳	Istiqrā’	استقراء
（真主的）尊名	al-asmā’ al-ḥsnā	الأسماء الحسنى
照明	ishrāq	إشراق
照明学派	ishrāqiyyūn	إشراقيون
最大利益	al-aṣlaḥ	الأصلح
原理，根基	al-’uṣūl	الأصول
客观存在/实体（具体存在）	a‘yān	أعيان
恒定原型	a‘yān thābitah	أعيان ثابتة
口头确认	iqrār bi’l-lisān	إقرار باللسان
默示（灵感）	ilhām	إلهام
为主性（神性）	’ulūhyyah	ألوهية
大圣（有决意者）	’ūlū al-‘azm	اولو العزم
（三段论的）前提	awwaliyyāt	أوليات
迹象	āyāt	آيات
信仰（伊玛尼）	al-īmān	الإيمان
概括性信仰	al-īmān al-ijmāliyya	الإيمان الاجمالي
具体性信仰	al-īmān al-tafṣīliyya	الإيمان التفصيلي
包总的信仰	al-īmān al-mujamal	الإيمان المجمل
细分的信仰	al-īmān al-mufaṣṣl	الإيمان المفصل
天赋信仰	al-īmān al-fiṭriyya	الإيمان الفطرى

宗教信仰	al-īmān al-shar'iyya	الإيمان الشرعى
求证的信仰	al-īmān al-istidlāliyya	الإيمان الاستدلالي
承袭的信仰	al-īmān al-taqlīdiyya	الإيمان التقليدي
内在	bāṭin	باطن
自明的	badīhiyyah	بديهية
证明	burhān	برهان
对抗论证	burhān al-tamānu'	برهان التمانع
协同论证	burhān al-tawārud	برهان التوارد
观	al-baṣar	البصر
永存	al-baqā'	البقاء
以真主而永存	baqā bi Allah	بقاء بالله
隐喻诠释	ta'wīl	تأويل
总体性诠释	ta'wīl al-ijmāliyya	تأويل الإجتمالي
指定性诠释	ta'wīl al-ta'yīniyya	تأويل التعييني
具体性诠释	ta'wīl al-tafṣīliyya	تأويل التفصيلي
交付性诠释	ta'wīl al-tafwīḍiyya	تأويل التفويضي
后件	tālī	تالي
显现/显化	tajallī	تجلّي
规定善	al-taḥsīn	التحسين
排列/安排	tartīb	ترتيب
无限推演	tasalsul	تسلسل
相似性	tashbīh	تشبيه

内心定信	taṣdīq bi'l-qalb	تصديق بالقلب
苏非/苏非行知	taṣawwaf	تصوف
矛盾/反对关系	taḍad	تضاد
无为	al-ta'ṭīl	التعطيل
关联/牵挂	ta'alluq	تعلق
古有的现实性关联	al-ta'alluq al-tanjīziyya al-qadīm	التعلق التنجيزي القديم
新生的现实性关联	al-ta'alluq al-tanjīziyya al-ḥudūth	التعلق التنجيزي الحدوث
古有的潜在性关联	al-ta'alluq al-ṣulūḥiyya al-qadīm	التعلق الصلوحي القديم
规定/限定/实体化	ta'ayyun	تعيّن
规定恶	al-taqbīḥ	التقبيح
本为	al-takwīn	التكوين
类比	tamthīl	تمثيل
超越性	tanzīh	تنزيه
矛盾命题	tanāquḍ	تناقض
认一	tawḥīd	توحيد
间接生成/衍生	al-tawālud	التوالد
中道决定论	al-jabar al-mutawassiṭ	الجبر المتوسط
纯粹决定论	al-jabar al-maḥḍ	الجبر المحض
决定论（派）	al-jabariyyah	الجبرية

物体	jism	جسم
属	jins	جنس
实体	jawhar	جوهر
原子	jawhar fardiyya	جوهر الفردي
第一实体	jawhar awwal	جوهر أوّل
聚合	jam‘	جمع
词项/定义	ḥadd	حد
大前提	al-jumlat al-kubrā	الجملة الكبرى
小前提	al-jumlat al-ṣughrā	الجملة الصغرى
真/真主/真理	Ḥaqq	حق
契真之确信	ḥaqq al-yaqīn	حق اليقين
本质/本源/实在	ḥaqīqah	حقيقة
判断/规定/性质	ḥukm	حكم
智慧/哲学	al-ḥikmah	الحكمة
（逻辑）中项	al-ḥadd al-wasṭ	الحد الوسط
新生的、新生物	ḥudūth	حدوث
下位/融入/居于	ḥulūl	حلول
活	al-ḥayāh	الحياة
众先知的封印	Khatam al-nabiyyīn	خاتم النبيين
打破日常规律	kharq al-‘ādah	خرق العادة
虚空	khalā’	خلاء
后辈	khalaf	خلف

哈瓦利吉派	al-Khwārij	الخوارج
论证	dalīl	دليل
确定性论证	dalīl inniyya	دليل إنّي
因果论证	dalīl limiiya	دليل لمي
本体	dhāt	ذات
品尝	dhawq	ذوق
使者/钦圣	rasūl	رسول
信仰的要素	rukn al-īmān	ركن الإيمان
精神/灵命	rūḥ	روح
大命	Rūḥ a‘ẓam	روح أعظم
继性/继性灵魂	rūḥ al-iḍāfiyya	روح الإضافي
人性/人性灵魂	rūḥ al-insān	روح الإنسان
活性/动物性灵魂	rūḥ al-ḥawān	روح الحيواني
流动性灵魂	rūḥ rawān	روح روان
自然性灵魂	rūḥ al-ṭabī‘iyya	روح الطبيعي
坚定性/矿物性灵魂	rūḥ al-ma‘daniyya	روح المعدني
长性/植物性灵魂	rūḥ al-nabātiyya	روح النباتي
统驭性灵魂	rūḥ al-sulṭāniyya	روح السلطاني
气性/气性灵魂/知觉性	rūḥ al-nafsāniyya	روح النفساني
神圣性灵魂	rūḥ al-qudsiyya	روح القدسي

穆罕默德精神	Rūḥ Muhamad	روح محمد
廉介/淡泊（尘世）者	zāhid	زاهد
经验期	zamān al-tajribah	زمان التجربة
陶醉	sukr	سكر
全称否定命题	sālibat qulliyyah	سالبة كلية
特称否定命题	sālibat juziyyah	سالبة جزئية
行道者	sālik	سالك
前辈	salaf	سلف
听闻，传闻，天启	samu‘	سمع
听	al-samu‘	السمع
个体	shakhṣ	شخص
连结式条件命题	al-sharṭiyyah al-muttaṣilah	الشرطية المتصلة
析取式条件命题	al-sharṭiyyah al-munfaṣilah	الشرطية المنفصلة
教/教乘/教律/启示	shar‘	شرع
说情	al-shafā‘ah	الشفاعة
什叶派	al-Shiya‘ah	الشيعة
见证	shuhūd	شهود
首次神圣的染色	al-ṣibghat al-ilāhiyyah al-awwal	الصبغة الإلهية الأول
再次神圣的染色	al-ṣibghat al-ilāhiyyah al-thāniyyah	الصبغة الإلهية الثانية

属性	ṣifah	صفة
本体性肯定性属性	al-ṣifat al-thubūtiyyah al-dhātiyyah	الصفة الثبوتية الذاتية
行为性肯定性属性	al-ṣifat al-thubūtiyyah al-fi'liyyah	الصفة الثبوتية الفعلية
否定性属性	al-ṣifat al-salbiyyah	الصفة السلبية
表义属性	al-ṣifat al-ma'ānī	الصفة المعاني
意义性属性	al-ṣifat al-ma'nawiyyah	الصفة المعنوية
状态属性	al-ṣifat al-aḥwāl	الصفة الحال
属性论（派）	al-Ṣifatiyyah	الصفاتية
利益	al-ṣalāh	الصلاح
形式	sūrah	صورة
修士/善人	'ābid	عابد
命令世界	'ālam al-amr	**عالم الأمر**
后世	'ālam al-ākhrah	عالم الآخرة
理世	'ālam al-malakūt	عالم الملكوت
幽玄世界/未见世界	'ālam al-ghayb	عالم الغيب
意义世界	'ālam al-ma'nā	عالم المعنى
永恒世界	'ālam al-baqā'	عالم البقاء
内在世界	'ālam al-bāṭin	عالم الباطن
精神世界	'ālam al-arwāḥ	عالم الارواح

创造世界/定量世界	‘ālam al-khalq	عالم الخلق
今世	‘ālam al-dunyā	عالم الدنيا
可见世界	‘ālam al-shahādah	عالم الشهادة
象世	‘ālam al-mulk	عالم الملك
形式世界	‘ālam al-sūrah	عالم الصورة
可朽世界	‘ālam al-fanā’	عالم الفناء
外在世界	‘ālam al-ẓāhr	عالم الظاهر
物质世界	‘ālam al-ajsām	عالم الاجسام
阿而什/宝座/宗动天	‘Arsh	عرش
偶性	‘arḍ	عرض
上升	‘urūj	عروج
无罪性	al-‘aṣmah	العصمة
理智/理性	‘aql	عقل
第一理智	al-‘aql al-awwal	العقل الأول
现实理智	al-‘aql bi’l-fi‘l	العقل بالفعل
习惯性理智	al-‘aql bi’l-malakah	العقل بالملكة
实践理性	al-‘aql al-‘amaliyya	العقل العملي
能动理智	al-‘aql al-fa‘‘āl	العقل الفعّال
思辨理性	al-‘aql al-fikriyya	العقل الفكري
获得理智	al-‘aql al-mustafād	العقل المستفاد

理论理智	al-‘aql al-naẓariyya	العقل النظري
质料理智	al-‘aql al-hayūlāniyya	العقل الهيولاني
矛盾转换（换质位法）	‘aks al-naqīḍ	عكس النقيض
对等转换（换位法）	‘aks al-naẓīr	عكس النظير
知识	al-‘ilm	العلم
知识之确信	‘ilm al-yaqīn	علم اليقين
上界（天界）	al-‘alawiyyāt	العلويات
身体力行	‘amal bi’l-jawāriḥ	عمل بالجوارح
四元素	‘anāṣir	عناصر
见证之确信	‘ayn al-yaqīn	عين اليقين
直观	al-firāsah	الفراسة
分离	farq	فرق
细则/末	al-furū‘	الفروع
种差	faṣl	فصل
行为	fi‘l	فعل
天层 / 球	falak	فلك
土星天	Falak zaḥl	فلك زحل
木星天	Falak al-mushtarī	فلك المشترى
火星天	Falak al-mirrīkh	فلك المرّيخ
太阳天	Falak al-shams	فلك الشمس
金星天	Falak al-zuhrah	فلك الزهرة

水星天	Falak ‘aṭarid	فلك عطارد
月球天	Falak al-qamar	فلك القمر
规定/前定	qadar	قدر
能力	al-qudrah	القدرة
自由论（派）	al-Qadariyyah	القدرية
古有（存在无开端）	al-qidam	القدم
判决/前定	qaḍā’	قضاء
命题	qaḍiyyah	قضية
直言命题	al-qaḍiyyah al-ḥamliyyah	القضية الحملية
否定命题	al-qaḍiyyah al-sālibah	القضية السالبة
单称命题	al-qaḍiyyah al-shakhṣiyyah	القضية الشخصية
条件命题	al-qaḍiyyah al-sharṭiyyah	القضية الشرطية
肯定命题	al-qaḍiyyah al-mūjabah	القضية الموجبة
量化命题	al-qaḍiyyah al-masūrah	القضية المسورة
模糊命题	al-qaḍiyyah al-muhammalah	القضية المهملة
轴心（古图布）	quṭb	قطب
心	qalb	قلب
真心	qalb al-ḥaqīqiyya	قلب الحقيقي
大笔	qalam al-a‘lā	قلم الأعلي
演绎（三段论）	qiyās	قياس

条件连结式三段论	al-qiyās al-sharṭiyyah al-muttaṣilah	القياس الشرطي المتصل
条件析取式三段论	al-qiyās al-sharṭiyyah al-munfaṣilah	القياس الشرطي المنفصل
直言推理	al-qiyās al-iqtirāniyya	القياس الاقتراني
条件推理	al-qiyās al-istithnā'iyya	القياس الاستثنائي
卡费尔	kafir	كافر
库而西/恒星天/脚凳	kursī	كرسى
获取	al-kasb	الكسب
揭示	kashf	كشف
悖信/隐昧	kufr	كفر
语言	al-kalām	الكلام
共相/普遍性	al-quliyya	الكلي
多	kamām	كمام
必然伴随物	lāzim	لازم
质料	mādah	مادة
本质/是什么	māhiyyah	ماهية
隐微经训	al-mutashābihāt	المتشابهات
形体论（者）	al-Mujassamah	المجسمة
谓词	maḥmūl	محمول
逍遥学派	al-Mashshā'iyyūn	المشائيون

相似论（者）	al-mushabbahah	المشبهة
穆尔吉亚派	al-murji'iyyah	المرجئية
侧重因	murajjiḥ	مرجح
气质/体液	mazāj	مزاج
同在	al-ma'iyyah	المعية
穆尔太齐赖派	al-mu'tazilah	المعتزلة
知识对象	al-ma'lūm	المعلوم
可思之物	ma'qūlāt	معقولات
前提	muqaddam	مقدم
能力对象	al-maqdūr	المقدور
象/象世/王国	al-mulk	ملك
理/理世/王权	malakūt	ملكوت
不可能者	al-mumtani'	الممتنع
可能者	al-mumkin	الممكن
（犯大罪者的）中间位置	al-muzilah bayn al-muzilatayn al-fāsiq	المنزلة بين المنزلتين الفاسق
全称肯定命题	mūjabah kulliyyah	موجبة كلية
特称肯定命题	mūjabah juz'iyyah	موجبة جزئية
存在者	mawjūd	موجود
主词	mawḍū'	موضوع
先知/列圣	nabī	نبي

圣品（先知性）	al-nubuwwah	النبوة
结论	natījah	نتيجة
奈扎勒派	al-Najjāriyyah	النجارية
下降	nuzūl	نزول
关系	nisbah	نسبة
性/自我/灵魂	nafs	نفس
理性灵魂	al-nafs al-nāṭiq	النفس الناطق
真性	nafs al-ḥaqīqiyyah	نفس الحقيقية
私欲/冲动	nafs al-hawā’	نفس الهوى
传统/传闻（启示）	naql	نقل
种	naw‘	نوع
必然者	al-wājib	الواجب
数一	wāḥidiyyah	واحدية
存在	wujūd	وجود
独一性	al-waḥdāniyyah	الوحدانية
启示	waḥy	وحى
描述	waṣf	وصف
贤品（朋友性）	al-wilāyah	الولاية
他性	huwiyyah	هوية
第一微尘/太极	al-habā al-wūlā	الهباء الاولى
原初质料	al-hayūlā al-awwal	الهيولى الأول

参考文献

一、马良骏著作

[1] 《清真最要志》，(اهم مهمات المسائل الاسلامية)，中文、阿拉伯文，新疆迪化石印本，1949 年。

[2] بيان علم الفلسفيات（《简明哲学》），阿拉伯文，新疆伊犁油印本，1928 年。

[3] كتاب تلخيص التواريخ الاسلامية（《伊斯兰历史纪要》），阿拉伯文，伊犁石印本，1928 年。

[4] تلخيص الكلام（《凯俩目注疏》），阿拉伯文，新疆伊犁陕西大寺铅印本，1929 年。

[5] تحقيق الشهور والجداول（《圣裔月论志》），阿拉伯文，新疆伊犁陕西大寺油印版，1931 年。

[6] المضبط الكامل（《礼法尽善录》），阿拉伯文，新疆伊犁舍木尔印刷厂，1936 年。

[7] كتاب التلخيص الكبير（《大辑要》），阿拉伯文，新疆迪化宽巷寺油印本，1940 年。

[8] كتاب التلخيص الاسرار（《小辑要》），阿拉伯文，民间手抄本，年代不详。

[9] رسالة بيان المعية（《阐明“同在”问题》，又名《〈明理居正〉集》），阿拉伯文，伊犁陕西大寺油印，1928 年。

[10] رسالة بيان سلسلة الحديثة النجدية（《阐明阿拉伯内志新派之源流》），阿拉伯文，新疆迪化油印本，1936 年。

[11] 《考证回教历史》，中文，1947 年新疆迪化陕西大寺石印版。

[12] 《考证回教历史》，新疆人民出版社，1994 年 6 月。

[13] المضبط العظيم（《教义学述要》），阿拉伯文，上海穆民经书社，1958 年。

[14] 《大杂学》（سراج الدين الكبير），阿拉伯文、波斯文，伊犁陕西大寺油印本，1933 年。

[15] مخمس شريف مع درس المعاني（《清真诗经译讲》，阿、汉、波和“消经”，迪化陕西大寺石印本，1948 年。

[16] 《书信集》，阿拉伯文，迪化陕西大寺油印，1947 年。

二、中文文献

[17] 樊前锋：《马良骏传》，中国民族摄影艺术出版社，2015 年。

[18] 百年回族丛书编委会：《马良骏纪念文集》，中国民族摄影艺术出版社，2015 年。

[19] 《纪念马良骏大阿訇归真五十周年专辑》，《中国穆斯林》，2007 年。

[20] 吴海鹰主编：《回族典藏全书》，甘肃文化出版社、宁夏人民

出版社联合出版，2008 年。
[21] 中国宗教历史文献集成编纂委员会：《清真大典》，黄山书社，2005 年。
[22] （清）赵灿著，杨永昌等标注：《经学系传谱》，青海人民出版社，1989 年。
[23] 金宜久主编：《伊斯兰教史》，江苏人民出版社，2006 年。
[24] 李兴华等：《中国伊斯兰教史》，中国社会科学出版社，1998 年。
[25] [埃及]艾哈迈德·艾敏：《阿拉伯伊斯兰文化史》（1-8 册），纳忠等译，商务印书馆。
[26] 杨怀中：《回族史论稿》，宁夏人民出版社，1991 年。
[27] 余振贵：《中国历代政权与伊斯兰教》，宁夏人民出版社，1996 年。
[28] 马通：《中国伊斯兰教派与门宦制度史略》，宁夏人民出版社，2000 年。
[29] 李兴华、冯今源：《中国伊斯兰教史参考资料选编》（1911-1949），宁夏人民出版社，1985 年。
[30] 白寿彝：《中国伊斯兰教史存稿》，宁夏人民出版社，1983 年。
[31] 丁士仁主编：《中国伊斯兰教经堂教育》，甘肃人民出版社，2013 年。

[32] 黄登武编著：《中国经堂教育与陕学阿訇（第七版）》，民间刊印。

[33] 黄登武编著：《中国经堂教育与陕学阿訇（第十版）》，民间刊印。

[34] 北京市政协文史资料研究委员会：《北京牛街志书——〈冈志〉》，北京出版社，1991 年。

[35] 周燮藩、王俊荣等：《苏非之道——伊斯兰教神秘主义研究》，中国社会科学出版社，2012 年。

[36] 杨怀中、余振贵主编：《伊斯兰与中国文化》，宁夏人民出版社，1995 年。

[37] [英]约翰·希克：《宗教哲学》，钱永祥译，台北三民书局股份有限公司，1986 年。

[38] [美]路易斯·波易曼：《宗教哲学》，黄瑞成译，中国人民大学出版社，2006 年。

[39] [英]约翰·希克：《理性与信仰——宗教多元论诸问题》，陈志平、王志成译，四川人民出版社，2003 年。

[40] （清）刘智：《天方性理》，乾隆乙卯重梓，考城金氏安愚堂藏版。

[41] （清）刘智：《天方典礼》，天津古籍出版社，1988 年。

[42] 《教典诠释》，马坚译，北京：中国伊斯兰教协会，1985 年。

[43] （明）王岱舆：《正教真诠·清真大学·希真正答》，宁夏人

民出版社，1988 年。

[44] （清）马注：《清真指南》，宁夏人民出版社，1988 年。

[45] [美]赛义德·侯赛因·纳塞尔：《穆斯林三贤哲》，周传斌译，商务印书馆，2017 年。

[46] 金宜久：《苏非主义在中国》，社会科学文献出版社，2013 年。

[47] 吴云贵：《伊斯兰教义学》，中国社会科学出版社，1995 年。

[48] [波斯]沙赫拉斯坦尼：《教派与学派》，马正峰译，未版。

[49] 达浦生：《伊斯兰六书》，宗教文化出版社，2003 年。

[50] [日]井筒俊彦：《伊斯兰思想历程》，秦惠彬译，今日中国出版社，1992 年。

[51] 伊本·西那：《论灵魂》，商务印书馆，1995 年。

[52] 王俊荣：《天人合一 物我还真——伊本·阿拉比存在论初探》，宗教文化出版社，2006 年。

[53] 王家瑛：《伊斯兰宗教哲学史》，民族出版社，2003 年。

[54] 王希：《安萨里思想研究》，宗教文化出版社，2016 年。

[55] 陈慧生：《中国新疆地区伊斯兰教史》，新疆人民出版社，2000 年。

[56] 陈慧生、陈超：《民国新疆史》，新疆人民出版社，2007 年。

[57] 麦克・彼得森等：《理性与宗教信念——宗教哲学导论》，孙毅、游斌译，中国人民大学出版社，2005 年。

[58] [古希腊]亚里士多德：《形而上学》，苗力田译，中国人民大学出版社，2003 年 12 月。

[59] 余振贵、雷晓静主编：《中国回族金石录》，宁夏人民出版社，2001 年。

[60] 安萨里：《迷途指津》，李振中译，载《信仰与理性》，沈阳出版社，1997 年。

[61] 王静斋：《中国近代回教文化史料》，载《回教论坛半月刊》第 2 卷，1939 年第 2、3、4、5 期。

[62] 杨桂萍：《马德新思想研究》，宗教文化出版社，2004 年。

[63] 马景：《民国时期伊斯兰教汉文译著研究》，社会科学文献出版社，2014 年。

[64] 哈宝玉：《塔夫塔扎尼及其〈教典诠释〉对经堂教育的深刻影响》，《世界宗教研究》2017 年第 1 期。

[65] 哈宝玉：《马图里迪及其教义学思想》，《世界宗教研究》2015 年第 6 期。

[66] 马占明：《艾布・曼苏尔・马图里迪与马图里迪教义学派初探》，《世界宗教研究》2013 年第 6 期。

[67] 马志福：《马良骏及其著述与研究》，《回族研究》1992 年 12 月。

[68] 祁占才：《马良骏大阿訇事迹补白》，《昌吉回族》。

[69] 路伟东：《清代陕西回族的人口变动》，《回族研究》2003 年第 4 期。

[70] 戚强飞：《伊本·西那论灵魂的定义》，《宗教与哲学》（第六辑），社会科学文献出版社，2017 年。

[71] 云存平：《马图里迪学派教义学思想研究》，博士学位论文，上海外国语大学，2013 年。

[72] 马超：《经学大师舍蕴善“十八条”主张考述》，《世界宗教研究》2016 年第 1 期。

[73] 冯峰：《中国伊斯兰教山东学派研究》，博士学位论文，中央民族大学，2018 年。

[74] 贾勇励：《试论回族经堂教育陕西学派的传承系统——基于对〈见月凭证〉相关记载的考察》，载《2017 年中国回族学年会暨“一带一路背景下回族学研究的机遇和挑战”学术研讨会论文集》。

[75] 《艾斯提伊斯哈科夫、巴尔汉、马良骏电毛主席朱德总司令致贺，毛主席朱德总司令分别电复》，载《人民日报》，1949 年 10 月 22 日，第 1 版。

三、英文文献

[76] Fazlur Rahman, *The Philosophy of Mula Sadra*, Suhail academy,

Chowk Urdu Bazar, Lahore, Pakistan, 2005.

[77] Harry A. Wolfson，*The Philosophy of the Kalam*， Harvard University Press，1976.

[78] Henry Corbin, *History of Islamic Philosophy,* Kegan Paul International, 1993.

[79] Majid Fakhry, *A History of Islamic Philosophy*, Columbia University Press, 2004.

[80] Oliver Leaman, *An Introduction to Classical Islamic Philosophy*, Cambridge University Press, 2001.

[81] Sachiko Murata, William C. Chittick, *The Vision of Islam*. New York: Paragon,1996.

[82] Tim Winter, *The Cambridge Companion to Classical Islamic Theology*, Cambridge University Press, 2008.

[83] Ian Richard Netton, I*slamic Philosophy and Theology*, Routledge, 2007.

[84] Sayyed Hossein Nasr, *Islamic Philosophy: from Its Origin to the Present,* State University of New York Press, 1996.

[85] Ira M. Lapidus, *A History of Islamic Societies*, Cambridge University Press, 2014.

[86] Toshihiko Izutsu, *The Concept and Reality of Existence*. Keio University, Tokyo,1971.

[87] Sachiko Murata, William C. Chittick, Tu Weiming, *The Sage Learning of Liu Zhi: Islamic Thought in Confucian Terms*, Harvard University Press, 2009.

[88] Toshihiko Izutsu, *Sufism and Taoism: A Comparative Study of Key Philosophical Concepts*, University of California Press, Ltd., 1983.

[89] Oliver Leaman, *An Introduction to Classical Islamic Philosophy*, Cambridge University Press, 2001.

[90] *The Encyclopaedia of Islam*, Edited by An Editorial Committee Consisting of H. A. R. Gibb, J. H. Kramers, etc. Leiden: E. J. BRILL,1986.

[91] William C. Chittick, *The Sufi Path of Knowledge*. State University of New York Press,1989.

四、阿拉伯文文献

[92] اسماعيل، روح البيان في تفسير القرآن، دار العلم-بيروت، سنة2013 م.

[93] امام البيضاوى، تفسير البيضاوى، دار المعرفة-بيروت، سنة2013م.

[94] فخر الدين رازى، شرح أسماء الله الحسنى، المكتبة الاجريات- القاهر، سنة2011 م.

[95] بيهقي، الأسماء والصفات، بيروت، سنة 1980م.

[96] فخر الدين رازى، تفسير الكبير، دار الفكر- بيروت، سنة 1981م.

[97] امام احمد السعهدى، المكتوبات للإمام ربانى، القاهر، سنة 2010م.

[98] امام الغزالى، احياء علوم الدين، دار الكتب العلمية-بيروت، سنة 2005م.

[99] امام الغزالى، اقتصاد في الاعتقاد، دار البصائن-القاهرة، سنة 2007م.

[100] ابي منصور الماتريدي، كتاب التوحيد، دار حادر-بيروت، سنة 2001م.

[101] شيخ نور الدين عبد الرحمان جامي، اشعة اللمعات، طاهران، سنة1992 م.

[102] علي ابن محمد الجرجاني، شرح المواقف، دار الكتب العلمية-بيروت، سنة 1998 م.

[103] شرح الامام السعد التفتازاني على الشمسية في المنطق للإمام الكاتبي، دار النور-القاهرة، سنة2013 م.

[104] امام الغزالى، المقصد الأسنى في شرح أسماء الله الحسنى، دمشق، سنة1999م.

[105] امام الغزالى، أربعون في اصول الدين، دار القلم-دمشق، سنة 2003م.

[106] سعد الدين التفتازاني، شرح المقاصد، عالم الكتب- بيروت، سنة1998م.

[107] شرحالامام السعد التفتازاني على الشمسية في المنطق للامام الكاتبي، دار النور-القاهرة، سنة 2013م.

[108] شرح المصطلاحات الكلامية، في مجمع البحوث الإسلامية، دار البصائر-طهران، سنة١٤١٥ه.

[109] المعجم الصوفي، دار الندرة-اللبان.

[110] حاشية العلامة الخيالي على شرح عقائد النسفية، المكتبة الأزهرية للتراث-القاهرة، سنة2000م.

[111]（清）马寿清：《明理居正》（بيان المعية），开封云庆堂版，1886年。

[112]（清）马德新：《本经五章译解》，民间刊印，1934 年。

[113]（清）马联元：《性理微言注释》（شرح اللطائف），印度坎普尔版，1902 年。

[114]赛尔顿丁：《教典诠释》（شرح عقائد النسفية），中国伊斯兰教协会印，1980 年。

后 记

眼前这本小书是在我的博士学位论文基础上修改而成的，其中有一些是在近几年教学和研究过程中的新思考，也不乏不尽人意却又力不从心之处。总之，作为我的第一部专著，也算是勉为其难地与读者见面了。在写作过程中，花工夫啃读经学大师马良骏的著作，于我而言也是语言和思想上的双重训练，对于我的伊斯兰教义学研究以及如今重点关注的阿拉伯哲学史研究都有很大裨益。在本科和硕士阶段，我的主要关注点在刘智等回儒及其文本，幸逢美国的威廉·柴提克和村田幸子教授夫妇以及国际伊斯兰哲学学会原主席、伊朗哲学家阿瓦尼教授等权威学者受杜维明先生之邀来京讲学，为我打开了新世界的大门，尤其使我的回儒研究和苏非哲学研究豁然开朗。博士期间一心想要"填补空白"的不自量力又把我推向了教义学的研究领域，研读马良骏著作就是这样一个摸索学习的过程，过程虽苦，如今看来，却是这些著作带我走了不少捷径。只是能力不足，在导师和多位师友的鼓励和帮助下，才有足够的勇气将这部不甚令人满意的研究成果付梓，权当对于学术生涯中一个阶段的总结，其中也凝聚了自己和各位师友的一番心血。

感恩我的导师杨桂萍教授，她耗费了十年心血对我悉心培养、看着我不断成长。杨老师言传身教，为人为学皆为我的榜样，同时还为我多方争取学习资源。读书期间，我能够一连数年聆听到国际一流学者的精品课程和讲座，不仅得益于杜先生，更得益于杨老师。同时特别感谢我心目中的谦谦君子、书法名家李纯博先生为本书题写书名。在资料搜集阶段，马玉林、马继荣、虎隆、马超、海玉和等长辈和师友提供了很大帮助；在博士论文的开题、答辩和后期修改过程中，班班多杰、宝贵贞、张志刚、王宇洁、王林聪、赵广明、李林、哈宝玉、沙宗平、王希等各位老师都给予了悉心的指导和帮助；马正峰、马正奎、冯峰、黄麟、马睿智、咸月忠、戚强飞、勉嘉铖、马斌、妥福良、白康、艾哈迈德、沙西里等国内外好友都是我学习中的良师益友，在此谨对他们表示衷心感谢。本书的出版得到了敏俊卿老师的积极协调和帮助，并得到南开大学哲学院的资助，特此致谢。还要感谢宗教文化出版社的赛勤老师，正是他的辛勤付出才使本书最终得以出版。最后，感谢与我携手相伴的妻子和每一位家人，他们的关怀、牵挂、默默支持和无私奉献给我慰藉和动力。当然还有陪伴我度过大多数伏案时光、此刻依然趴在电脑旁边的猫，它总能为我学术生活的枯燥增添些许乐趣。

王 伟

2024 年 9 月 28 日